W0174365

Vanessa Nakate

Unser Haus steht längst in Flammen

Warum Afrikas Stimme in der Klimakrise gehört werden muss

Aus dem Englischen von Sabine Längsfeld

Rowohlt Polaris

Deutsche Erstausgabe
Veröffentlicht im Rowohlt Taschenbuch Verlag, Hamburg, November 2021
Copyright der deutschen Erstausgabe © 2021 by Rowohlt Verlag GmbH, Hamburg
Covergestaltung HAUPTMANN & KOMPANIE Werbeagentur, Zürich,
nach dem Original von HarperCollins Publishers, Jacket art © Magdiel Lopez
Coverabbildung Esther Ruth Mbabazi; iStock
Satz Farnham Text bei Pinkuin Satz und Datentechnik, Berlin
Druck und Bindung CPI books GmbH, Leck, Germany
ISBN 978-3-499-00763-7

Die Rowohlt Verlage haben sich zu einer nachhaltigen Buchproduktion verpflichtet. Gemeinsam mit unseren Partnern und Lieferanten setzen wir uns für eine klimaneutrale Buchproduktion ein, die den Erwerb von Klimazertifikaten zur Kompensation des CO_2-Ausstoßes einschließt.
www.klimaneutralerverlag.de

Inhalt

Für die Menschen und den Planeten

Einführung

Ich war fassungslos angesichts dessen, was ich sah – besser gesagt, was ich nicht sah.

Es war ein klirrend kalter Januartag im Jahr 2020, und ich scrollte durch die Feeds meiner Social-Media-Kanäle. Ich hatte gerade mit anderen Klimaaktivist*innen zu Mittag gegessen. Wir waren nach Davos gekommen, um einige der dreitausend Wirtschaftsführer*innen, Finanziers, Politiker*innen, Meinungsmacher*innen, Celebrities und anderen Globetrotter, die sich zum jährlichen Weltwirtschaftsgipfel in der Schweiz versammelt hatten, mit Nachdruck auf den Ernst der Lage hinsichtlich der Klimakrise hinzuweisen. Wir hatten am Vormittag eine Pressekonferenz abgehalten, davor hatte ich mich gemeinsam mit vier anderen Aktivistinnen den Fotograf*innen gestellt und nach alldem die Kantine verlassen, um nachzusehen, wie die Medien auf unsere Botschaft reagierten.

Sofort stieß ich auf den ersten Link zu einem Artikel samt Foto aus der Serie zur Pressekonferenz. Mir wäre vor Schreck fast das Herz stehengeblieben. Ich war eindeutig Teil dieser Fotografie gewesen – ganz links am Rand war noch ein Stück meines Mantels zu sehen. Nur ich war nirgends zu finden. Ich war aus dem Bild geschnitten worden.

Ich durchlebte ein Wechselbad der Gefühle, war fassungslos, frustriert, wütend und betroffen. Ich betrachtete das Bild. Es war unmöglich, nicht zu bemerken, dass ich von den fünf Frauen, die sich den Fotograf*innen gestellt hatten, die einzige war, die nicht aus Europa kam, und außerdem die einzige, die Schwarz war. Sie hatten nicht nur mich herausgeschnitten. Zusammen mit mir war ein ganzer Kontinent eliminiert worden.

Ich war auf der Pressekonferenz an jenem Morgen in Davos die einzige Klimaaktivist*in aus Afrika gewesen (auf dem Weltwirtschaftsgipfel selbst waren noch ein paar andere von uns), und ich war nicht nur von dem Foto der Agentur *Associated Press* eliminiert worden, sondern auch aus dem zugehörigen Artikel, in dem über unsere Pressekonferenz berichtet wurde. «Heißt das, ich bin als Aktivistin unbedeutend oder dass die Bevölkerung Afrikas generell nicht von Bedeutung ist?», fragte ich in einem zehnminütigen Video, das ich noch am selben Tag per Livestream veröffentlichte. Die grausame Ironie, dass ausgerechnet die einzige Afrikanerin von dem Foto getilgt worden war, traf mich ins Mark. «Das haben wir nicht verdient», sagte ich. «Der afrikanische Kontinent verursacht die niedrigsten CO_2-Emissionen und ist zugleich größter Leidtragender der Klimakrise.»

Zu dem Zeitpunkt organisierte ich in meiner Heimat Uganda seit einem Jahr Klimastreiks, um hinsichtlich des Klimanotstands sofortiges Handeln zu fordern – bei mir zu Hause, auf den Straßen von Kampala, der ugandischen Hauptstadt im östlichen Zentralafrika. Ich hatte mich online engagiert, hatte an internationalen Klimakonferenzen teilgenommen und war jetzt nach Davos gekommen, um dabei zu helfen, noch mehr Menschen für die Tatsache zu sensibilisieren, dass die Erderwärmung weder etwas Abstraktes ist noch ein theoretisches Ereignis, das unserem Planeten möglicherweise in ein paar Jahrzehnten drohen könnte.

Meine Botschaft war und ist simpel: Menschen in Uganda, in Afrika und überall im Globalen Süden verlieren *jetzt* ihr Zuhause, ihre Ernten, ihren Lebensunterhalt, manche sogar ihr Leben selbst und jede Hoffnung auf eine lebenswerte Zukunft.

Die Situation ist ebenso schlimm wie ungerecht. Obwohl Afrika 15 Prozent der Weltbevölkerung beheimatet, ist der Kontinent lediglich für 2 bis 3 Prozent der energiebedingten CO_2-Emissionen verantwortlich.[1] Der Treibhausgasausstoß einer durchschnittlichen Afrikaner*in beträgt nur einen Bruchteil der Emissionen eines Bewohners der USA, Europas, Chinas, der Vereinigten Arabischen Emirate, Australiens oder vieler anderer Staaten. Eine Oxfam-Studie aus dem Jahr 2019 kommt zu dem Schluss, dass ein*e Bewohner*in Großbritanniens in den ersten beiden Wochen des Jahres 2020 mehr CO_2 verursacht haben wird als jemand in Uganda oder einem von sechs weiteren afrikanischen Staaten im ganzen Jahr.[2]

Trotzdem muss Afrika laut der Afrikanischen Entwicklungsbank beinahe die Hälfte der Kosten der Anpassung an die Konsequenzen des Klimawandels schultern. Sieben der zehn Länder, die am anfälligsten für die gravierendsten Auswirkungen der Klimakrise sind, befinden sich in Afrika: der Südsudan, Nigeria, Äthiopien, Eritrea, Tschad, Sierra Leone und die Zentralafrikanische Republik.

Die Länder mit den geringsten Mitteln, die außerdem am wenigsten zu der Krise beigetragen haben, leiden unter den schlimmsten Konsequenzen: häufigere und heftigere Überflutungen, zunehmend längere Dürrezeiten, Perioden mit immer extremerer Hitze und steigende Meeresspiegel. Auch zunehmende Nahrungsmittelknappheit, Vertreibung und Flucht, wirtschaftliche Schäden und höhere Sterberaten betreffen überproportional People of Color, und zwar nicht nur quer durch Afrika und den Globalen Süden, sondern auch im Globalen Norden.[3]

Das ist meine Welt – eine Welt, in der die globale Durchschnittstemperatur im Vergleich zum vorindustriellen Zeitalter bereits um 1,2 °C gestiegen ist. Eine Erderwärmung um 2 °C ist für Länder wie Uganda das Todesurteil. Trotzdem steuern wir, während ihr dies hier lest, auf Temperatursteigerungen zu, die weit jenseits der 2 °C-Marke liegen. Das bedeutet, viele weitere Millionen Menschen werden ihre Heimat verlieren, und extreme Wetterereignisse werden Gesundheits- und Wirtschaftssysteme bis an die Grenzen der Belastbarkeit strapazieren. Gleichzeitig werden die Weltmeere weiter verschmutzt, die Biodiversität bricht zusammen, und das Artensterben nimmt Ausmaße an, die gravierender sind als zu Zeiten der Dinosaurier.

Mit meinem Video erreichte ich Zehntausende Menschen rund um den Globus, darunter viele meiner Landsleute in Uganda, die meine Wut und meine Enttäuschung teilten. Genau wie mir, wurde ihnen klar, dass an diesem Bild wortwörtlich etwas nicht stimmte. Die Tatsache, dass man mich aus diesem Foto herausgeschnitten hatte, gab meinem Aktivismus und meinem Leben einen neuen Rahmen. Sie gab meinen Gedanken zu Ethnien, Geschlechterrollen, Teilhabe und Klimagerechtigkeit eine neue Ausrichtung; und sie führte schlussendlich dazu, dass ihr jetzt dieses Buch in Händen haltet.

In *Unser Haus steht längst in Flammen* zeige ich auf, weshalb dieses Foto und dieser Augenblick von Bedeutung waren, und weshalb es essenziell ist, dass im Kampf gegen den Klimawandel Stimmen wie meine gehört werden. Ich beschreibe meinen Weg zur Klimaaktivistin, meine Reise bis in die Schweizer Alpen und erzähle, was seitdem geschah. Ich zeige auf, dass das, was wir nur als Klimanotstand bezeichnen können, für Millionen von Menschen heute schon einen unmittelbaren, tagtäglichen Überlebenskampf bedeutet, auch in Afrika, und ich beleuchte den Zusammenhang zwischen der Aufheizung der Erdatmosphäre und dem daraus resultierenden Treibhauseffekt mit allem anderen: Wirtschaft, Gesellschaft, Politik und die vielen Formen von Ungleichheit und Ungerechtigkeit – ethnisch, geschlechterspezifisch und geographisch.

Wie die meisten der jungen Klimaaktivist*innen, die mich inspiriert haben und mit denen ich mich zusammengeschlossen habe, lebe ich in einer tiefgreifend vernetzten Welt mit unmittelbarem Zugang zu enormen Mengen an Information (und Desinformation). Die Möglichkeiten, sich mit anderen zu verbinden, sind so gut wie nie zuvor. Diejenigen von uns, die wie ich um die Jahrhundertwende geboren wurden, sind im Schatten von HIV / Aids, Terrorismus, Weltfinanzkrisen und umstürzendem technologischen Wandel aufgewachsen. Wir wurden Zeug*innen einer zunehmend stärkeren Konzentration von Wohlstand und immer stärkeren Machtgefällen. Viele von uns bekommen am eigenen Leib zu spüren, wie die Ökosysteme unseres Planeten unter dem klimatischen Stress, der in der Geschichte der Menschheit beispiellos ist, zusammenbrechen.

Vielleicht mehr als jede andere Altersgruppe stellen wir die Prämissen eines ökonomischen, sozialen und politischen Modells in Frage, das uns an den Rand eines Abgrunds geführt hat, jenseits dessen *kein* ökonomisches oder politisches System überleben wird. Diese Tatsachen haben uns zu der Erkenntnis geführt, dass wir und nachfolgende

Generationen die Leidtragenden von zwei Jahrhunderten Verbrennung fossiler Energieträger sind, die Leidtragenden unseres verhängnisvollen Scheiterns, die fossilen Brennstoffe und das verbleibende CO_2 im Boden zu belassen.

Darüber hinaus zeigt *Unser Haus steht längst in Flammen* die Arbeit und die Perspektiven einer neuen Welle Aktivist*innen, die der jungen Generation entstammen. Viele der von mir vorgestellten Aktivist*innen konzentrieren ihre Vision vor allem auf Afrika und agieren aus Afrika heraus, einem Kontinent, der viel zu lange ignoriert, seiner Stimme beraubt und ausgebeutet wurde. Wir sind davon überzeugt, dass nicht nur die ernst gemeinte Verpflichtung für Gerechtigkeit in Hinblick auf Ökologie, Ethnien und Klima im Mittelpunkt unserer Anstrengungen stehen muss, sondern Hand in Hand damit die Stärkung und Ermächtigung von Mädchen und Frauen, die noch unmittelbarer von der Krise betroffen sind und die in dem Bemühen, sie zu bekämpfen, an vorderster Front stehen. Ohne dem Klimawandel mit aller Entschiedenheit entgegenzutreten, wird es uns weder gelingen, die Nachhaltigkeitsziele der Vereinten Nationen zu erfüllen noch eine widerstandsfähige und nachhaltige Zukunft zu gestalten. Ich teile in diesem Buch außerdem die praxisbezogenen Lösungsansätze, die Klimaaktivist*innen anwenden, um Gemeinschaften in Uganda, in anderen afrikanischen Ländern und auf der ganzen Welt zu unterstützen.

Und schließlich zeige ich Ideen auf, wie jede und jeder selbst aktiv werden kann, wenn es darum geht, den Klimanotstand bei sich zu Hause zu thematisieren, und wie man all jenen gerecht werden kann, die viel zu oft außen vor gelassen wurden – wie man ihnen Gehör verschaffen kann.

~~~

Unser Haus steht längst in Flammen entstand inmitten der Corona-Pandemie, und ich bin erschüttert und traurig über die vielen Menschen, die in so vielen Ländern dem Virus zum Opfer gefallen sind. Überall auf der Welt stehen Familien, Kommunen und Nationen angesichts zerstörter Lebensgrundlagen, auseinandergerissener Familien, der Einschränkung des Zugangs zu Schulbildung und geschlossener Geschäfte unter Schock. Auch andere beschämende Auswirkungen der Pandemie sind erschütternd: der mangelnde Zugang zum Gesundheitswesen und zu Impfstoff für People of Color; der Anstieg von Kinderehen und häuslicher Gewalt; und die Verzögerung dringend notwendiger Maßnahmen in Hinblick auf den Klimanotstand. Auch wenn besagte Missstände schon vor COVID-19 existierten, hat das Virus vieles davon weiter befeuert und oft verschlimmert.

Aus diesen mannigfaltigen Tragödien lassen sich deutliche Warnungen und Lektionen herauslesen.

Erstens: Die Wissenschaft sagt uns, dass Zoonosen wie COVID-19 in Zukunft verstärkt auftreten werden, weil wir zunehmend in die natürlichen Lebensräume wilder Tiere eingreifen, weil wir weiter in unmittelbarer Nachbarschaft zu menschlichen Lebensräumen Wildtiere jagen und verkaufen, und weil wir Milliarden domestizierter Tiere unter indiskutablen Bedingungen in Großmästereien halten. Wahrscheinlich trägt auch der Klimawandel das Seine zur Häufigkeit und Letalität solcher Krankheiten bei.

Zweitens: Während der Pandemie lag der Fokus weltweit besonders auf dem Schutz der Älteren, weil schnell deutlich wurde, dass sie dem Virus auf besondere Weise ausgeliefert sind. Wir haben für ihre Sicherheit gesorgt, indem wir zu Hause geblieben sind. Gleichzeitig haben viele Menschen derselben Generationen jahrzehntelang Entscheidungen getroffen, die ihre Nachkommen schutzlos den Folgen des Klimawandels ausliefern.

Drittens: Diejenigen mit begrenzten Ressourcen sind von der Pandemie überproportional betroffen. Hier sind insbesondere der eingeschränkte Zugang zum Gesundheitswesen und zu ausreichend nährstoffreichen Lebensmitteln zu nennen; beengte Wohnverhältnisse; Arbeitsbedingungen, in denen Social Distancing kaum möglich ist; und ein Gesundheitsstatus, der in Bezug auf das Virus ein größeres Risiko bedeutet. Ein Großteil der Betroffenen sind People of Color. Auch diese Tatsache findet ihren Nachhall in der Klimakrise.

Und schließlich: Die Regierungen verlangen von uns, bezüglich des Coronavirus der Wissenschaft zu folgen, in Sachen Klimawandel wird der Wissenschaft jedoch kein Gehör geschenkt. Unsere Staatenlenker*innen handeln weder so schnell noch so entschlossen, wie wir es der Wissenschaft zufolge tun müssten, um das während der Pariser Klimakonferenz 2015 beschlossene Abkommen zu erfüllen – oder dessen Klimaziele zu übertreffen. Die Pandemie hat uns daran erinnert, dass der Lockdown für den Klimawandel nicht gilt. Sie hat uns gezeigt, wie eng vernetzt die Welt ist, in der wir leben, und dass wir alle einander brauchen, um zu überleben.

Ich glaube trotz der erschreckenden Klimaprognosen, dass es Grund zur Hoffnung gibt. Wir müssen Hoffnung haben. Eine andere Möglichkeit gibt es nicht. Die Pandemie hat gezeigt, dass (manche) Staatenlenker*innen auf die Wissenschaft hören *können* und dass die internationale Staatengemeinschaft tatsächlich in der Lage ist, für ein gemeinsames Ziel zusammenzuarbeiten. Und egal, wie verstörend Gegenwart und Zukunft auch aussehen mögen, wir haben weder die Zeit noch den Luxus, uns emotional abzuschotten. Das gilt in besonderem Maße für diejenigen von uns, die in Ländern zu Hause sind, wo die Klimakrise längst Teil der täglichen Lebensrealität ist.

Es könnte nicht mehr auf dem Spiel stehen; wenn wir jetzt keine drastischen Maßnahmen ergreifen, sind sämtliche Pläne, die wir für die Zukunft haben – ob groß oder klein –, zum Scheitern verurteilt. Ich rufe euch deshalb dazu auf, sich mir und den vielen jungen Klimaaktivist*innen in Afrika und auf der ganzen Welt anzuschließen, die *jetzt* daran arbeiten, die Zukunft zu verändern. Lasst uns zusammen für das kämpfen, was richtig und gerecht ist.

1
Wie ich meine Bestimmung fand

Es ist ein weiter Weg von Kampala, Uganda, nach Davos in der Schweiz, sowohl metaphorisch als auch ganz konkret. Hätte jemand mir im Sommer 2018 gesagt, dass ich anderthalb Jahre später als Klimaaktivistin nach Davos reisen würde, ich hätte nicht mal gewusst, was gemeint ist. *Wo ist Davos?*, hätte ich wahrscheinlich gefragt. *Und was ist eine Klimaaktivistin?* Es ist wichtig zu verstehen, dass ich über diese Reise genauso staune wie ihr vielleicht.

Ich war zweiundzwanzig und stand kurz vor dem Abschluss meines BWL-Studiums an der Makerere University Business School in Kampala. Die MUBS wurde 1997 gegründet und gehört zur Makerere University, der ältesten, größten und renommiertesten Universität Ugandas. Ich hatte gerade begonnen, mir Gedanken darüber zu machen, was ich nach dem Abschluss tun würde. Der logische Weg hätte bedeutet, einen berufsbildenden Studiengang am Chartered Institute of Marketing anzuhängen, gefolgt von einem Masterstudiengang in BWL oder gar einem Doktor in Marketing. Jede weitere Qualifikation würde mir auf dem hart umkämpften Arbeitsmarkt in unserem Land einen Vorteil verschaffen.

In Uganda liegt zwischen dem Universitätsabschluss und der Graduiertenfeier eine Lücke von sieben Monaten. Ich hatte vor, mich währenddessen gesellschaftlich zu engagieren und in irgendeiner Weise ehrenamtlich zu arbeiten.

Wie sich herausstellte, lag die Antwort direkt vor meiner Nase.

Im Frühling, Sommer und Herbst 2018 waren die Nachrichten und meine Social-Media-Feeds voll mit Berichten über massive Überflutungen, die in Ostafrika ganze Landstriche zerstörten – von Dschibuti und Somalia bis Burundi und Ruanda. Der Anblick weggespülter Häuser, die Berichte über Hunderte Tote und noch viel mehr Menschen, die obdachlos geworden waren und dringend Schutz, Lebensmittel und medizinische Hilfe brauchten, waren herzzerreißend. Tausende Hektar Ernte waren zerstört worden. In Kenia, das im Osten an Uganda grenzt, kamen Tausende Ziegen, Schafe und Kühe in den Fluten um. Ich sah Bilder von kleinen Kindern, die durch rotbraunes Wasser wateten, gefärbt vom Mutterboden, der von den umliegenden Hügeln geschwemmt worden war. Die Vereinten Nationen bezeichneten die Flut in Somalia, wo eine halbe Million Menschen betroffen war, als schlimmste, die die Region jemals erlebt hatte.[1]

Auch mein Land blieb nicht verschont. Im Mai wurden Kalerwe und Bwaise überflutet, zwei Slums in Kampala. Die Stadt liegt am Ufer des Victoriasees, Afrikas größtem Binnengewässer, ungefähr 70 Kilometer nördlich des Äquators. Im Oktober kam es in den Bergregionen von Bukalasi und Buwali im Distrikt Bududa im Osten des Landes bedingt durch drei Tage mit heftigem Dauerregen zu Erdrutschen. Einundfünfzig Menschen starben und zwölftausend verloren ihre Häuser. Viele Straßen und vier Brücken wurden weggeschwemmt. Im Dorf Maludu begrub ein Erdrutsch eine Grundschule unter Schlamm, viele Kinder verloren ihr Leben.[2]

Gleichzeitig blieb der Regen in der wasserarmen Region Karamoja im Nordosten Ugandas an der Grenze zu Nordkenia und dem Südsudan das zweite Jahr in Folge aus. Diese Ereignisse brachten das ugandische Ministerium für Finanzen, Planung und Wirtschaftsentwicklung zu der Feststellung, dass Dürren, unzuverlässige Regenfälle und verheerende Fluten «signifikante Auswirkungen auf die Bereiche Landwirtschaft, Produktion von Strom aus Wasserkraft, Wasserressourcen, menschliche Siedlungen und die Infrastruktur» hatten. Es würde, so das Ministerium weiter, zu «langfristigen Auswirkungen auf lang anhaltende Armut und zunehmende Ernährungsunsicherheit kommen».[3]

Abgesehen von den Bergregionen, wo es entschieden kühler sein kann, herrscht in Uganda vorwiegend warmes Tropenklima. Es gibt zwei Regenzeiten, eine von März bis Mai und die zweite von September bis November. Neben dem Victoriasee, von wo aus der Nil nach Norden fließt, gibt es in Uganda glücklicherweise viele weitere Wasservorkommen wie den Kyogasee oder den Albert- und den Eduardsee, die wir uns mit der Republik Kongo teilen. Uganda verfügt über zehn Nationalparks, 10 Prozent der Fläche sind bewaldet, auch wenn diese Zahl stetig abnimmt.

Ich wusste bereits, dass es in meiner Heimat Regionen gab, die zu Überflutungen neigten, und dass jahrzehntelange Abholzung eine erhöhte Erdrutschgefahr zur Folge hatte. Doch etwas war an den extremen Wetterereignissen, die das Jahr 2018 kennzeichneten, anders. Sie traten gehäuft auf, betrafen das ganze Land, dauerten länger an und hatten grausamere Auswirkungen. Auch die Regen- und die Dürrezeiten hatten sich offensichtlich verschoben und waren intensiver geworden: heftigerer Starkregen, längere Dürreperioden und abruptere Wechsel zwischen beiden Extremen.

Ich hatte an der Oberschule in einem Modul in Geographie von globaler Erwärmung gehört. Doch unser Lehrer hatte uns – in der einzigen Unterrichtseinheit, in welcher der Klimawandel überhaupt thematisiert wurde – suggeriert, der Klimawandel sei ein Problem, mit dem wir uns erst in der Zukunft würden beschäftigen müssen und dass er andere Teile der Welt betraf. Konnte es sein, fragte ich mich, dass der Klimawandel nicht in der Zukunft und auch nicht woanders stattfand, sondern jetzt und hier? In Afrika, in Uganda, in Kampala? Würden die Ereignisse, von denen ich im Wohnzimmer meines Elternhauses in der Hauptstadt aus den Nachrichten erfuhr – Überflutungen, Temperaturrekorde, Missernten, hungernde Kinder, Seuchen, verzweifelte Binnenflüchtlinge –, in Zukunft regelmäßig auftreten, der neue Normalzustand werden? Und was würde passieren, wenn sie sich weiter verschlimmerten? Wie viele Ernten wären noch verloren? Wie viele Menschen würden aus ihrer Heimat vertrieben werden? Und wie viele würden sterben?

Damals wusste ich so gut wie nichts von der Reaktion der Weltgemeinschaft auf den Klimawandel. Ich hatte keine Ahnung, dass sich 2015 in Paris 197 Länder zum Ziel gesetzt hatten, die Treibhausgasemissionen bis zum Jahr 2100 so weit zu senken, dass die Erderwärmung «deutlich» unter 2 °C über dem vorindustriellen Niveau gehalten werden würde. Die Länder hatten sich im Pariser Klimaschutzabkommen außerdem darauf geeinigt, ein noch ambitionierteres Ziel ins Visier zu nehmen, um die schlimmsten, von den Wissenschaftler*innen prognostizierten Auswirkungen zu vermeiden: einen weltweiten Temperaturanstieg von nicht mehr als 1,5 °C.

Doch, wie ich erfahren sollte, verzeichneten die Emissionen trotz des Abkommens von 2015 keinen Rückgang, und die Erderwärmung lag bereits um 1,2 °C über dem vorindustriellen Niveau. Im Gegenteil, ich musste feststellen, dass die Verpflichtungen noch nicht einmal in die Nähe dessen kamen, was laut einer Studie des IPCC, des Weltklimarates der Vereinten Nationen, unabdingbar war. Ich erfuhr nicht nur, dass die Wissenschaftler*innen uns nur noch zehn Jahre Zeit gaben, um die Weltwirtschaft zu transformieren und ihre klimaschädlichen Emissionen zu senken, ehe ein Temperaturanstieg von 1,5 °C oder auch sehr viel mehr unumkehrbar wäre, sondern auch, dass laut einer Berechnung der Weltorganisation für Meteorologie eine zwanzigprozentige Gefahr bestand, dass eine Erderwärmung um 1,5 °C bereits im Jahr 2024 erreicht sein würde.[4] Noch schockierender war die Information, dass der Planet auf dem Weg zu einem potenziellen Temperaturanstieg um 3 °C bis 2050 und um 7 °C bis 2100 war – ein Szenario, welches das Ende der Zivilisation bedeuten würde.[5]

Ich war sprachlos. Sorge. Traurigkeit. Angst. Wut. Fassungslosigkeit. Frust. Ekel. Dies sind einige der von Wissenschaftler*innen auf der Website *«Is This How You Feel?»* über die Klimakrise geäußerten Emotionen.[6] Dieselben Emotionen kamen beim Ansehen der Videos, beim Hören von Podcasts, beim Lesen von Zeitungsartikeln, Social-Media-Posts und Blogbeiträgen auch in mir hoch.

Und ich hatte jede Menge Fragen! Wieso war der Klimawandel an unseren Schulen und Universitäten kein viel größeres Thema? Wieso hörten wir nicht auf die Wissenschaftler*innen? Wieso handelte unsere Regierung nicht? Wieso intensivierte die internationale Staatengemeinschaft ihre Zusammenarbeit nicht? Taten unsere Regierungen überhaupt *irgendetwas*? Wie viel Selbstbetrug steckte in der Tatsache, dass wir dieses Problem offenbar nicht ernst nahmen?

Der Dezember und der Januar sind in Uganda die wärmsten Monate des Jahres, und für Weihnachten und Neujahr 2018 galt das in besonderem Maße. In manchen Nächten blieb es auch nach Sonnenuntergang so heiß, dass ich in meinem Zimmer unterm Dach kaum schlafen konnte. Ich fragte meinen Onkel Charles, der immer am Puls der Zeit ist und viel liest, ob er sich erinnern könnte, dass es schon jemals so warm gewesen sei. «Nein», antwortete er. «Noch vor zwanzig oder dreißig Jahren war es im Januar relativ angenehm und feucht.» Ideale Bedingungen für die Ernte von Mais, Maniok, Bohnen und Süßkartoffeln, die während der Regenzeit in den vorrausgegangenen Monaten gewachsen und gediehen waren. «Das ist der Klimawandel, aber darüber spricht niemand», fügte er hinzu.

Onkel Charles schüttelte den Kopf. «Die Bauern in unserem Land sind alle davon betroffen», sagte er. Sie hätten vielleicht noch nie etwas von einem Konzept namens Klimawandel gehört, sagte er zu mir, aber sie spürten trotzdem, dass etwas nicht stimmte: «Die Bauern sehen, wie sich das Wetter verändert, und müssen mit den Konsequenzen leben.» Was er dann sagte, ließ mich aufhorchen: «Wir müssen etwas unternehmen, der Umwelt wegen und der jungen Menschen wegen.»

Während ich meinem Onkel zuhörte, brodelten Sorge und Wut in mir weiter. Langsam verstand ich, wie treffend der Begriff *Klimakrise* war. Bei meinen Onlinerecherchen war ich auf eine Person gestoßen, die genau das erkannt hatte: die schwedische Teenagerin Greta Thunberg, Begründerin der Bewegung Fridays for Future (FFF). Ein paar Monate zuvor hatte Greta beschlossen, ab sofort freitags nicht mehr zur Schule zu gehen, und stellte sich stattdessen jeden Freitag mit einem Plakat vor das schwedische Parlamentsgebäude. SKOLSTREJK FÖR KLIMATET – Schulstreik fürs Klima – stand darauf. Sie protestierte damit gegen das Versäumnis ihrer Regierung (und der Welt), mit probaten Maßnahmen auf die globale Erwärmung zu reagieren.

Ich war beeindruckt, dass ein Mädchen, das viel jünger war als ich, sich traute, Dinge beim Namen zu nennen und auf die Straße zu gehen. Ich recherchierte weiter und erfuhr, dass sich überall auf der Welt Menschen, manche von ihnen noch nicht einmal im Teenageralter, Greta anschlossen und ebenfalls für das Klima die Schule bestreikten.

Die Worte meines Onkels hallten in mir nach. Auch ich verspürte den Drang, mich den Streiks anzuschließen. Plötzlich hatte ich das Gefühl, gar keine andere Wahl zu haben als Klimaaktivistin zu werden, auch wenn ich noch nicht wusste, was ich konkret tun würde oder wie es aussehen konnte.

Verschiedene Hürden hielten mich davon ab zu handeln. Erstens bin ich in Wirklichkeit ziemlich schüchtern und gern mit mir allein, auch wenn die meisten Menschen mich für eine aufgeschlossene Person halten. Ich stehe nicht gerne im Mittelpunkt. Wie sollte ich unter diesen Voraussetzungen «Aktivistin» werden? Mit wem sollte ich streiken? Sollte ich bei mir zu Hause um die Ecke ein Plakat hochhalten, oder sollte ich es wie Greta machen und vor einem Regierungsgebäude oder gar dem ugandischen Parlament protestieren, das ich noch nie in meinem Leben besucht hatte? Wo ich meinen Streik veranstalten sollte, war die schwierigste Entscheidung.

Eine weitere Hürde mag manchen von euch vielleicht nicht auf den ersten Blick einleuchten. In Ländern wie Uganda herrschen sehr genaue, strenge Regeln, was für eine junge Frau als angemessen gilt – Regeln, die für Männer und Jungen nicht gelten. In dem Mädcheninternat, das ich als Schülerin besuchte, wurde uns beigebracht, uns Autoritäten gegenüber gesittet und respektvoll zu verhalten. Eine junge Frau, die allein auf der Straße steht, ist ein ungewöhnliches Bild, und sie setzt sich der Gefahr aus, belästigt und beleidigt zu werden, wenn nicht noch Schlimmeres. Außerdem wird sie sich wahrscheinlich anhören müssen, «verzweifelt auf der Suche nach einem Mann zu sein» – eine Beleidigung, die jungen Frauen, die etwas Unerwartetes tun, oft an den Kopf geworfen wird –, oder ihr wird sogar unterstellt, sich zu prostituieren.

Es gab noch ein Problem, mit dem ich konfrontiert war. In Uganda ist es nicht leicht, eine öffentliche Demonstration zu veranstalten. Genehmigungen für Protestmärsche sind schwer zu bekommen, und die Polizei hat das Recht, große Menschenansammlungen jederzeit aufzulösen. Man läuft immer Gefahr, verhaftet zu werden. So etwas habe ich schon mit eigenen Augen gesehen. Ganz gleich, was die Gesetze sagen, nach meiner Erfahrung herrscht bei uns nicht wirklich Meinungsfreiheit, und im Normalfall untersagen die Behörden jegliche Kundgebungen oder Proteste, die ihnen als «zu politisch» erscheinen.

Die Studierenden an der Makerere University traten regelmäßig auf dem Hauptcampus – von der MUBS aus betrachtet, am anderen Ende der Stadt gelegen – in Streik, vor allem, wenn wieder die Studiengebühren erhöht wurden. Viele dieser Proteste wurden von der Polizei unter Einsatz von Schlagstöcken und Tränengas aufgelöst, die Beamt*innen durchkämmten dann den gesamten Campus und machten selbst vor den Studierendenwohnheimen nicht halt. Manchmal gab die Polizei sogar Warnschüsse ab, um die Versammlungen zu sprengen. Studierende waren verprügelt und verhaftet worden. Wer in Uganda von der Polizei verhaftet wird, dem werden oft sämtliche persönlichen Gegenstände abgenommen, inklusive dem Mobiltelefon. Was, wenn ich für meinen Klimastreik verhaftet wurde? Wer würde überhaupt davon erfahren, falls die Polizei mein Telefon konfiszierte? Wem sollte ich davon erzählen? Wer würde eine Kaution für mich stellen? Wie würde meine Familie reagieren?

Mit diesen Gedanken und Ängsten war ich beschäftigt, während das neue Jahr anbrach. Von außen war mir nicht anzusehen, dass sich in mir etwas derart verändert hatte. Ich arbeitete nach wie vor im familieneigenen Batteriehandel, wie ich es bereits seit meinem zwölften Geburtstag an schulfreien Tagen tat. Ich war in vielerlei Hinsicht eine ganz normale Studentin. Ich ging ab und zu auf Partys, um zu tanzen und mich mit Freund*innnen zu unterhalten. Abends saß ich vor dem Fernseher, um mir auf Telemundo englisch synchronisierte, lateinamerikanische *Telenovelas* anzusehen oder ugandische Talentshows und Schönheitswettbewerbe. Oder ich hörte Musik, am liebsten One Direction, Ed Sheeran, Taylor Swift und den ugandischen Rapper Fik Fameica. Ich freute mich auf meine Graduiertenfeier Ende Januar. Ich hatte drei intensive Jahre an der Uni hinter mir, weil ich in Vollzeit studiert hatte, und inzwischen arbeitete ich in Teilzeit als Geschäftsführerin im Laden, kümmerte mich um Rechnungen und die Buchhaltung.

Obwohl ich als Älteste von fünf Geschwistern meiner Mutter und meinem Vater sehr nahestehe, war ich noch nie der Typ, der sich seinen Eltern in allem anvertraut. Während meines Studiums blieb ich im Haus meiner Eltern im südöstlichen Teil von Kampala wohnen. Klar hätte ich auch gerne die Erfahrung gemacht, wie einige aus meinem Freundeskreis in einem Wohnheim zu leben, aber weil die Universität von uns aus gut zu erreichen war, beschlossen meine Eltern, sich das Geld zu sparen. Auch wenn ich zu Hause nicht ganz so viel Privatsphäre hatte wie manche Studierende in ihrem Wohnheim, konnte ich den Streik trotzdem vorbereiten, ohne dass jemand etwas davon mitbekam.

Ich behielt meine Pläne vor allem deshalb für mich, weil ich nicht wollte, dass meine Eltern womöglich versuchten, mir die Idee, einen öffentlichen Klimastreik zu veranstalten, wieder auszureden. Ich fürchtete dabei nicht, dass sie meinen Wunsch nach freier Meinungsäußerung nicht verstehen würden. Unsere Eltern hatten mich, meine beiden Schwestern und meine zwei Brüder immer dazu ermutigt zu tun, was wir für richtig hielten, und nicht nur das, was allgemein anerkannt war. Sie hatten uns immer darin bestärkt, unseren eigenen Weg zu gehen. Wenn wir ein Projekt aufnehmen wollten, das einem positiven Zweck diente und uns glücklich machte, sollten wir es nach unseren besten Möglichkeiten tun und zusehen, wie weit wir damit kamen. Nein, meine Sorge galt vor allem den Reaktionen meiner ehemaligen Klassenkameradinnen: «Das widerspricht allem, was uns beigebracht wurde!», sagten meine Schulfreundinnen in meiner Vorstellung, sobald sie erführen, dass ich vorhatte, mich mit einem Schild auf die Straße zu stellen.

Und dennoch ... ich hatte ständig die streikenden Schüler*innen aus meinen Social-Media-Feeds vor Augen. Unter ihnen gab es viele Mädchen und junge Frauen. Alexandria Villaseñor, eine Amerikanerin, war erst vierzehn, als sie *Earth Uprising* gründete, ein internationales Jugendklimanetzwerk. Lilly Platt hatte 2015 in den Niederlanden eine Kampagne gestartet, mit der sie Menschen dazu bringen wollte, Plastikmüll zu sammeln; da war sie sieben Jahre alt. Und dann war da natürlich noch Greta. Wenn diese Mädchen den Mut hatten, in ihrer Heimat öffentlich zum Handeln für das Klima aufzurufen, dann konnte auch ich, zukünftige Universitätsabsolventin in einem Land, in dem mir die Konsequenzen des Klimawandels unmittelbar vor Augen standen, mich anschließen. Würde ich mir je verzeihen können, wenn ich es nicht tat?

Ich hatte mit meinem Für und Wider bereits wertvolle Zeit vergeudet. Mir war klar, dass ich im Grunde schon viel zu lange gezögert hatte. Es war höchste Zeit, meine Angst zu überwinden und mich öffentlich zu zeigen.

~~~

Am 5. Januar 2019, einem Samstag, weihte ich ein paar enge Verwandte ein: meine beiden Brüder, die zu den Weihnachtsferien zu Hause waren – Paul Christian, damals 14, und Trevor, damals 10 –, meinen Cousin Nathan, damals 11, und meine Cousine Varak, damals 9, die bei uns zu Besuch waren, sowie meine Cousine Isabella, die so alt ist wie ich und die zu der Zeit bei uns in Kampala lebte. Ich erzählte ihnen, dass ich mit ihnen gemeinsam einen Streik veranstalten wollte.[7]

«Wofür sollen wir denn streiken?», fragte Isabella.

«Für das Klima.»

Nathan wollte wissen, warum, und ich versuchte zu erklären, worum es mir ging. «Wir verlangen Schutzmaßnahmen für das Klima», sagte ich. «Wir wollen, dass Politik und Wirtschaft endlich handeln.» Ich war mir nicht sicher, dass ich sie überzeugt hatte. «Wir tun das für die Menschen, die unter Klimakatastrophen zu leiden haben.» Die vier Jüngeren sahen mich erwartungsvoll an. Isabella wirkte skeptisch. «Und ich möchte, dass ihr bei meinem allerersten Streik dabei seid.»

Ich sah ihnen an, dass ich sie am Haken hatte. Als Älteste in meiner Familie war ich es gewohnt, unter den Geschwistern den Ton anzugeben. Das kam mir jetzt gelegen. «Als Erstes müssen wir Plakate basteln», sagte ich zu den vier Jüngeren. Welches Kind hatte an so was keinen Spaß? Isabella und ich konnten ihnen dabei helfend zur Hand gehen.

Ich hatte vormittags Filzstifte besorgt, damit wir in großen, dicken Lettern schreiben konnten. Eine meiner Schwestern kann sehr gut malen und besaß einen großen Block Zeichenkarton, den wir benutzen durften. Wir setzten uns hin, um die Schilder herzustellen, die wir bei unserem Streik in die Luft halten würden.

«Was sollen wir schreiben?», wollte Varak wissen.

Ich legte Wert darauf, unsere Botschaften positiv zu formulieren, außerdem war es mir wichtig, dass die Jüngeren nur Plakate zeigten, die sie auch selbst verstanden. Wir beschlossen, Sprüche zu nehmen, die nicht zu bedrohlich klangen, und suchten uns ein paar verschiedene aus. Auf Englisch schrieben wir: BÄUME SIND WICHTIG FÜR UNS – NATUR IST LEBEN – WER EINEN BAUM PFLANZT, PFLANZT EINEN WALD –, DANKE FÜR DIE ERDERWÄRMUNG (das allerdings war Ironie), außerdem noch KLIMASTREIK JETZT. Dann malten wir noch ein paar Bäume neben die Schriftzüge.

Während wir im Wohnzimmer vor uns hin bastelten, streckte meine Mutter neugierig den Kopf zur Tür herein. «Mwe mukolakyi? Kulwakyi muwandika ebigambo ku mpapula?», fragte sie auf Luganda, meiner Muttersprache: *Was macht ihr da? Was sollen die ganzen Plakate?*

Ich beschloss, ihr die Wahrheit zu sagen. «Wir veranstalten einen Klimastreik.»

«Was soll das denn sein?», fragte sie. So wie uns allen, war auch ihr dieses Konzept vollkommen neu.

«Wir kämpfen für den Umweltschutz. Dazu brauchen wir diese Schilder», sagte ich. «Wir wollen dafür sorgen, dass die Regierung etwas gegen den Klimawandel unternimmt.»

Meine Mutter dachte nach. «Das ist eine gute Sache», sagte sie dann. «Aber habt ihr keine Angst, auf die Straße zu gehen?»

«Doch. Ich mache mir schon die ganze Zeit Sorgen deswegen», antwortete ich. «Aber ich bin zu dem Schluss gekommen, dass wir es trotzdem tun müssen.»

Ich sah ihr an, wie nervös sie war. «Das ist ein friedlicher Streik, und ich bin bei den Kindern», sagte ich. «Du musst keine Angst haben.»

Meine Mutter nickte. Ich war mir zwar nicht sicher, ob ich sie tatsächlich überzeugt hatte, aber sie sagte nur: «Okay.»

Am nächsten Morgen standen wir früh auf und gingen gegen sieben Uhr aus dem Haus. Wir waren zu sechst. Leise schlüpften wir zur Haustür hinaus, um meine Eltern nicht zu wecken.

Wie in vielen afrikanischen Städten gibt es in Kampala Viertel, die sehr modern sind; die Straßen sind geteert, die Gehsteige gepflastert, die Gebäude groß. Andere Viertel sind sehr grün, und die rote Erde liegt unversiegelt da. In vielen Stadtteilen herrscht starker Verkehr mit einem Höllenlärm, und ständig wird irgendwo gehupt. Ich hatte mir im Vorfeld vier Stellen ausgesucht, wo wir uns für jeweils eine halbe Stunde mit unseren selbstgebastelten Protestschildern aufstellen würden (ich hatte mir in meinem Handy sogar einen Alarm programmiert, damit wir wussten, wann es Zeit war, wieder aufzubrechen). Ich hatte eine strategische Wahl getroffen. Die Orte für unseren Streik befanden sich jeweils auf belebten Märkten, und dort an vielbefahrenen Kreuzungen, damit wir mit unseren Botschaften möglichst viele Menschen erreichten. Taxis, *Matatus* (öffentliche Kleinbusse mit Platz für vierzehn Passagiere) und *Boda Bodas* (Motorradtaxis) kämpften mit Fahrradfahrern und Fußgängern um Platz auf der Straße. Alle vier Posten lagen in den Stadtteilen Kitintale und Bugolobi, waren jeweils nicht weit von unserem Zuhause entfernt und beschrieben zusammen eine Art Kreis, sodass wir nach unserem letzten Streik schnell wieder zu Hause sein würden.

Wir machten uns auf den Weg zu unserer ersten Station auf dem Kitintale-Markt und reckten unsere Schilder in die Luft: ein richtiger kleiner Klimamarsch. Mein Bruder Paul Christian machte Fotos, damit ich später in meinen Social-Media-Kanälen Bilder posten konnte. Während wir auf dem Gehsteig unterwegs waren, starrten die Leute uns an. Die Frage, was wir da trieben, stand ihnen ins Gesicht geschrieben. Eine Frau blieb vor uns stehen und sagte uns, wir sollten zu einer Baustelle in der Nähe gehen, wo Bäume gefällt wurden, um

Platz für eine Schule zu schaffen. «Die müssen verstehen, dass sie das nicht tun dürfen», sagte sie. «Man kann die Bäume stehen lassen und trotzdem eine Schule bauen.» Ich stimmte ihr zu und nahm mir vor, zu recherchieren und mehr über die Sache in Erfahrung zu bringen. (Als ich später diese Schule besuchte, war der Direktor nicht da. Ich schrieb einen Brief und bat darum, mit Schüler*innen und Lehrer*innen über den Klimawandel sprechen zu dürfen, bekam aber nie eine Antwort. Mir fiel auf, dass direkt neben der Schule, sie lag auf meinem Weg zur Uni, tatsächlich Bäume gefällt worden waren.)

Sonntags wird in Uganda an vielen Marktständen Obst, Gemüse, Getreide und Fleisch verkauft, außerdem wird gekocht, für die Kundschaft, für Standbetreiber*innen und für hungrige Spaziergänger*innen. Auch der Kitintale-Markt war keine Ausnahme. Mehr als hundert Verkäufer*innen hatten ihre Stände aufgebaut, und die Menschen standen in langen Schlangen, um sich etwas zu essen zu gönnen. Wir bezogen unseren Posten und hielten unsere Schilder hoch. Mein Herz fing an zu pochen. Wie würden die Leute auf uns reagieren?

Die meisten ließen sich von uns nicht aus der Ruhe bringen und gingen weiter ihrer üblichen Sonntagsroutine nach. Händler*innen arrangierten Bananen und Paprika; ein paar Kund*innen beäugten uns neugierig und blieben stehen, um unsere Schilder zu lesen. Niemand sprach uns direkt an, aber es beschimpfte uns auch niemand, niemand fluchte oder versuchte, uns zu vertreiben. Trotzdem war ich so nervös, dass ich meine Beine nicht spüren konnte. Ehrlich gesagt, wollte ich so schnell es ging wieder von dort verschwinden. Meine Cousine Varak erzählte mir hinterher, auch sie hätte schreckliche Angst gehabt, zumindest am Anfang. «Tubadde awo naye mbade njagala etakka limile!!», sagte sie. *Ich wäre am liebsten im Erdboden versunken!*

Weil unser erster Streikpunkt am Kitintale-Markt unsere Premiere war, machte er uns am meisten Angst, es fühlte sich furchtbar stressig an. Aber wir hielten durch. Ich sagte mir, dass unsere Botschaft gehört werden musste, egal wie unbequem es war. Als dann der Alarm auf meinem Telefon ertönte, um uns daran zu erinnern, dass es Zeit war, zur nächsten Station aufzubrechen, machte mich die Vorstellung, den Streik fortzusetzen, weniger nervös, als ich befürchtet hatte.

Mit dem *Matabu* braucht man über die Port Bell Road etwa vier Minuten bis zum Bugolobi Stage, einem großen Busbahnhof und Knotenpunkt. Dort ist immer viel los, in winzigen Läden werden Erfrischungen und Elektronikartikel verkauft, man kann ins Internet, Geld transferieren, sein Telefon laden lassen und Anziehsachen kaufen. Es wimmelte von Menschen. Wieder zogen wir viele neugierige Blicke auf uns, aber niemand sprach uns an. Langsam fiel es uns leichter, zu streiken. Wieder eine halbe Stunde später gingen wir zu Fuß weiter zur Village Mall, unserer dritten Station.

Die Village Mall liegt ebenfalls in Bugolobi und ist eine schicke, in sich geschlossene Mall, wo die Preise für alles, angefangen bei einer Tasse Kaffee bis hin zu den Kleidungsstücken, etwa drei Mal höher sind als anderswo. Hier machten wir uns nicht nur für die wohlhabenderen Ugander*innen sichtbar, sondern auch für die weißen Expats, die hierherkamen, um etwas zu essen oder einkaufen zu gehen. Das war wichtig. Die Ausländer*innen mussten sehen, dass es nicht nur in Europa oder den Vereinigten Staaten Klimaaktivist*innen gibt, sondern auch in Uganda. Außerdem hatte ich mich wegen der Shell-Tankstelle direkt neben der Mall für diesen Platz entschieden. Ich hatte gesehen, dass andere Klimaaktivist*innen immer wieder direkt die Ölindustrie angriffen. Hier waren wir in der Lage, Motorrad- und Autofahrer*innen auf ihre Mitverantwortung hinzuweisen. Wir standen vor dem Eingang zur Mall und wedelten mit unseren Schildern, um die Menschen in ihren Autos, Spaziergänger*innen, Fahrradfahrer*innen, Busfahrer*innen und die Mitfahrer*innen in den *Matatus* auf uns aufmerksam zu machen.

Unsere letzte Station war ein großer Supermarkt namens *Capital Shoppers* in Nakawa, direkt gegenüber meiner künftigen Alma Mater, der Makerere University Business School. Ich versuchte zu verdrängen, dass mich meine Kommiliton*innen womöglich mit meinem Schild hier stehen sahen und sich fragten, was um alles in der Welt ich hier trieb.

Trotz der Größe – Kampala hat 1,65 Millionen Einwohner*innen – fühlt die Stadt sich manchmal an wie eine Kleinstadt. Die Gefahr, jemandem von der Uni oder aus meiner alten Schule über den Weg zu laufen, war also relativ hoch. Ich versuchte, nicht daran zu denken, und konzentrierte mich stattdessen auf die Fußgänger*innen und die Leute in den Autos und Taxis. Langsam wurden wir Streikenden hungrig und müde. Als zum vierten Mal der Alarm klingelte, packten wir die Schilder ein und fuhren mit einem *Matatu* nach Hause.

Meine Mutter empfing uns mit einem großen Sonntagsfrühstück. Sie wollte wissen, wie der Streik gelaufen war und wie die Leute auf uns reagiert hatten. Ich erzählte ihr von der Frau, die von der Schule und den Bäumen gesprochen hatte, die gefällt werden sollten. Zu meiner Überraschung sagte meine Mutter, davon hätte sie auch schon gehört, und machte den Vorschlag, wir sollten doch mal dort vor Ort streiken, um die Bäume zu retten. Ich glaube, sie war stolz auf uns. Inzwischen ruft sie mich jedes Mal dazu, sobald im Fernsehen ein Beitrag über Überflutungen, Dürren oder Buschbrände läuft.

Mein Vater wollte wissen, wo wir gewesen waren. Er hatte von unserem Plan nichts gewusst und konnte kaum erwarten zu erfahren, was uns sechs dazu gebracht hatte, so früh an einem Sonntag das Haus zu verlassen.

«Wir waren auf einem Klimastreik», antwortete ich.

Er sah uns verwirrt an, aber nicht verärgert. Obwohl mein Vater keine Ahnung hatte, was ein Klimastreik war, wusste ich, dass er begriff, wie wichtig es war, bei den Menschen das Bewusstsein für Umweltthemen zu wecken, die unmittelbare Auswirkungen auf ihre Lebenswirklichkeit hatten. Seit einigen Jahren engagierte er sich als Vorstandsmitglied im örtlichen Rotary Club für Aufforstungsprojekte.

Zu meiner Überraschung sagte mein Vater: «Das ist gut.» Dann scheuchte er uns alle an den Frühstückstisch.

Meine Schwestern Joan, damals siebzehn, und Clare, damals neunzehn, wollten mehr wissen. «Wie haben die Leute euch angesehen?», fragte Joan. «War es leicht? War es schwer?»

Leise fügte Clare hinzu: «Wie mutig von euch.»

Ich war erstaunt über das Interesse meiner Schwestern. Als ich ihnen am Vortag von meinen Plänen erzählte, hatten sie sich nicht besonders interessiert gezeigt. Sie hatten nicht gesagt, warum sie nicht mitkommen wollten. Vielleicht, weil Sonntag war und sie ausschlafen wollten oder weil sie, wie die meisten Menschen, nicht wirklich verstanden, was ein Klimastreik war. Vielleicht wollten sie auch nicht von ihren Freund*innen gesehen werden oder auf einem Foto landen, das in den sozialen Medien gepostet werden würde.

Ich war euphorisch; einerseits, weil zu demonstrieren etwas ganz Neues gewesen war; andererseits, weil wir, die Jugend, uns gezeigt und versucht hatten, die Einwohner*innen von Kampala über etwas zu informieren, das uns und unser Land betraf. Und ich war zufrieden mit mir. Ich hatte mich von der Sorge, mich lächerlich zu machen, nicht abhalten lassen. Ich hatte mich nicht von meinen Ängsten überwältigen lassen und auch nicht von der Möglichkeit, dass ein / e Bekannte*r mich sah und schlecht von mir dachte. Und auch die Angst, von Fremden kritisiert zu werden, hatte nicht dazu geführt, dass ich den Streik abbrach.

Nachmittags postete ich, wie geplant, ein paar Fotos und ein Video, das mein Bruder von uns gemacht hatte, für meine etwa 500 Follower*innen in den sozialen Medien. Als ich das nächste Mal auf mein Handy sah, stellte ich erfreut fest, dass meine Posts bereits ein paar Likes bekommen hatten, es gab sogar ein paar positive Kommentare. Vor dem Schlafengehen schaute ich noch einmal nach. Ich hatte meine Postings mit Hashtags versehen und unseren Klimastreik auch mit #FridaysForFuture verlinkt. Überrascht sah ich, dass Greta Thunberg meine Fotos geteilt hatte. Mein Originalpost hatte plötzlich über tausend Likes. Das war völlig neu für mich. Bis jetzt hatten höchstens zehn Leute auf meine Posts reagiert. *Wie war das möglich?*

Bis zum nächsten Morgen waren noch viel mehr positive Reaktionen eingetroffen, und sie kamen aus aller Welt. Ich fing sofort an, für den kommenden Freitag meinen nächsten Streik zu planen. Ich hatte etwas ins Rollen gebracht. Und ich wusste, dass ich es nicht mehr stoppen konnte.

2
Auf die Plätze, fertig, streiken!

Im Laufe der Woche wurde ich immer nervöser, aber ich war fest entschlossen, meinen ersten Fridays-For-Future-Streik durchzuziehen. Diesmal würde ich allein sein. Meine Brüder waren inzwischen ins Internat zurückgekehrt, Nathan und Varak waren wieder zu Hause, und Isabella hatte Unterricht. Ich hatte ein paar Freund*innen gefragt, ob sie mitkommen wollten, aber sie waren skeptisch. Genau wie meine Schwestern verstanden sie nicht, was ich vorhatte, oder waren nicht bereit, mit einem Plakat in der Hand auf einem Foto zu landen, das wiederum womöglich in ihren WhatsApp-Gruppen geteilt würde – «Walk of Shame» nannten wir das.

Freitagmorgen frühstückte ich, zog meine Jeans an und machte mich auf den Weg zum Laden. Ich erklärte meinen Arbeitskolleg*innen, die meine Bilder vom ersten Streik bereits gesehen hatten, dass ich an diesem Vormittag wieder streiken würde. Ich bat sie, mich zu decken, falls mein Vater zufällig in der Filiale vorbeikam, was er ab und zu tat. Sie sollten ihm erzählen, ich wäre geschäftlich unterwegs.

Ich entschied mich für zwei der Stationen von meinem ersten Streik. Mit dem Schild unterm Arm ging ich zu Fuß zum Bugolobi Stage. Es wimmelte vor Menschen, und alle starrten mich an.

Eigenartig, wie der Verstand die eigenen Ängste auf andere Menschen projiziert oder die von der Gesellschaft übernommenen Vorverurteilungen reproduziert. Jedes Mal, wenn ein Auto oder Taxi an mir vorbeifuhr, fragte ich mich, ob einer der Insassen mich womöglich erkannte oder schlecht von mir dachte. *Was steht die hier rum, anstatt sich einen Job zu suchen? Warum hilft sie nicht lieber den Armen? Warum protestiert sie nicht für die, die hungern müssen?* Ich fragte mich, ob sie bei meinem Anblick wütend wurden, sich ärgerten, warum ich hier meine und ihre Zeit vergeudete. Ich begriff jeden irritierten oder schiefen Blick, jedes Nasenrümpfen, jedes Stirnrunzeln als direkte Kritik an dem, was ich tat.

Ich verbrachte eine halbe Stunde am Bugolobi Stage und zog dann weiter zur Village Mall. Zu meiner großen Erleichterung schloss sich dort mein Freund Elton John Sekandi an. (Ja, er heißt wirklich so. Er wurde nach dem berühmten Musiker benannt, und wo wir gerade dabei sind: Ich bin ein Kind der Neunzigerjahre, und weil mein Vater damals großer Fan der Songs der amerikanischen Sängerin Vanessa Williams war, ist sie, zumindest zum Teil, der Grund für meinen Namen.) Elton hatte mir im Vorfeld versprochen, dass er versuchen würde, dabei zu sein, falls er von der Arbeit wegkam. Elton stammte aus Masaka, einer Stadt etwa dreieinhalb Stunden westlich von Kampala, ebenfalls am Ufer des Victoriasees gelegen. Ich kannte ihn, weil er inzwischen in Kampala lebte und früher in den Läden meiner Familie gejobbt hatte. Eltons Anwesenheit erleichterte mir die zweite Hälfte des Streiks ein wenig. Trotzdem war die Gleichgültigkeit, mit der die Menschen uns begegneten, entmutigend. Weil niemand uns beschimpfte oder Fragen stellte oder sich irgendwie sonst auf uns einließ, konnten wir schwer einschätzen, wie wirkungsvoll unsere Aktion war. War die Botschaft auf meinem Schild – eine Kombination der Slogans aus dem ersten Streik – zu verwirrend? Waren die Leute der Meinung, das Thema Klimawandel sei keinen Protest wert und hätte keine Aufmerksamkeit verdient? Ich musste mir immer wieder ins Gedächtnis rufen, dass auch ich noch vor ein paar wenigen Monaten keine Ahnung vom Ausmaß dieser Krise gehabt hatte.

Ein Mensch jedoch *hatte* Interesse, und zwar Elton. Er wollte wissen, wie ich auf die Idee gekommen war, für das Klima zu streiken, er selbst hätte so was noch nie zuvor gesehen und auch nicht für möglich gehalten. Ich erzählte ihm von Greta und den freitäglichen Schulstreiks, die inzwischen in vielen Ländern stattfanden. Unser Gespräch hatte offensichtlich etwas bei ihm bewirkt, denn er war noch ein paar Mal bei Streiks dabei, die ich organisierte, ehe er zum Studium nach Masaka zurückkehrte.

Ich fragte Elton, ob er Lust hätte, zwei Tage später, am Sonntag, dem 13. Januar, bei meiner nächsten Aktion mit dabei zu sein. Diesmal schlug ich einen anderen Standort vor: das ugandische Parlamentsgebäude.

~~~

Ein Streik vor dem Parlamentsgebäude, dem administrativen Zentrum in Kampala, hätte als Aussage definitiv mehr Gewicht, als an den vier belebten Plätzen zu stehen, an denen ich bis jetzt protestiert hatte. Mit meiner Anwesenheit vor Malls und an Verkehrsknotenpunkten wollte ich meine Landsleute zum Nachdenken darüber anregen, welchen Einfluss unsere individuellen und kollektiven Entscheidungen als Konsument*innen auf unseren Planeten haben. Aber, wie viele Klimaaktivist*innen immer wieder betonen, der Sinn unserer Streiks besteht nicht nur darin, das Bewusstsein in der Bevölkerung zu stärken, sondern auf ambitionierte, systematische Veränderungen in der Regierungspolitik, der Privatwirtschaft und bei Investoren zu drängen. Das heißt nicht nur, dass die Autofahrer*innen, die ihre Fahrzeuge mit Benzin betanken, ihr Verhalten ändern müssen, sondern auch, dass Erdöl- und Gaskonzerne und all die anderen, die für die Emissionen von Treibhausgasen verantwortlich sind, ihre Geschäftsmodelle drastisch zugunsten radikaler Nachhaltigkeit verändern müssen. Um das zu erreichen, muss auf wirtschaftlicher *und* politischer Ebene Druck gemacht werden. Regierungen müssen auf Klimawissenschaftler*innen hören; sie müssen Gesetze, Verordnungen und Staatshaushalte verabschieden bzw. erlassen, welche die Gesellschaft dekarbonisieren und die Anpassung finanzieren; die größten Umweltverschmutzer müssen ihre Emissionen so schnell wie möglich auf null senken.

Mir wurde klar, wie wichtig es war, es wie Greta zu machen; ich musste ebenfalls vor dem Parlament streiken.

Diese Entscheidung war potenziell gefährlich. Uns war bewusst, dass wir nicht einfach mit unseren Protestschildern vors Parlament spazieren konnten. Das Gebäude selbst lag hinter einem großen Tor und wurde von Sicherheitsleuten bewacht. Man würde uns sofort fragen, wer wir waren und was wir dort zu suchen hatten. Außerdem bestand durchaus die Gefahr, verhaftet zu werden. Mir war vollkommen klar, dass ich meiner Familie von *diesem* Streik auf keinen Fall etwas erzählen durfte, weil sie die Aktion für zu gefährlich halten würden.

Ich war trotzdem fest entschlossen. Am Sonntagmorgen brach ich auf. Ich sagte meinen Eltern grob, wann ich zurück sein würde, und bestieg gemeinsam mit Elton ein *Matatu*, das in der Nähe des Parlamentsgebäudes hielt. Als wir uns dem Tor näherten, rutschte uns beiden das Herz in die Hose. Wir hatten nicht gewusst, dass ausgerechnet an diesem Sonntag die Parlamentswoche begann, eine Reihe von Veranstaltungen, die Abgeordnete und Ministerien organisierten, um – laut der Website der Regierung – «das Parlament dem Volk näherzubringen». Als wir ankamen, fand gerade ein Wohltätigkeitslauf zugunsten von Ugander*innen mit Albinismus statt, und es waren viel mehr Menschen dort versammelt als normalerweise, darunter auch einige Politiker*innen. Das Polizeiaufgebot war größer als üblich.

«Ich habe Angst», sagte Elton, als wir den Vorplatz betraten.

Ich sah zu einem der Polizisten hinüber. Mir kam der Gedanke, dass es klug wäre, den Beamten (wahrheitsgemäß) zu sagen, dass wir hier waren, um das Bewusstsein für den Klimawandel zu stärken und unsere Aktion auf keinen Fall als Protest gegen die Regierung oder die Polizei gemeint war. Ich war mir bewusst, dass, wenn wir vor dem Parlament unseres Landes auf die Dringlichkeit der Klimakrise und die Notwendigkeit sofortigen Handelns aufmerksam machten, unsere Botschaft, egal, wie wir sie formulierten, absichtlich fehlgedeutet oder gar von den Behörden als bedrohlich interpretiert werden konnte.

«Okay», sagte ich. «Ich rede mit ihm und erkläre ihm, warum wir hier sind, und dann sehen wir, wie er reagiert.»

Ich ging auf den Polizisten zu. Mir klopfte das Herz bis zum Hals. Menschen waren schon für viel weniger verhaftet worden, als ein Schild mit sich rumzutragen.

«Hallo, Sir», sagte ich zögerlich. «Wir sind zwei Umweltaktivisten und haben ein Schild mitgebracht, um unserer Regierung zu zeigen, warum sie die Klimakrise ernst nehmen muss.»

Der Polizist runzelte die Stirn und kniff die Augen zusammen.

«Seid ihr von der Opposition geschickt worden? Hat man euch gesagt, ihr sollt euch als Umweltaktivisten verkleiden?», fragte er.

Ich versicherte ihm, dass das nicht der Fall war.

Er sah mich misstrauisch an. «Greift ihr die Regierung an, um sie in ein schlechtes Licht zu rücken?»

«Nein», antwortete ich.

Dem Beamten hatten sich inzwischen vier weitere angeschlossen. Sie lasen die Botschaften auf unserem Schild:

GRÜNE LIEBE GRÜNER FRIEDEN
KAMPF DER VERSCHMUTZUNG DURCH PLASTIKMÜLL
DANKE FÜR DIE ERDERWÄRMUNG
(ich liebte den ironischen Slogan)
KLIMASTREIK JETZT

Mir war bewusst, dass der letzte Satz Fragen aufwerfen konnte, und ich hatte überlegt, ob ich das Wort *Streik* überhaupt verwenden sollte, weil es in Uganda automatisch mit Unruhen in Verbindung gebracht wird. Aber ich kam zu dem Schluss, dass es wichtig war, weil es denen, die unser Plakat lasen, klarmachte, dass es bei unserer Aktion um alles ging.

Natürlich waren die Beamten von dem Wort *Streik* irritiert, wahrscheinlich, weil die Streiks wegen der Studiengebühren an der Makerere University und Gewerkschaftsstreiks oft in Gewalt umschlugen und sowohl von der Regierung als auch von Oppositionsparteien instrumentalisiert worden waren. Die politische Landschaft in Uganda ist tief gespalten, und Regierungspartei und Opposition liegen sich ständig in den Haaren. Vor oder nach den Wahlen können diese Konflikte sogar tödlich ausgehen.

«Seid ihr Studenten? Wollt ihr einen Streik gegen die Regierung anzetteln?»

Ich schüttelte den Kopf.

«Was für ein Streik soll das werden?», fragte ein zweiter Beamter streng. «Arbeitet ihr auch bestimmt nicht für die Opposition?»

Wir versicherten ihnen, dass wir mit der Opposition nichts zu tun hatten, dass unser Streik nicht politischer Natur war und dass er gewaltlos sein würde.

Die Polizisten blieben misstrauisch. Sie sagten uns, sie wollten zuerst sichergehen, dass unser Protestschild tatsächlich keine «versteckten Botschaften» enthielt.

Schließlich gaben sie nach und erlaubten uns, die Schilder hochzuhalten, vorausgesetzt, wir blieben an dem Platz stehen, den sie uns zuwiesen, und bezeichneten das, was wir taten, als «Aufklärungskampagne». Was für eine Erleichterung!

Elton hatte immer noch Angst. Ich sagte ihm, wenn die Polizisten kein Problem mit uns hatten, hätten wir weniger Grund, nervös zu sein. «Wenn uns irgendjemand fragt, was wir hier zu suchen haben», sagte ich zu ihm, «können wir sagen, die Polizei hätte uns die Erlaubnis gegeben.»

Schließlich streikten Elton und ich anderthalb Stunden an dem uns zugewiesenen Platz. Ich war mir sicher, dass wir unter Beobachtung standen, denn der Bereich um das Parlamentsgebäude wird mit Kameras überwacht, die in alle möglichen Richtungen filmen. Am Ende wurden wir von den Beamten weder bedroht noch belästigt, und auch von sonst niemandem. Ganz im Gegenteil, irgendwann brachte uns einer der Polizisten sogar etwas zu trinken, weil es so heiß war. So wie Elton beim ersten Freitagsstreik waren zwei der Beamten offensichtlich interessiert. Einer der beiden erzählte uns, er hätte eine Farm und sei auf der Suche nach Saatgut. Ob unsere Organisation ihn unterstützen könne? Wir verneinten. Als Nächstes wollte er wissen, ob er Mitglied unserer Organisation werden könne und, falls ja, ob er dafür Geld bekommen würde? Natürlich mussten wir auch das verneinen. Nicht nur, dass wir kein Saatgut hatten, wir waren auch keine Organisation, aber das erzählten wir den Beamten natürlich nicht.

Ehe Elton und ich aufbrachen, fragten wir die Polizisten, ob sie mit uns auf ein Foto wollten. Zwei ließen sich mit uns fotografieren, die anderen lehnten ab. Sie hatten offensichtlich Angst, was mit dem Bild passieren würde. «Wo postet ihr das?», fragte einer. «Wem zeigt ihr das?», wollte der andere wissen. Wir erklärten, dass wir die Bilder für unsere Social-Media-Kanäle nutzen wollten, aber sie blieben dabei.

«Gott sei Dank ist das vorbei!», sagte Elton, als wir aufbrachen. Wir gingen zu den Polizisten hinüber, um uns zu verabschieden und uns dafür zu bedanken, dass sie unseren Streik genehmigt hatten, beziehungsweise unsere «Aufklärungskampagne». Ich fragte, ob wir wiederkommen und uns noch mal an denselben Platz stellen dürften. Sie sagten, sie wären nicht sicher, das käme auf den Wochentag an und darauf, was sonst noch geschah.

Im Nachhinein wurde mir bewusst, dass ich bei meinem Gespräch mit den Beamten zwar nervös, zugleich jedoch seltsam ruhig gewesen war. Ich hatte mir meine Angst nicht anmerken lassen, um Elton nicht noch weiter zu verunsichern. Ich fühlte die Verpflichtung, ihn zu beschützen. Er war drei Jahre jünger als ich und hatte mich begleitet, weil ich ihn darum gebeten hatte.

Dieser Klimastreik ist mein einziger vor dem Parlament geblieben. Als ich zwei Wochen später, am Freitag, dem 1. Februar, allein wiederkam, wurde ich abgewiesen, obwohl weniger Polizisten anwesend waren. Als ich den Beamten einige Fotos vom ersten Mal zeigte, meinte einer, das sei nur möglich gewesen, weil Sonntag war. «Heute», sagte er, «sind zu viele Menschen hier unterwegs. Möglicherweise reagiert die Öffentlichkeit mit Protest auf das, was du hier tust.»

Mir wurde klar, dass ich die Sache anders anpacken musste, wenn ich die Regierung überzeugen wollte. Fünf Monate später, im Juni, formulierte ich einen Brief an Yoweri Museveni, den Präsidenten von Uganda. Ich erzählte ihm, ich sei eine junge Uganderin und «kämpfe für eine bessere Zukunft für uns alle». Der Klimawandel sei «eine Bedrohung für ganz Uganda», fügte ich hinzu. Dann kam ich zum Kern meiner Botschaft:

Der Klimawandel ist real und eine Bedrohung für uns alle. Er passiert jetzt und hier. Darin sind sich Wissenschaftler*innen aus aller Welt einig. Die CO_2-Konzentration in der Erdatmosphäre ist so hoch wie nie zuvor. Die Klimakrise wird in erster Linie durch menschliches Handeln angetrieben und beschleunigt sich rapide. Unser Land hat in letzter Zeit diverse Wetterextreme durchlebt, angefangen mit sehr hohen Temperaturen im Januar, gefolgt von Starkwinden, die in verschiedenen Teilen des Landes für große Zerstörung gesorgt haben. Schwere Regenfälle verursachen Überflutungen, die viele Menschenleben kosten und Land und Besitz zerstören. Die Klimakrise kennt kein Alter. Sie trifft uns alle. Menschen laufen permanent Gefahr, durch Auswirkungen des Klimawandels ihr Leben zu verlieren. Der Kontinent Afrika stößt am wenigsten CO_2 aus und wird von der Krise trotzdem am härtesten getroffen, das gilt auch für unser geliebtes Land. Wir müssen jetzt handeln und die Situation umkehren. Auch wenn uns die Zeit davonläuft, glaube ich, dass wir trotzdem noch etwas bewirken können, wenn wir sofort anfangen zu handeln. Ich bin davon überzeugt, dass Sie als Präsident die notwendige Autorität und die nötigen Mittel besitzen, um dabei zu helfen, diese Krise zu lindern. Ich weiß natürlich nicht, ob Sie diesen Brief jemals lesen werden, aber ich bete dafür.

Schlussendlich schickte ich den Brief nicht ab. Ich fing gerade erst an zu lernen, wie eine Aktivistin zu handeln, und glaubte nicht daran, dass das, was ich geschrieben hatte, tatsächlich auf dem Schreibtisch des Präsidenten landen würde, ganz zu schweigen davon, dass er meinen Brief auch las. Stattdessen postete ich ein Foto des getippten Briefs und ein Video von mir, in dem ich ihn vorlas, auf meinen Social-Media-Kanälen. Das führte, ehrlich gesagt, zu keiner besonders großen Resonanz, bis Greenpeace Africa ein paar Wochen später meinen Post teilte, was wesentlich dabei half, die Reichweite zu vergrößern.

Ich wünschte, die Situation für Aktivist*innen, die das Bewusstsein der ugandischen Bevölkerung für die Klimakrise schärfen wollen, hätte sich inzwischen verbessert. Doch im Februar 2021, zwei Jahre nach meinem Streik vor dem Parlament, wurden drei meiner Kolleg*innen von *Rise Up Movement* – der Bewegung, die ich kurz nach jenem ersten Parlamentsstreik gründete – bei einem Klimastreik vor dem ugandischen Parlament von 20 Polizisten verhaftet. Obwohl sich das Vorgehen von Evelyn Acham, Rebecca Abitimo und Ayebale Paphrus durch nichts von dem unterschied, was Elton und ich im Januar 2019 gemacht hatten, setzten die Behörden die drei davon in Kenntnis, dass sie nie wieder auf öffentlichem Grund und Boden einen Streik veranstalten dürften. Später sagte Ayebale in einem Interview mit Jonah Kirabo von der *Nile Post*: «Ein befehlshabender Beamter verlangte unsere Namen, fotografierte und bedrohte uns. Wir sollten ab sofort aufpassen, denn sie könnten alles mit uns machen, ohne dass je jemand davon erfährt.»[1]

~~~

Am Donnerstag, dem 17. Januar, fand meine Graduiertenfeier statt, und ich war überglücklich. Ich war das erste Kind in unserer Familie mit abgeschlossenem Universitätsstudium, und ich wusste, dass es meinen Eltern viel bedeutete. Trotzdem hatte ich nicht vor, die Gelegenheit zu versäumen, während der Feier auf die globale Erwärmung hinzuweisen. Also stand ich da, in meiner schwarzen Robe, mit dem schwarzen Graduiertenhut und in silbernen Sandalen, und hielt dasselbe Schild mit den vier Slogans in die Luft, das ich auch vor dem Parlament dabeigehabt hatte. Ich postete das Foto mit den inzwischen wohlbekannten Hashtags auf meinen Social-Media-Kanälen: #climatechangeisreal, #fridayclimatestrike und #FridaysForFuture.

Von da an veranstaltete ich ein bis zwei Streiks pro Woche. Jeden Freitag stahl ich mich morgens von der Arbeit davon und war um zehn Uhr wieder zurück. Ich postete Fotos meiner Streiks online, und allmählich wuchs die Zahl meiner Follower*innen. Außerdem fingen einige Klimaorganisationen und diverse Pressekanäle an, sich für mich zu interessieren. Schon nach meinem allerersten Streik war ich von *Climate Kids* interviewt worden, einem Projekt einer in den USA ansässigen Allianz von Klimaforscher*innen. Ein paar Monate später veröffentlichte der ugandische *Observer* ein Porträt über mich – auf der Titelseite, oberhalb der Falz. Damit konnten auch meine Eltern etwas anfangen. Außerdem führte es ihnen vor Augen, wie ernst es mir mit meinem Klimaaktivismus war, dass es mehr war als nur ein Projekt, mit dem ich mir bis zum Abschluss die Zeit vertrieben hatte. Als die Zeitung erschien, machte meine Mutter viele ihrer Bekannten darauf aufmerksam, und einige ihrer Freund*innen posteten die Titelseite sogar auf ihren Social-Media-Kanälen. Infolge des Berichts im *Observer* wurde ich von NBS TV eingeladen, einem populären überregionalen Fernsehsender.

Auch die sozialen Medien halfen, meine Botschaft zu verbreiten. Die in Kampala ansässige Organisation *Green Campaign Africa* meldete sich bei mir. Sie wollten, dass ich mit bei ihnen tätigen jungen Ugander*innen darüber sprach, auf welche Weise sie in der Klimabewegung aktiv werden konnten. Eine der Schülerinnen, mit denen ich sprach, war Hilda Flavia Nakabuye, die inzwischen eine der FFF-Sprecherinnen in Uganda ist und sich um die Social-Media-Kanäle der Bewegung kümmert. Zur selben Zeit lernte ich auch Sadrach Nirere kennen, den Begründer der *#EndPlasticPolluton*-Bewegung, der Studierende und Universitäten in Uganda dazu anhält, auf Plastik zu verzichten.

Außerdem versuchte ich, ältere Schüler*innen und Studierende zu ermutigen, sich für die Themen Klimawandel und Umweltschutz zu engagieren. Ein paar Monate, nachdem ich meinen Abschluss gemacht hatte, kehrte ich in Begleitung von vierzehn Aktivist*innen an die Makerere University zurück. Das Semester hatte gerade erst begonnen, und auf dem Campus waren viele Studierende unterwegs. Wir hatten uns ganz in Grün gekleidet und sammelten Müll und jede Menge Plastik. Im Anschluss führten wir vor dem Verwaltungsgebäude, dem zentralen Platz des Campus, «Eins-zu-Eins»-Aufklärungsgespräche zum Thema Klimabewusstsein. Wir standen eine Stunde lang mit unseren Plakaten da – diesmal der Slogan GO GREEN BEFORE THE GREEN GOES – und unterhielten uns mit den vorbeikommenden Studierenden. Im Anschluss besuchten wir den Flohmarkt auf dem Campusgelände, wo auch ein DJ auflegte. Ich fragte ihn, ob ich sein Mikro benutzen dürfte, um mich an die Studierenden zu wenden. Ich hatte mir ein paar Worte aufgeschrieben, für den Fall, dass sich eine passende Gelegenheit ergab. Dies war meine erste öffentliche Rede zur Klimakrise. Ich schloss mit den Worten: «Schließt euch uns an!»

«Schließt euch uns an!» Eine Botschaft, die alle Aktivist*innen benutzen, um für ihre Sache zu werben – und doch ist es oft schwer, Menschen zum Mitmachen zu bewegen. Auch wenn die Zeit mit Elton und die Gespräche mit *Green Campaign Africa*, Hilda und Sadrach mir bewiesen hatten, dass viele andere sich um die Zukunft Ugandas Sorgen machten, streikte ich in den Anfangstagen meines Klimaaktivismus doch meistens allein.

Es erinnerte mich daran, wie schwer es in meinem Land ist, Klimaaktivist*in zu sein. Das liegt nicht nur daran, dass die Behörden eine öffentliche Versammlung jederzeit für zu politisch oder illegal erklären und die sofortige Beendigung oder Auflösung anordnen können. Es ist auch schwer, eine Demonstration zu organisieren, wenn man keine Erlaubnis oder die Unterstützung einer bekannten Organisation hat, die einem den Rücken stärkt oder für eine offizielle Genehmigung sorgen kann.

So nahm ich beispielsweise in meinem ersten Jahr als Aktivistin gemeinsam mit Tausenden anderen Protestierenden an einem Kinderklimamarsch in Kampala teil, angeführt von *Little Hands Go Green*, einer nationalen Umweltorganisation, die 2012 von dem Rechtsanwalt und Marketingspezialisten Joseph Masembe gegründet wurde. Es handelt sich um eine Vereinigung, die Kinder dazu ermutigt, überall im Land Obstbäume zu pflanzen. Die Regierung unterstützte Märsche wie diesen, weil es sich nicht um Streiks oder Demonstrationen handelte. Durch die Glaubwürdigkeit, die *Little Hands* bei der breiten Bevölkerung besaß, erreichte die Organisation die Unterstützung anderer Verbände und sogar die einiger Schulen.

Manchmal besteht die Herausforderung auch in der Logistik oder den Finanzen. Wenn man allein anfängt, braucht man nicht viel, aber je mehr Menschen sich anschließen, desto aufwendiger wird es. Für den globalen Klimastreik im September 2020 erhielt die *Rise Up Movement*-Bewegung zum Glück eine Spende, die es uns ermöglichte, ein Megaphon zu kaufen, ein Banner zu gestalten, einen geeigneten Ort für den Streik zu finden und inmitten der Pandemie ausreichend Schutzmasken für die Protestierenden zu besorgen. Außerdem konnten wir den Transport zum Veranstaltungsort finanzieren und für die Teilnehmenden im Anschluss an den Streik etwas zu trinken bereitstellen. Das alles wäre selbst mit Genehmigung ohne eine Spende nicht möglich gewesen.

Eine weitere Hürde bestand darin, dass viele meiner Freundinnen vom Internat oder von der Uni grundsätzlich skeptisch waren, was die Streiks betraf. Sie hatten nicht nur Angst vor dem gesellschaftlichen Stigma, das einer jungen Frau drohen mochte, die auf einer Demonstration ein Schild in die Luft hielt. Sie zögerten auch, sich als Frauen im Alter von zweiundzwanzig oder dreiundzwanzig für eine Kinder- und Jugendbewegung zu engagieren. Meine «alten» Gefährtinnen, unter ihnen solche, die wie ich gerade mit dem Studium fertig geworden waren, fürchteten, als Außenseiterinnen wahrgenommen oder als ewige Teenies abgestempelt zu werden.

Auch wenn ich ihre Vorbehalte verstand und selbst längst auch keine Jugendliche mehr war, machte es mir nichts aus, mit Demonstrant*innen im Schulalter assoziiert zu werden, und mir war auch egal, an welchem Wochentag die Streiks stattfinden sollten. Bei meinem allerersten Streik in Kitintale und Bugolobi hatte ich mit meinen jüngeren Verwandten demonstriert, und wir hatten an einem Sonntag gestreikt. Ich ließ mich von den Jugendlichen in anderen Ländern inspirieren, darunter viele Mädchen und Frauen, die aufstanden und in die Lücke traten, die vorangehende Generationen durch ihr Versagen, den Klimanotstand zu verhindern, hinterlassen hatten.

Um den Vorbehalten meiner Altersgenoss*innen zu begegnen, schlug ich vor, selbst eine Gruppierung zu gründen und uns *Youth for Future* zu nennen. Damit würden wir uns von FFF unterscheiden, die Bewegung aber trotzdem unterstützen und mit ihr kooperieren. Das machte es einigen aus meinem Freundeskreis leichter, sich mit der Bewegung zu identifizieren. Sie konnten von zu Hause aus protestieren, indem sie Bilder von sich mit einem Plakat in den sozialen Medien teilten und mich außerdem ab und zu vor Ort am Bugolobi Stage und anderswo mit ihren Protestschildern unterstützten. Anfang 2020 wurde aus *Youth for Future* schließlich die *Rise Up Movement*-Bewegung, weil ich fand, dass sich so leichter auch Aktivist*innen jenseits der Landesgrenzen mit ins Boot holen ließen. Im Laufe der nächsten Kapitel werdet ihr einiges über diese Aktivist*innen erfahren.

Nichtsdestotrotz – ganz gleich, welchen Namen man einer Gruppierung gibt, tradierte Vorstellungen über die Rollen, die Frauen zu spielen haben, verbieten es vielen von uns, sich einer Demonstration anzuschließen. Man geht selbstredend davon aus, dass eine Frau, sobald sie ihr Studium beendet hat, heiratet und bald darauf ihr erstes Kind zur Welt bringt. Von einer «wohlerzogenen» Frau wird erwartet, sich ihren Kindern und dem Haushalt zu widmen. Selbst wenn sie einem Beruf nachgeht, untermauert die Gesellschaft die These, dass Erziehung und Haushalt in ihren Verantwortungsbereich fallen. Es gibt kaum Männer, die diese Aufgabenverteilung je in Frage gestellt hätten.

Auch das Konzept von Streik an sich blieb eine Hürde, und das nicht nur für die Polizeibeamten vor dem ugandischen Parlament. Es war mir wichtig, das Wort *Streik* zu verwenden, um eine Verbindung zu den FFF-Streiks herzustellen, die weltweit Aufmerksamkeit erregten. Ich fand die Tatsache wunderbar, dass FFF-Aktivist*innen danach strebten, ihre Zukunft selbst in die Hand zu nehmen, und darauf drängten, sich Gehör zu verschaffen. Gleichzeitig stellten sie grundlegende Fragen zum Thema Bildung: Wenn die Erwachsenen sich weigerten, die Fakten anzuerkennen und die Wahrheit über die Klimakrise verschwiegen, welchen Wert besaß Bildung dann überhaupt? Wenn Wissen kein konkretes Handeln nach sich zog und die Zukunft, auf welche unsere Ausbildung uns vorbereiten sollte, von denselben Leuten verpfändet wurde, die uns befahlen, zur Schule zu gehen, warum sollten wir dann nicht auf die Straße gehen und dafür sorgen, dass es tatsächlich eine Zukunft gab, anstatt im Klassenzimmer zu sitzen?

Obwohl mir klar ist, wie sich ein derartiger Standpunkt in Ländern durchsetzen lässt, in denen allen Kindern der Zugang zum öffentlichen

Bildungssystem garantiert ist, wäre es Schüler*innen in Uganda und den meisten anderen afrikanischen Ländern unmöglich, einfach das Klassenzimmer zu verlassen oder am Streiktag gar nicht erst in der Schule zu erscheinen (ein übliches Vorgehen bei den FFF-Streiks). Wer einfach geht oder Unterricht versäumt, riskiert, falls kein triftiger Grund wie Krankheit oder ein familiärer Notfall vorliegt, Suspendierung oder den Rauswurf. Für Eltern, die dafür bezahlen, ihr Kind zur Schule schicken zu können, und deren Auskommen womöglich davon abhängt, dass dieses Kind seine Ausbildung abschließt und einen guten Job bekommt, käme Schuleschwänzen einem Verrat an der ganzen Familie gleich.

Abgesehen davon besuchen in Uganda viele Schüler*innen ein Internat, vor allem in den weiterführenden Klassen, so wie ich, und diese Schulen sind häufig auf dem Land angesiedelt. Selbst wenn sich dort theoretisch ein Streik organisieren ließe, hätte man kaum Publikum – und würde trotzdem schwere Strafen oder den Rauswurf riskieren.

Weil ich grundsätzlich auf der Suche nach Lösungen bin, die unsere Realität widerspiegeln, und meine Botschaft dringend trotzdem unter die Leute bringen wollte, beschloss ich zu versuchen, die Klimastreiks *in* die Schulen zu bringen, anstatt die Schüler*innen aufzurufen, den Unterricht zu schwänzen – der Klimawandel als Teil des Lehrplans, wie ich mir das für mich als junges Mädchen gewünscht hätte.

Im März 2019 besuchte ich die Reverend John Foundation Primary School in Kampala und erzählte der Direktorin von meinem Plan, bei den Schüler*innen das Bewusstsein für die Klimathematik zu wecken und unsere Politiker*innen zum Handeln aufzufordern. Sie erlaubte mir, mit den Schüler*innen zu sprechen, und sogar, mit ihnen einen Streik zu organisieren. Ich war begeistert von der Offenheit und Kooperationsbereitschaft dieser Schule. Als ich in der folgenden Woche wiederkam, hatten die Lehrer*innen sich mit etwa einhundert Schüler*innen auf dem Schulgelände versammelt. Ich erklärte den Kindern, dass ich für den Schutz der Bäume und unseres ganzen Planeten kämpfte; gegen Wegwerfprodukte aus Plastik protestierte, die aus fossilen Brennstoffen hergestellt sind; und auch, dass ich versuchte zu verhindern, dass immer mehr Menschen aus ihren überfluteten oder von Erdrutschen verschütteten Dörfern fliehen mussten. Ich versuchte, mich möglichst verständlich auszudrücken, und auch, auf Fachbegriffe zu verzichten. Am Ende brachte ich den Kindern noch einen der internationalen FFF-Protestrufe bei: «What do we want? *Climate Justice*. When do we want it? *Now.*»

Die Lehrer*innen hatten offenbar keine Bedenken, dass das, was ich von mir gab, zu radikal oder staatsfeindlich war. Sie ermutigten die Kinder sogar, lauter zu rufen. Diese erste Veranstaltung wurde zum Modell für die vielen Klimabewusstwerdungsstreiks, die ich seither an unseren Schulen organisieren durfte.

~~~

Auf meiner Graduiertenfeier gaben mir viele meiner Tanten unverblümt zu verstehen, wie sehr sie sich auf das nächste große Familienfest freuten: meine Hochzeit. Es ist eigenartig. Die Familie möchte nicht, dass man während der Zeit an der Oberschule oder während des Studiums mit einem Jungen geht, aber sobald man den Abschluss in der Tasche hat, soll man auf magische Weise einen Verlobten aus dem Hut zaubern. Die Art und Weise, wie das Leben einer Frau hierzulande von Anfang bis Ende vorgezeichnet wird, ist für mich ein großes Ärgernis, und ich versuche, dem nicht zu viel Bedeutung beizumessen. Und ganz bestimmt lasse ich mich davon nicht von meinem Aktivismus abhalten.

Abgesehen davon, sind die einengenden Erwartungen der Gesellschaft an das Leben von Frauen Anfang bis Mitte zwanzig eine Realität. Ich habe bereits erwähnt, dass ich noch immer bei meinen Eltern lebe: In Uganda wäre es inakzeptabel, allein zu leben oder mit jemand anderem, ohne verheiratet zu sein. Ich hätte zwar mit meinen Schwestern zusammenleben können, aber generell ist es für junge, alleinstehende Frauen absolut unüblich, eine Wohnung zu mieten.

Die Hirnrissigkeit sozialer Normen erstreckt sich, wie gesagt, auch auf die Proteste selbst. Als ich bereits regelmäßig für das Klima streikte, erzählte mir mein Vater, ihm seien Beschwerden einiger entfernterer Verwandter zu Ohren gekommen. «Was treibt sie da eigentlich?», fragten sie ihn missbilligend. «Sie ist mit dem Studium fertig. Ich habe sie neulich mit einem Plakat auf der Straße stehen sehen. Was ist nur los mit deiner Tochter?»

Mein Vater nahm mich in Schutz. «Aber nein, nein, nein», sagte er zu ihnen. «Lasst sie machen.» Und fügte, zur Erklärung (und vielleicht in erster Linie meinetwegen) hinzu: «Wenn Vanessa sich etwas in den Kopf gesetzt hat, dann verfolgt sie es mit aller Kraft.»

Ich kann mich glücklich schätzen, Eltern zu haben, die versuchen, meinen Aktivismus zu verstehen und zu unterstützen, anstatt mich zu einer Heirat und zur Gründung einer Familie zu drängen. Diese Offenheit ist möglicherweise auf ihre eigene Kindheit zurückzuführen. Mein Vater Paul wurde schon als Teenager Unternehmer und engagiert sich schon immer für die Gemeinschaft. 1998 wurde er in seiner Gemeinde zum Jugendvertreter gewählt, später wirkte er zwei Legislaturperioden lang als Gemeinderat. 2016 stellte er sich im Stadtdistrikt Nakawa, wo wir leben, der Bürgermeisterwahl. Nakawa ist einer von fünf Distrikten der Metropole Kampala. Jeder Stadtteil hat seinen eigenen Bürgermeister, der seinerseits dem Lord Mayor oder Oberbürgermeister untersteht. 2016 verlor mein Vater die Wahl, aber im Januar 2021 kandidierte er noch einmal, und diesmal hatte er Erfolg.

Ich würde meinen Vater als Menschenfreund bezeichnen. Als ich klein war, kamen ständig Leute zu uns nach Hause, und ich weiß noch, wie meine Mutter ihnen ein Frühstück anbot, etwa Tee und Brot, und er sich ihre Sorgen und Nöte anhörte. Auch wenn ich selbst Politik nicht mag – Politiker*innen haben etwas an sich, das mich grundsätzlich misstrauisch macht –, hat mich sein Engagement, seinen Wähler*innen und Nachbar*innen beizustehen, schon immer inspiriert, genau wie sein Engagement für den Rotary Club. Ich kann mich an diverse Auszeichnungen erinnern, die mein Vater von seinem Club erhalten hat. Das Motto der Rotarier lautet «Service Above Self» – Selbstloses Dienen. Als ich von ihm wissen wollte, warum er schon so viele

Auszeichnungen erhalten habe, antwortete er mir, wenn er etwas tue, dann immer mit aller Kraft, vor allem, wenn es darum gehe, anderen zu helfen.

Auch meine Mutter Anna hilft leidenschaftlich gern. Sie hat immer Zeit und unterstützt ihre Nachbar*innen und andere Bewohner*innen unseres Viertels bei der Verteilung von Nahrungsmitteln, bei Gesundheitsbelangen oder einfach mit Ratschlägen. Meine Mutter ist ein Zwillingskind und stammt aus einem Dorf in Kagoma, einem Distrikt nördlich von Kampala. Nach allem, was sie mir erzählte, hatte sie keine einfache Kindheit. Sie kann sich noch daran erinnern, als kleines Kind viel gelaufen zu sein, und ihre Familie lebte ständig mit gepackten Koffern, eine Folge der grenzüberschreitenden Konflikte, die Uganda und seine Nachbarländer über mehrere Jahrzehnte hinweg in Atem hielten. Manchmal gab es für sie und ihre Geschwister tagelang nichts anderes zu essen als Brei.

Einmal hat meine Mutter mir das Leben gerettet. Als ich noch ein kleines Kind war, gingen wir eines Morgens gemeinsam zum Markt. Es hatte über Nacht heftig geregnet, und das Wasser hatte das Bankett der Straße ausgespült. Plötzlich blieb ich stehen und bückte mich, und als meine Mutter nachsah, was los war, bemerkte sie, dass ich gerade im Begriff war, etwas aufzuheben. Ich hatte einen Blindgänger gefunden.

Meine Mutter riss mich beiseite und rief um Hilfe. Ein Offizier des Militärs bestätigte, dass es sich bei meinem Fund um eine scharfe Bombe handelte, und evakuierte sofort den gesamten Bereich. Soldaten von einer nahe gelegenen Kaserne rückten an und entfernten die Bombe. Meiner Mutter wurde gesagt, die Bombe sei vermutlich von den Allied Democratic Forces dort deponiert worden, einer Vereinigung von Aufständischen, die in Uganda und im Kongo seit über zwanzig Jahren aktiv ist. Der Verdacht lautete, dass man die Bombe am Straßenrand platziert hatte, um einen Wagen in die Luft zu sprengen und mit der Explosion möglichst viele Menschen in den Tod zu reißen.

Meine Mutter spricht nicht oft über diesen Vorfall, doch mich gemahnt er immer wieder an das, was wirklich zählt: dass wir jede Gelegenheit nutzen müssen, die sich bietet, um unser Leben mit Bedeutung zu füllen, weil wir nie wissen können, was passiert.

~~~

Wenn ich heute auf die letzten beiden Jahre zurückblicke, bin ich gleichzeitig überrascht und auch nicht überrascht, dass ich Klimaaktivistin geworden bin. Trotz meiner Schüchternheit hatte ich immer wieder auch Führungspositionen inne. Im Internat wurde ich zur zweiten Schulkapitänin gewählt und war für die Bereiche Sport, Musik, Tanz und Theater zuständig. Später nahm ich, weil ich in Naturwissenschaften sehr gut war, sogar am «Miss Teen»-Wettbewerb teil, einem nationalen Jugendtalentwettbewerb, der von einigen lokalen Medien fälschlicherweise als «Schönheitswettbewerb» bezeichnet worden war. Die Teilnahme an einem Wettbewerb war für mich ein wichtiger Wendepunkt. Ich hatte gerade mit der Oberstufe begonnen und brauchte ein wenig, um mich an die neuen Abläufe zu gewöhnen. Obwohl es Mitschülerinnen gab, die meine Teilnahme kritisch sahen und sagten, ich würde mit meiner Schüchternheit die Schule blamieren, sagte mir mein Herz, dass ich es trotzdem tun sollte. Als ich dann für meine Schule den zweiten Platz holte, waren alle überrascht, inklusive mir selbst.

Bei diesem Wettbewerb musste ich zum ersten Mal öffentlich sprechen und Fragen beantworten, und diese Erfahrung verlieh mir ein Selbstbewusstsein, das mir die letzten Jahre an der Schule entschieden leichter machte. Vielleicht ist es dieser positiven Erfahrung zu verdanken, dass es mir heute relativ leichtfällt, vor Publikum zu stehen und zu sprechen, auch wenn mir, wie vielen meiner Altersgenossinnen, noch immer nicht ganz wohl dabei ist. Auch ich bin nicht immun gegen die Botschaften, die viele junge Mädchen und Frauen unter die Nase gerieben bekommen: den Mund zu halten und uns auf keinen Fall als Sprecherinnen oder gar Entscheidungsträgerinnen in den Vordergrund zu spielen. Von uns wird erwartet, dass wir unsere Stimme und unsere Autorität den Jungen oder Männern überlassen. Zu viele von uns hören auf diese inneren Stimmen oder auf die Stimmen unserer Peergroup, Stimmen, die uns sagen, dass wir unsere Meinung lieber für uns behalten sollten, anstatt für unsere Überzeugungen einzustehen.

Damals, in der ersten Zeit Anfang 2019, gedieh mein Aktivismus, obwohl ich, gelinde gesagt, oft an mir und meinem Tun zweifelte – und mit ihm meine Leidenschaft, meine Überzeugung und meine Entschlossenheit. Meine wöchentlichen Klimastreiks, die Aufräumaktionen auf dem Campus, die Klimaaufklärungsbesuche an den Schulen, meine Vernetzung mit anderen ugandischen Klima- und Umweltaktivist*innen, die Artikel, die ich schrieb, meine Posts auf den Social-Media-Kanälen und die Interviews, die ich gab, verschafften mir das Gefühl, mich weiterzuentwickeln.

Ich durfte nur nie den Glauben daran verlieren, dass es wenigstens ein paar Leute gab, die mir zuhörten.

3
Ausweichmanöver

Während meines ersten Jahres als Aktivistin setzen sich die Umweltkatastrophen in Uganda unvermindert fort. Im Juni 2019 wurde Kampala von springflutartigen Überschwemmungen heimgesucht, bei denen acht Menschen starben.[1] Die Stadt Kasese im Westen versank unter steigenden Wasserpegeln, einem über die Ufer getretenen Fluss und heftigen Überflutungen, wie schon sieben Monate zuvor, als Krankenhäuser und Straßen zerstört und die Ernte weggespült worden war. Der Distrikt Bududa, der bereits 2018 immens gelitten hatte, wurde aufs Neue von verheerenden Erdrutschen getroffen, genau wie die Region Sironko.[2] Diese schrecklichen Ereignisse erinnerten mich permanent daran, weshalb ich Aktivistin geworden war.

Anfang September 2019 erreichte mich eine E-Mail aus New York. Eine Mitarbeiterin für den Bereich Klima aus dem Büro des UN-Generalsekretärs meldete sich bei mir. Ich war baff. Sie bat um ein Telefonat, und als wir dann sprachen, erzählte sie mir, dass sie und ihre Kolleg*innen in den sozialen Netzwerken meine Aktionen verfolgten. Sie sprach eine Einladung zum Jugendklimagipfel aus, der am 21. September im Hauptquartier der Vereinten Nationen in New York stattfinden sollte. Zwei Tage später stand dort der Klimasondergipfel des Generalsekretärs auf dem Programm, der einberufen wurde, um die Mitgliedsstaaten zu weiteren Zugeständnissen in Sachen Treibhausgasemissionen zu bewegen, die über die 2015 in Paris vereinbarten Ziele hinausgehen sollten. Die Vereinten Nationen würden für meinen Flug sowie die Unterbringung in New York aufkommen und mir per E-Mail alles schicken, was ich brauchte.

Zu dem Zeitpunkt hatte ich seit knapp neun Monaten meine Streikaktivitäten und Schulkampagnen über meine Social-Media-Kanäle geteilt. Auch wenn ich im Netz zunehmend mehr Resonanz erhielt und meine Beiträge immer häufiger geteilt wurden, war ich überrascht, dass tatsächlich jemand bei den Vereinten Nationen auf mich aufmerksam geworden war. Meine Mutter war fassungslos, als ich ihr von der Einladung erzählte. Mein Vater war ebenso sprachlos ... und misstrauisch. Er wollte die E-Mail sehen, um sich mit eigenen Augen davon zu überzeugen, dass es sich nicht um eine Fälschung handelte, dass niemand versuchte, mich reinzulegen oder vorzuführen. «Das ist tatsächlich echt», rief er aus. «Eine waschechte Einladung der Vereinten Nationen!» Dies war der nächste Meilenstein auf meinem Weg als Aktivistin. Meine Eltern merkten, dass das, was ich tat, mehr war als eine persönliche Leidenschaft und nicht nur lokale Bedeutung hatte. Ich nahm die Einladung an.

Mir blieben nur wenige Wochen für die Vorbereitung. Von allen möglichen Reisezielen halten die USA für Ugander*innen, die größten Hürden bereit, und normalerweise braucht ein*e Antragsteller*in Monate, um alle nötigen Unterlagen für das Visum zusammenzutragen. Außerdem ist ein Interview Voraussetzung. Mein Vater fing sofort an, im Bekanntenkreis herumzutelefonieren, um sich Ratschläge zu holen. Zum Glück kam ich rechtzeitig an ein Visum. Als meine Abreise näher rückte, ließ mein Vater Visitenkarten für mich drucken, lieh mir seinen Koffer und drückte mir 150 US-Dollar in die Hand, «für alle Fälle».

Ich war nervös und zugleich voller Vorfreude. Von meiner Familie war niemand jemals in den USA gewesen, ich war noch nie alleine gereist, noch nie geflogen, noch nie in einem fremden Land gewesen, von einem fremden Kontinent ganz zu schweigen.

~~~

Als wir uns am 18. September einen Weg durch den abendlichen Berufsverkehr zum Flughafen Entebbe bahnten, war ich unfassbar nervös. Irgendwann ging es dann ans Boarding, und alles war neu für mich: die Sitznummerierung, die Größe des Flugzeugs, die Kraft, mit der ich beim Start in meinen Sitz gedrückt wurde. Ich versuchte, nicht an Flugzeugabstürze zu denken oder daran, wie weit der feste Boden unter mir lag. Ich konnte nicht schlafen, doch irgendwann döste ich aus purer Erschöpfung trotzdem ein.

In Amsterdam musste ich umsteigen, und als ich endlich auf dem Flughafen John F. Kennedy in New York City landete, musste ich herausfinden, wie ich von dort aus ins West Side YMCA in Manhattan kam, wo die UNO mich untergebracht hatte. Es gab eine verwirrende Anzahl an Möglichkeiten, in die Stadt zu kommen. Ich war so durcheinander, dass ich fast anderthalb Stunden mit dem Koffer in der Hand vor dem Flughafenterminal in der Hitze stand und überlegte, was ich machen sollte. Da stand ich nun: frisch angekommen in einem fremden Land in einer riesigen Stadt, mit gerade mal 150 $ in der Tasche und ohne Kreditkarte. Niemand war da, um mich abzuholen, ich kannte keine der Konferenzteilnehmer*innen und sah auch nirgendwo junge Leute oder eine Gruppe Delegierter stehen, die vielleicht ebenfalls an einem der Gipfel teilnahmen.

Schließlich, und obwohl mir bewusst war, dass es die teuerste und klimaschädlichste Variante war, gab ich 70 $ für ein Taxi ins YMCA aus. Die Intensität und der Wahnsinn des Verkehrs erinnerten mich an Kampala. Im Hotel angekommen, traf ich auf eine Mitarbeiterin der Vereinten Nationen, die vor Ort war, um den jugendlichen Delegierten beim Einchecken behilflich zu sein. Mir wurde ein Zimmer mit einer anderen jungen Klimaaktivistin zugewiesen, die noch nicht angekommen war. Von anderen Delegierten war nichts zu sehen. Sobald ich in meinem Zimmer war, fiel ich aufs Bett und schlief ein. Irgendwann klopfte es an der Tür, und ich lernte meine Zimmernachbarin kennen, Amelia «Lia» Tuifua, eine Aktivistin von den Fidschi-Inseln, die sich bei dem globalen Klimanetzwerk *350.org* engagierte. Lia sagte, sie wolle mit ein paar der anderen Aktivist*innen aus ihrer Heimat etwas essen gehen, und fragte, ob ich mich anschließen wolle. Aber ich war zu erschöpft von der Reise und blieb im Zimmer, und Lia, meine neue Freundin und rettender Engel, brachte mir Pizza mit, als sie wiederkam.

Am nächsten Morgen erzählten mir Lia und ihre Freund*innen, dass sie zu ihrem Konsulat fahren und um finanzielle Unterstützung bei den Spesen bitten wollten. Die UN-Angestellte, die ich am Vorabend kennengelernt hatte, hatte nichts von einer Kostenübernahme für Mahlzeiten und Transport während meines Aufenthaltes in New York erwähnt, und angesichts der Tatsache, dass ich mich allein vom Flughafen in die Stadt hatte durchkämpfen müssen, wurde mir klar, dass ich mich selbst um die Finanzen würde kümmern müssen. Also folgte ich Lias Beispiel und beschloss, das ugandische Konsulat aufzusuchen und rauszufinden, ob ich dort Unterstützung bekommen konnte.

Als ich der Dame am Empfang meine Situation erklärte, sagte sie, Unterstützung sei nur für die Mitglieder der offiziellen Regierungsdelegation für den Klimagipfel des Generalsekretärs vorgesehen. Doch dann schenkte sie mir netterweise 50 $ aus ihrer privaten Geldbörse, was für mich lebensrettend war. New York ist eine sehr teure Stadt.

Es war Freitag, und ich erfuhr, dass amerikanische Klimaaktivist*innen für mittags einen großen Protestmarsch organisiert hatten, um im Vorfeld des UN-Gipfels Druck auf die teilnehmenden Staatenlenker*innen auszuüben. Es war einer von über 4500 Klimastreiks, die an diesem Tag gleichzeitig in über 120 Ländern stattfanden. Die Veranstalter*innen rechneten für den New Yorker Klimastreik mit Zehntausenden Teilnehmer*innen. Startpunkt war der Foley Square in Lower Manhattan und das Ziel der Battery Park an der Inselspitze. Auch Greta Thunberg und weitere junge Klimaaktivist*innen würden auf der Kundgebung sprechen.

Ich war mir nicht sicher, ob ich an der Demonstration teilnehmen sollte, auch, weil ich keine Ahnung hatte, wie weit der Battery Park vom Hotel entfernt war. Außerdem war für die Delegierten des Jugendgipfels nichts organisiert worden. Doch ich war neugierig. Ich hatte noch nie an einer so großen Protestkundgebung teilgenommen – und schon gar nicht bei einer, wo alle dasselbe riefen: *Climate Action Now!* Als ich ankam, stand ich mitten zwischen Zehntausenden Menschen, jung und alt, und hielt mein Plakat YOUTH STRIKE FOR CLIMATE in die Luft. Was für ein Unterschied zu meinen Erlebnissen damals am Bugolobi Stage oder mit Elton vor dem Parlament oder ganz allein auf meinen vielen einsamen Klimastreiks in Uganda.

Ich war froh, an einer Klimaprotestaktion teilnehmen zu dürfen, die ganze Straßenzüge gekapert hatte. So etwas wäre in Uganda unmöglich gewesen. Außerdem war ich begeistert, weil ich flüchtige Blicke auf Klimaaktivistinnen erhaschen konnte, denen ich seit Monaten online folgte, wie zum Beispiel Alexandria Villaseñor aus den USA und Xiye Bastida aus Mexiko. Als der Marsch sich schließlich in Bewegung setzte und wir zu skandieren begannen, ließ meine Nervosität nach.

Trotzdem fühlte ich mich inmitten all der Menschen auch allein. Ich hatte gedacht, die anderen Jugendaktivist*innen, die am nächsten Tag dem Gipfel beiwohnen würden, wären vielleicht auch da, aber ich konnte niemanden entdecken. Ich hatte gehofft, vielleicht sogar auf ein paar andere Aktivist*innen aus Uganda zu treffen, aber vergebens. Außerdem hatte ich angenommen, vielleicht sogar Alexandria hallo sagen zu können und ihr zu erklären, wie sehr sie mich mit ihrer Hilfe bei der Organisation dieser Kundgebung inspiriert hatte. Doch die Bühne im Battery Park lag hinter einer Absperrung, und jemand von den Ordner*innen sagte mir, Alexandria hätte keine Zeit. Obwohl ich enttäuscht war, hatte ich Verständnis. Ich blieb noch lange dort und hörte zu, bis sich am späten Nachmittag Jetlag und Erschöpfung bemerkbar machten. Ich suchte mir einen Bus zurück, aß in einem Deli in der Nähe des Hotels, ging unter die Dusche, postete ein paar Fotos und legte mich schlafen. Es war ein langer Tag gewesen, und ich hatte ihn zum größten Teil ganz allein verbracht.

Am nächsten Morgen fuhren Lia und ich zum UN-Hauptquartier, um am Jugendklimagipfel teilzunehmen. Während wir darauf warteten, dass es losging, sah ich mich neugierig um. Mir fiel auf, dass ich eine der wenigen Afrikaner*innen oder überhaupt Schwarzen im Raum war. Außerdem wurde ich seltsamerweise zwei Mal aufgefordert, meinen Platz freizumachen, weil der für jemand anderen reserviert sei, obwohl die Plätze nicht beschildert waren und ich im ganzen Abschnitt die Einzige war, die umziehen sollte. Ich musste eine ganze Weile stehen, ehe ich in der letzten Reihe einen Sitzplatz fand.

Eine weitere Enttäuschung für mich war, dass man mir bei der Einladung zu diesem Gipfel gesagt hatte, ich könne eine Rede über den Klimanotstand in Uganda halten. Doch dann stellte ich fest, dass man mir überhaupt keine Redezeit eingeräumt hatte. Trotzdem war ich sehr froh, Greta und der amerikanischen Klimaaktivistin Jamie Margolin zuhören zu dürfen, der Mitbegründerin der *Zero Hour*-Bewegung, einer Jugendorganisation, die versucht, verschiedenste Stimmen junger Leute zum Thema Klimagerechtigkeit zu versammeln. *Zero Hour* war ebenfalls an der Organisation des Klimamarsches am Vortag beteiligt gewesen. Nach dem Mittagessen, für das diesmal die UNO sorgte, fand ich mich mit etwa dreißig anderen Teilnehmer*innen zu einer Gruppensitzung zusammen und hatte die Ehre, im Anschluss den Delegierten des Jugendgipfels eine Zusammenfassung unserer Diskussionen präsentieren zu dürfen. Wir hatten uns darüber ausgetauscht, was unsere Regierungen unserer Meinung nach tun sollten.

Ein Moment in New York, der mir Hoffnung spendete, war meine Begegnung mit den Mitgliedern der ugandischen Delegation für den UN-Klimasondergipfel. Einer von ihnen hatte sich in New York bei mir per E-Mail gemeldet und mich zum Frühstück ins Uganda House eingeladen, dem Sitz der ständigen Vertretung unseres Landes bei den Vereinten Nationen.

Ich konnte mein Glück kaum fassen. Noch vor wenigen Monaten hatte die Polizei mir verboten, vor dem Parlament zu streiken, und jetzt bekam ich die Chance, direkt mit den verantwortlichen Politiker*innen zu sprechen. Im Uganda House machte ich die Bekanntschaft mehrerer Delegationsmitglieder, darunter der Vorsitzende des Klimakomitees, der mir seine Visitenkarte gab, und ein Parlamentsabgeordneter, der mir sagte, er hätte mich zu Hause bei *Face Off* gesehen, einer Interviewsendung auf NBS. Wir unterhielten uns über die Konsequenzen des Klimawandels für unser Land. Angesichts des winzigen Budgets, mit dem ich mich in New York durchschlug, fühlte ich mich beim Anblick des Frühstücksbuffets mit den vertrauten Gerichten aus meiner Heimat – inklusive, wie wir sie nennen, «irischer Kartoffeln» – wie im Schlaraffenland.

Ich dachte, die Begegnung mit den Regierungsvertreter*innen im Uganda House könnte ein Türöffner sein – eine Chance, nach meiner Rückkehr vielleicht mit dem parlamentarischen Klimakomitee und womöglich sogar vor dem ganzen Parlament zu sprechen. Leider reagierte der Vorsitzende des Klimakomitees später auf keinen einzigen meiner Anrufe, und auch der Delegierte, der mich explizit dazu aufgefordert hatte, mich weiter zu engagieren, reagierte auf keinen einzigen meiner Versuche, mit ihm in Kontakt zu treten. Vielleicht hatte er meine Visitenkarte verloren.

~~~

Am 23. September, dem Tag nach dem Frühstück im Uganda House, nahm ich gemeinsam mit anderen jungen Klimaaktivist*innen am UN-Klimasondergipfel teil. Viele erinnern sich vielleicht wegen der im Grunde trivialen Zufallsbegegnung zwischen der grimmig dreinblickenden Greta Thunberg und dem ahnungslosen Donald Trump. Ich aber erinnere mich vor allem an eine Reihe wenig inspirierender Reden von Staatschef*innen und Präsident*innen, die sich weigerten, die fatale Dringlichkeit der Krise einzuräumen, mit der die Erde konfrontiert ist. Natürlich ist mir auch Gretas mitreißende Rede im Gedächtnis geblieben, deren Kraft und emotionale Ehrlichkeit sämtliche Delegierten und Medienvertreter*innen überraschte. Es war fast erschreckend mitzuerleben, wie mucksmäuschenstill es während Gretas Rede in dem riesigen Sitzungssaal war und dann den tosenden Applaus zu hören, sobald sie geendet hatte. Es war so laut, dass man das Gefühl hatte, die Wände würden wackeln.

Am nächsten Tag teilte ich mir mit Lia und zwei anderen Aktivist*innen von den Fidschis ein Taxi (und die Kosten!) zum Flughafen. Der lange Flug Richtung Heimat gab mir genug Gelegenheit, meine Zeit in New York zu verdauen. Ich hatte unfassbares Glück gehabt. Ich hatte gleich mehrere meiner Held*innen live erlebt, neue Freundschaften geschlossen und war bei einem gigantischen Klimamarsch mitgelaufen. Ich hatte an zwei Gipfeltreffen der Vereinten Nationen teilgenommen, hatte Mitglieder des ugandischen Parlaments kennengelernt und mit ihnen im Uganda House gefrühstückt, und ich hatte Zeit in einer Stadt und einem Land verbracht, die für viele Menschen auf der Welt ein absolutes Traumziel sind. Am schönsten aber war der direkte Austausch mit anderen Aktivist*innen gewesen, nach dem ich mich schon so lange gesehnt hatte. Diese Begegnungen hatten mir vor Augen geführt, dass ich Teil einer echten globalen Bewegung war.

Trotzdem wurde ich das unwohle Gefühl nicht los, das an mir nagte. Als eine der wenigen afrikanischen Aktivist*innen auf dem Jugendklimagipfel hätte ich mir die Möglichkeit gewünscht, über die Realitäten auf unserem Kontinent zu sprechen. Ich hatte gehofft, aus erster Hand von erfahrenen Aktivist*innen und meinen Klimaheld*innen zu lernen, anstatt sie nur quer durch einen riesigen Sitzungssaal oder hinter einer Absperrung zu erleben. Ich hatte mich selbst inmitten von Menschenmassen und zwischen Tausenden Klimademonstrant*innen einsam und isoliert gefühlt, und der Druck, mit dem winzigen Budget in dieser seltsamen, riesengroßen Stadt zurechtkommen zu müssen, hatte schwer auf mir gelastet.

Vielleicht hatte ich die E-Mail mit der Wegbeschreibung ins Hotel schlicht übersehen, und vielleicht hätte ich hartnäckiger sein und die für Klimafragen zuständige Abteilung des Generalsekretärs um Unterstützung bei meinen Auslagen für Mahlzeiten und öffentliche Verkehrsmittel bitten müssen. Vielleicht hätte ich auch meine Mitstreiter*innen kontaktieren und sie um Unterstützung und Rat bitten können. Und vielleicht war die zweimalige Aufforderung, meinen Platz zu räumen, tatsächlich nur ein Missverständnis gewesen. Doch all das war neu und überwältigend, und meine Zurückhaltung und Schüchternheit hatten mich gehindert. Vielleicht war auch das ein Fehler.

Wie dem auch sei, am Flughafen Entebbe nahm mich meine Familie in Empfang. Es war schön, wieder zurück zu sein. Obwohl meine Zeit in New York weder meine Leidenschaft noch mein Engagement in Sachen Klimaaktivismus hatte schmälern können, war meine Enttäuschung so groß, dass ich niemandem aus meiner Familie oder meinem

Freundeskreis von der Reise erzählte. Es ist vielleicht nicht nachvollziehbar, aber auf gewisse Weise haben jene Tage in New York mir das Herz gebrochen.

~~~

Doch angesichts der Geschehnisse in Uganda verblasste mein Schmerz. Im Oktober 2019 wurden Hunderte durch schwere Überflutungen im Osten des Landes obdachlos, und auch der Distrikt Kasese im Westen war erneut betroffen.[3] Im November rissen in der Zentralregion noch nie da gewesene Starkregenfälle Menschen in den Tod, als eine Brücke unterspült wurde und zusammenbrach.[4]

Jede todbringende Überflutung, jeder Erdrutsch schärfte meine Sinne dafür, wie viel noch getan werden musste und wie wenig Zeit uns blieb, um zu verhindern, dass diese schrecklichen Ereignisse nicht noch viel katastrophaler und häufiger wurden. Deshalb waren die UN-Klimakonferenzen, kurz UN COP, von solcher Bedeutung.

Lasst mich das erklären.

1992 hatte die UN im Anschluss an die UN-Konferenz für Umwelt und Entwicklung in Rio de Janeiro, besser bekannt als «Erdgipfel» oder «Rio-Konferenz», die UN-Klimarahmenkonvention (UNFCCC) verabschiedet, im Rahmen derer seit 1995 alljährlich ein Treffen, die sogenannte Conference of the Parties (also der Regierungen) stattfindet, um die Fortschritte zu dokumentieren und die dringendsten, mit dem Klimawandel in Zusammenhang stehenden Probleme in Angriff zu nehmen. Diese Klimagipfel finden jedes Jahr in einem anderen Land statt. Die fünfundzwanzigste UN-Klimakonferenz, kurz COP25, würde in den ersten beiden Dezemberwochen 2019 in Madrid stattfinden.

Nach dem Klimagipfel von Paris, COP21, verpflichteten sich die Vertragsstaaten in sogenannten national festgelegten Beiträgen (NDCs) zur Ausarbeitung von nationalen Klimaschutzzusagen der Länder mit Aussagen darüber, wie weit und bis wann sie ihre CO_2-Emissionen verringern würden. Diese NDCs sollten alle fünf Jahre überprüft werden. In den Augen vieler FFF-Aktivist*innen und auch in meinen Augen sind diese NDCs völlig unzureichend, wenn wir auch nur eine Chance haben wollen, den Anstieg der Erderwärmung auf ein Niveau von unter 2 °C zu beschränken. Außerdem hatten sich die Länder des Globalen Südens erhofft, die Industrienationen würden nach dem Pariser Klimagipfel endlich anerkennen, dass die Pazifikanrainer von steigenden Meeresspiegeln und die afrikanischen Länder von steigender Ernährungsunsicherheit als unmittelbare Folgen der globalen Erwärmung bedroht waren. Wir hatten erwartet, dass sie ihre CO_2-Emissionen zügig senken (anstatt vage gehaltene Zukunftsziele zu formulieren) und den ärmeren Ländern hinreichend finanzielle Mittel zur Klimafinanzierung zur Verfügung stellen würden. Diese Verpflichtungen waren nicht eingehalten worden. Die Klimakonferenz in Madrid würde uns Klimaaktivist*innen, vor allem aus dem Globalen Süden, die Möglichkeit geben, mit Nachdruck auf die Einhaltung dieser Zusagen zu drängen.

Ich wollte unbedingt dabei sein. Zum Glück war ich inzwischen Mitglied in einer WhatsApp-Gruppe mit *Greenpeace*-Aktivist*innen, die internationale Umweltkampagnen organisierten. In dieser Gruppe teilten wir Updates zu unseren Streiks und anderen Aufklärungs- und Lobbykampagnen. Greenpeace bot an, die Teilnahme einiger junger Aktivist*innen an der COP25 finanziell zu unterstützen, und ich gehörte zu den Glücklichen, die eine Unterstützung bekommen würden. (Schließlich kam zusätzlich noch eine Einladung von *Avaaz* – einer in den USA ansässigen NGO, die junge Aktivist*innen unterstützt, die sich für Klimawandel, Menschenrechte und Tierrechte einsetzen – sowie eine Einladung von *350.org*, dem bereits erwähnten, in den USA ansässigen Netzwerk, das sich zum Ziel gemacht hat, das Zeitalter fossiler Energieträger zu beenden und den Wandel zur hundertprozentigen Nutzung erneuerbarer Energien zu vollziehen. Weil ich keine der Organisationen vor den Kopf stoßen wollte und die Einladung von *Greenpeace* die erste gewesen war, beschloss ich, das *Greenpeace*-Sponsorship anzunehmen.)

In Madrid ging es drunter und drüber. Mein Flug war mit Verspätung gelandet, und als ich ankam, blieb mir weder Zeit, ins Hotel zu fahren noch, mich umzuziehen. Jessica Miller von *Greenpeace*, die mich am Flughafen erwartete, brachte mich direkt von dort zu einer Pressekonferenz mit anderen Aktivist*innen am Veranstaltungsort der COP25. Zu meiner Überraschung war auch Greta anwesend, und zu meinem großen Erstaunen drehte sie sich zu mir um und sagte «Hi». Wenig später liefen Jess und ich im Kongresszentrum dann Greta, ihrem Vater und ein paar anderen Aktivist*innen über den Weg. Greta und ihr Vater saßen an einem Tisch und aßen Obst. Sie luden mich ein, mich dazuzusetzen und mitzuessen. Ich hatte solchen Hunger!

Sie waren sehr nett und erkundigten sich nach dem Klimaaktivismus in Uganda. Ich erzählte ihnen, wie schwer es war, Streiks wie in Europa oder den USA zu organisieren, dass große Protestaktionen unmöglich waren, weil jederzeit unsere Plakate konfisziert und wir verhaftet werden konnten. Ich erklärte ihnen, dass ich deshalb mit meinen Streiks direkt in die Schulen ging und auf andere Weise aktiv wurde. Ich erzählte, wie Überflutungen, Hitzewellen und Dürren die Ernten zerstörten, von denen der Großteil der ugandischen Bevölkerung abhängig war, und dass Ernährungsunsicherheit in Uganda ein großes Thema war. Die daraus resultierende, vom Klimanotstand zusätzlich verschärfte Armut bedeutete auch, dass viele Mädchen nicht mehr zur Schule gehen konnten, weil ihre Eltern sich die Schulgebühren nicht länger leisten konnten. Andere wurden sehr jung verheiratet, weil ihre Eltern im Gegenzug Lebensmittel oder etwas Geld bekamen, was für das Überleben der Familien entscheidend und für die Mädchen verheerend war.

Greta und ihr Vater schenkten mir ihre ungeteilte Aufmerksamkeit und sagten mir, wie sehr sie zu schätzen wussten, was ich tat. Das freute mich sehr. Greta war kein bisschen überheblich, versuchte nicht, sich wichtiger zu machen als andere. Ihr ging es allein darum, Regierungen und Industrie dazu zu bewegen, der Klimaforschung zu folgen und mit dem der Situation angemessenen Nachdruck und Umfang zu agieren. Ich gestehe, es fühlte sich unwirklich an, mit Greta Thunberg und ihrem Vater über *meinen* Aktivismus zu sprechen, wo ich doch den ihren so sehr bewunderte.

Als ich schließlich ins Hotel kam, erfuhr ich, dass ich mir mit acht anderen jungen Aktivistinnen aus so unterschiedlichen Ländern wie Russland, Chile und Spanien das Zimmer teilte. Es war eine wunderbare Gelegenheit, etwas über ihre Aktionen zu erfahren und sich mit ihnen über Ideen und Strategien auszutauschen. Anders als bei meinem Besuch in New York, wurden wir von Jess und *Greenpeace* ständig auf dem Laufenden gehalten, was wann und wo geschah. Das war vor allem deshalb wichtig, weil während der Konferenz parallel an unterschiedlichen Veranstaltungsorten Events stattfanden, unter anderem auch von Privat-Initiativen, NGOs, Aktivist*innen und Universitäten.

Außerdem brachte *Greenpeace* mich mit anderen Aktivist*innen aus dem Globalen Süden zusammen (zahlenmäßig waren wir denen aus dem Globalen Norden noch immer unterlegen). Ich lernte Licypriya Kangujam kennen, eine erst achtjährige indische Aktivistin, die in ihrem Land dafür kämpfte, den hohen Grad an Luftverschmutzung möglichst schnell zu senken. Auf der Madrider Klimakonferenz forderte Licypriya die Staatsoberhäupter und Wirtschaftsführer*innen mit Nachdruck auf, ein Ziel zu verfolgen, an das auch ich mit Leidenschaft glaube: Klimabewusstsein als fester Bestandteil des Schulunterrichts. Auch mit den drei Aktivist*innen von den Cayman Inseln verstand ich mich sehr gut: Olivia Zimmer, Steff Mcdermot und Connor Childs, deren Ansatz mich wirklich inspirierte. Sie nutzten Kunst und Fotografie, um ihre Klimabotschaften online zu verbreiten. So eine Idee war mir bis dahin noch nirgendwo begegnet.

Ein weiterer Höhepunkt war die Vernetzung mit anderen afrikanischen Aktivist*innen – zum Beispiel Hindou Oumarou Ibrahim, der Vorsitzenden der Vereinigung für indigene Frauen und Völker im Tschad. Sie setzt sich dafür ein, dass auch die indigenen Völker – mit ihrem fundierten Wissen hinsichtlich der Anpassung an die Erderwärmung und echter, gelebter Nachhaltigkeit – bei Überlegungen zum Thema Klimawandel zunehmend Gehör finden. Hindou ist eine Verfechterin der UN-Ziele für nachhaltige Entwicklung (die UN-SDGs, von denen später noch zu reden sein wird), und ich freue mich, sie in diesen Anstrengungen unterstützen zu dürfen.

Außerdem kam ich mit Aktivist*innen aus meinem eigenen Land zusammen, drei von ihnen gute Freund*innen und Kolleg*innen. Zum einen Leah Namugerwa, damals fünfzehn, die versuchte, in Uganda das Verbot von Plastiktüten durchzusetzen; außerdem Davis Reuben Sekamwa, der an den Müllsammelaktionen auf dem Campus der Makerere University beteiligt war und während meiner New York-Reise den Freitagsstreik in Uganda abgehalten hatte; und Hilda Nakabuye, die sich seit 2017 in Uganda für das Klima engagiert.

Wenn ich nicht gerade an einem Meeting oder einer Strategiebesprechung teilnahm, gab ich Interviews. Eine ganze Reihe Journalist*innen ermöglichten es mir, darüber zu sprechen, in welchem Ausmaß der Klimawandel bereits jetzt das Leben, die Lebensumstände und Ökosysteme in Uganda und ganz Afrika beeinflusste.

Ganz besonders freute ich mich über die unerwartete Gelegenheit, auf dem *Social Summit for Climate Action* sprechen zu dürfen, einer einwöchigen, parallel stattfindenden, von Aktivist*innen für Umwelt und soziale Gerechtigkeit organisierten Veranstaltung. Ich saß mit Davis und Silvia Díaz Pérez (einer der *Greenpeace*-Organisatorinnen) im Publikum und wartete auf den Beginn der Reden, als einer der Veranstalter*innen mich fragte, ob ich eine kurze Rede halten wolle, denn sie wollten auch jemanden von FFF dabeihaben.

«Ich habe überhaupt nichts vorbereitet», sagte ich. «Was soll ich denn sagen?»

«Tu's einfach», drängte Silvia mich. «Du findest schon die richtigen Worte.»

«Sprich einfach aus dem Herzen», sagte Davis.

Schließlich willigte ich ein und sprach am Ende viel länger, als ich gedacht hätte. Die Worte sprudelten nur so aus mir heraus: meine Streiks, der Anstieg von Kinderehen und die anderen schrecklichen Auswirkungen der Klimakrise in Uganda. Ich rief meinen Mitstreiter*innen ins Gedächtnis, was uns zu der Klimakonferenz geführt hatte, und beschwor sie, das Greenwashing der großen Umweltsünder und Regierungschef*innen jener Länder nicht zu akzeptieren, die sie unterstützten. Es sei unsere Aufgabe, sie zur Rechenschaft zu ziehen, sagte ich, und unsere Stimmen zu erheben, egal, was passiert. Ich war wirklich dankbar für die Gelegenheit zu sprechen, auch wenn es völlig unerwartet gekommen war. Und ich war froh, dass das, was ich zu sagen hatte, offenbar bei vielen Leuten im Raum auf offene Ohren stieß.

Außerdem nahm ich an diversen Streiks teil, die während der Klimakonferenz abgehalten wurden. Bei einer der Aktionen besetzten wir mit erhobenen Händen eine Bühne und verlangten nach Klimagerechtigkeit, bis uns Sicherheitsleute zwangen zu gehen. Bei einer anderen Aktion versammelten sich mehr als hundert Leute gemeinsam mit *Greenpeace*- und FFF-Aktivist*innen zu einem Sit-in in der Lobby des Gebäudes, wo Regierungsvertreter*innen zu Verhandlungen versammelt waren. Wir riefen unsere Parolen, bis die Sicherheitsleute der Konferenz uns zum Gehen zwangen und uns für den Rest des Tages auf dem Veranstaltungsgelände Hausverbot erteilten. Das machte uns auch deshalb so wütend, weil Wirtschaftsvertreter*innen – manche von ihnen Hauptemittenten von Treibhausgasen – im Gegensatz zu uns auf dem Gelände bleiben durften.

Einige von euch fühlen sich bei der Vorstellung von Aktionen wie Sit-ins und Streiks womöglich unwohl, vor allem, wenn sie in der Gegenwart offizieller Regierungsmitglieder stattfinden, die sich inmitten wichtiger Verhandlungen befinden. Ich kann dieses Unwohlsein gut nachvollziehen. Ich schwankte das ganze Jahr 2019 zwischen meinem Wunsch, mich laut zu äußern, um die Menschen auf das Thema aufmerksam zu machen, und meiner angeborenen Schüchternheit. Ich hatte mit dem Unbehagen zu kämpfen, als Störenfriedin abgestempelt zu werden, und mit meiner Angst vor dem, was die Behörden tun würden, falls sie meine Aktionen als illegal einstuften. Was mich betrifft, so wird mich dieses Gefühl der Unsicherheit wohl immer begleiten. Doch gemeinsam mit den anderen Aktivist*innen auf dieser Klimakonferenz zu sein, unsere Parolen zu rufen und die Lobby zu besetzen, war ein beglückendes Gefühl. In Uganda wäre so etwas niemals möglich gewesen. Ich könnte mir vorstellen, wir wären schikaniert, vielleicht mit Tränengas beschossen oder verprügelt worden, womöglich sogar verhaftet.

Natürlich gibt es manchmal Situationen, die zu gefährlich oder zu brisant für einen Protest sind. Trotzdem bin ich der festen Überzeugung, dass die Zeit für respektvolles Verhalten und Geduld endgültig vorbei ist. Wir können nicht länger davon ausgehen, dass eine wohlmeinende Haltung, die langsame Veränderung von Strategien oder moderate Anpassungen der Produktionsformen ausreichend sind. Das gilt vor allem für jene, die in meinem Alter oder jünger sind.

Entscheidungsträger*innen treffen nicht die Entscheidungen, die wir brauchen, der Planet wird zerstört, Menschen werden ihrer Lebensgrundlagen beraubt, und Hunderttausende sterben; wir *müssen* protestieren. Wir dürfen die Entscheidungsträger*innen nicht in dem Glauben lassen, dass sie machen können, was sie wollen, weil es nicht genug Menschen gibt, die ihnen auf die Finger schauen, oder zu viele, denen die falsche Richtung, in die sie uns führen, egal ist.

All jenen, die meinen, jugendliche Klimaaktivist*innen seien zu naiv oder unreif, um für andere das Wort zu ergreifen, sage ich, dass Reife nichts mit dem biologischen Alter zu tun hat. Man kann so jung sein wie Licypriya, Jahrgang 2011, oder so alt wie der Journalist und Naturschützer Sir David Attenborough, der 1926 geboren wurde. Sie beide lieben diesen Planeten, haben den Wissenschaftler*innen zugehört und versuchen, im Rahmen ihrer Möglichkeiten, deutlich zu machen, was tatsächlich auf dem Spiel steht.

Ich habe von der Klimakonferenz eine Menge mitgenommen. Durch die Begegnungen mit so vielen FFF-Aktivist*innen aus verschiedenen Ländern konnte ich viel darüber lernen, wie man Streiks und Proteste koordiniert und am Laufen hält. Ich lernte, auf Pressekonferenzen selbstsicherer aufzutreten und mich von Journalist*innen nicht mehr so leicht einschüchtern zu lassen, vor allem, wenn sie im Rudel auftreten. Außerdem trat ich einer ganzen Reihe FFF-WhatsApp-Gruppen bei, was sich als sehr hilfreich erwiesen hat, wenn es darum geht, Neuigkeiten und Updates zu verbreiten, vor Verhaftungen zu warnen und die Solidarität auch über Landesgrenzen hinweg aufrechtzuerhalten.

Was ich bei der COP25-Konferenz gelernt hatte, würde mir helfen, meine Aktionen und Bildungsprojekte weiter auszubauen, wenn ich Mitte Dezember nach Hause zurückkehrte. Ich verließ Madrid mit dem festen Vorsatz, mehr Druck auf die fossile Energiewirtschaft und all jene Kräfte auszuüben, die daran beteiligt waren, dass das Abholzen weiterging. Und ich wollte das Thema Unterrepräsentation weiterverfolgen, auf das ich in New York gestoßen war. Obwohl ich auf der COP25 auf eine ganze Reihe von Aktivist*innen aus dem Globalen Süden traf, waren aus dem Globalen Norden sehr viel mehr anwesend. Mir wurde klar, dass auf allen künftigen Klimakonferenzen Parität herrschen musste.

~~~

Wenn ich an mein erstes Jahr als Aktivistin zurückdenke, werden mir gewisse Gegebenheiten klar. Selbst wenn man völlig allein protestiert, lässt sich die eigene Wirkung auf andere nie voraussehen, ob sie einen nun live erleben oder im Netz finden. Ich stellte fest, dass ich tatsächlich Teil einer globalen Bewegung war und dass wir mit Einigkeit und Koordination viel mehr bewegen können und größeren Einfluss haben.

Ich erkannte am eigenen Leib, wie wertvoll es ist, einander persönlich zu begegnen (was die Pandemie inzwischen unmöglich gemacht hat), weil zwischenmenschliche Verbindungen in einem gemeinsamen Raum durch nichts zu ersetzen sind. Ich durfte mit eigenen Augen erleben, dass Menschen jeden Alters sich leidenschaftlich mit der Klimakrise auseinandersetzen und mit denselben Frustrationen und Herausforderungen zu tun haben wie ich. Und ich verstand, wie wichtig es ist, voneinander zu lernen, sich miteinander solidarisch zu erklären und sich gegenseitig zu inspirieren. Die Kämpfe der anderen waren auch meine Kämpfe; meine Siege waren auch ihre Siege.

Doch ich lernte in jenem ersten Jahr noch eine weitere, wichtige Lektion – eine, die viele von uns womöglich nur ungern zur Sprache bringen. Mitte März 2019 veranstaltete ich bereits seit über zwei Monaten wöchentliche Klimastreiks. Obwohl ich an die Bedeutung der

Streiks glaubte, war es doch frustrierend, dass ich nur selten von anderen begleitet wurde und dass offensichtlich nur wenige Menschen in Kampala mit den Botschaften auf meinen Schildern etwas anfangen konnten. Der Verkehr auf der Jinja Road floss weiter; die Shell-Tankstelle blieb weiter so stark frequentiert wie zuvor. In der Village Mall wurde weiter eingekauft; und der Planet brannte weiter. Je deutlicher mir klarwurde, auf wie viele unterschiedliche Weisen die Menschen in Uganda und anderswo von der Klimakrise betroffen waren, desto persönlicher wurden die Streiks für mich. Und je stärker ich mich persönlich engagierte, desto größer wurde der Schmerz darüber, dass offensichtlich so gut wie niemand in meinem Land auf den übergeordneten Notstand zu reagieren schien. Ich wurde depressiv.

Im April fühlte ich mich so schlecht, dass ich zwei Wochen lang nicht die Energie für einen Streik aufbringen konnte. Ich lag oft in meinem Zimmer und weinte, weil mir alles so sinnlos erschien. Auf meinen Social-Media-Kanälen kündigte ich an, ich würde in Sachen Klimaaktivismus eine Pause machen, und ging offline. Damals hatte ich noch nicht so viele Follower*innen wie heute und kann mich nicht daran erinnern, dass mich viele Nachrichten mit der Bitte erreicht hätten, mir das noch mal zu überlegen.

Später erfuhr ich, dass das, was ich damals erlebte – einen Burnout –, bei Aktivist*innen nichts Ungewöhnliches ist, vor allem bei denen, die neu dabei sind. Wie sie hatte ich eine zutiefst verstörende Erfahrung gemacht. In Bezug auf die Klimakrise ist es die schiere Größe des Problems. Ich begriff nicht, weshalb nicht mehr Menschen wütend waren oder weshalb nicht mehr Institutionen, Organisationen und Regierungen ihre Kräfte mobilisierten – und auch das war verstörend. Ich ging Woche für Woche auf die Straße, und trotzdem schien sich nicht das Geringste zu ändern. Dazu kommt das mangelnde Verständnis für unser Tun. Selbst unsere engsten Angehörigen oder Freund*innen verstehen nicht immer, warum wir uns derart leidenschaftlich für etwas einsetzen, von dem wir noch ein paar wenige Monate zuvor nicht die geringste Ahnung hatten. Auch wenn wir online Unterstützer*innen finden oder Teil einer Gruppierung sind, fühlen wir uns häufig isoliert, ignoriert und machtlos. Mir ist klar, dass auch die Neigung, meine Gefühle für mich zu behalten, nicht hilfreich für mich war. Irgendwie glaubte ich nicht, dass meine Familie mich verstehen würde. Und so sehr ich die vielen internationalen Klimaaktivist*innen mit ihrer Kraft und Entschlossenheit auch bewunderte, ich hatte nicht das Gefühl, mich an sie wenden und zugeben zu können, wie schwach und machtlos ich mich fühlte. Nicht mal mit den lokalen Umweltaktivist*innen in Kampala, die ich inzwischen kennengelernt hatte, wollte ich über meine Gefühle reden. Die Vorstellung, mit langjährigen Freund*innen aus der Schule und von der Uni über meine Situation zu sprechen, war zu beängstigend, obwohl ich mich ihnen früher durchaus anvertraut hatte, wenn mir die Arbeitsbelastung oder der soziale Druck zu groß geworden waren. Ich fragte mich, ob sie akzeptieren würden, dass ich wegen einer scheinbar derart abstrakten und (in ihren Augen) unpersönlichen Sache wie der Klimakrise depressiv geworden war.

Etwa zur selben Zeit wurde mir zum Glück klar, dass ich doch einen Freund hatte, ebenfalls Aktivist, dem ich mich anvertrauen konnte, was ich schließlich auch tat. Davis Reuben Sekamwa war, genau wie ich, gerade erst dabei herauszufinden, wie er als Klimaaktivist in Kampala, in Uganda und über die Landesgrenzen hinaus tatsächlich etwas bewirken konnte. Davis gab mir einen sehr wichtigen Rat. Essenziell, sagte er, sei Selbstfürsorge. Wenn ich einen Tag Pause brauchte, musste ich ihn mir nehmen. «Das Allerwichtigste», sagte er zu mir, «ist, niemals die Vision aus den Augen zu verlieren, die du hattest, als du Aktivistin wurdest.»

Es dauerte ein wenig, aber irgendwann erkannte ich, dass Davis recht hatte. Ich war erst seit wenigen Monaten Umweltaktivistin und betrachtete mich bereits als Versagerin. Meine hohen Erwartungen waren selbstzerstörerisch und kontraproduktiv. Ich musste, wie Davis gesagt hatte, im Kopf behalten, dass Selbstfürsorge kein Luxus war, sondern eine Notwendigkeit. Er erinnerte mich daran, dass unsere Arbeit zu wichtig war, um sie wegen Erschöpfung aufgeben zu müssen. Ich nahm meine Streiks wieder auf und meldete mich nach etwa einem Monat Pause auf den sozialen Medien zurück.

Wie alle Aktivist*innen wissen, die jemals derartige Tiefpunkte durchlitten, lassen sich Gefühle von Unzulänglichkeit, Selbstzweifeln und Verzweiflung nicht einfach so abschütteln. Das ist mit ein Grund, weshalb wir Gemeinschaften brauchen, ob online oder live, Gemeinschaften von Menschen, die einander unterstützen. Nach meiner Teilnahme an der Madrider Klimakonferenz hatte ich das Gefühl, einer solchen Gemeinschaft nähergekommen zu sein.

~~~

Wir Aktivist*innen waren wenig überrascht, dass die Absichtserklärungen der Regierungen auf der COP25-Konferenz eine einzige große Enttäuschung waren. Große Themen blieben weiter ungelöst. Die wohlhabenderen Länder weigerten sich ein weiteres Mal, den Verpflichtungen von 2009 nachzukommen, jährlich 100 Milliarden US-Dollar bereitzustellen, um die ärmeren Länder dabei zu unterstützen, sich an die Auswirkungen des Klimawandels anzupassen und ihre Treibhausgasemissionen zu reduzieren. Eine weitere Enttäuschung bestand in dem Unwillen der Industrienationen, die Kosten für durch die Klimakrise verursachte Schäden und Verluste zu tragen. Die Abschlusserklärung, zu der sich die Regierungsvertreter*innen in Madrid schließlich durchrangen, beinhaltete das Eingeständnis, dass die Emissionssenkungen, zu denen sich die Regierungen bereits verpflichtet hatten, viel zu kurz griffen, wenn es darum ging, das in Paris vereinbarte 1,5 °C- bzw. 2 °C-Ziel zu erreichen, geschweige denn zu übertreffen. Die Sprache der Regierungen blieb vage, floskelhaft und war der sich entfaltenden Katastrophe gänzlich unangemessen.

Wie sollte ich meinen Landsleuten, für welche die Klimakrise längst zu einer Frage von Leben und Tod geworden war, diese Beschlüsse erklären? Während ich zu Hause Weihnachten und Silvester feierte, nahm ich mir für das Jahr 2020 vor, meinen Aktivismus in Uganda auszuweiten und mich mit anderen Aktivist*innen zusammenzuschließen, um vermehrt gerade afrikanische Stimmen, Perspektiven und Lösungsvorschläge in die internationale Klimapolitik einzubringen.

4
Rausgeschnitten

Im Januar 2020 wurde ich von *Arctic Basecamp*, einer Organisation von Wissenschaftler*innen, die wegen der rapiden Erwärmung der Arktis Alarm schlagen, nach Davos eingeladen. Ich war fasziniert. Der Plan lautete, mit fünf weiteren jungen Aktivist*innen vor dem Kongresszentrum in einem unbeheizten Expeditionszelt zu schlafen, um den Teilnehmer*innen des Weltwirtschaftsforums zu zeigen, dass auch sie aus ihrer Komfortzone rausmussten, wenn wir die Klimakrise in den Griff bekommen wollten.

Ich hatte vorher noch nie etwas von *Arctic Basecamp* gehört oder von Davos, und auch nicht von einer Veranstaltung mit dem Titel Weltwirtschaftsforum. Als ich einer Freundin, die keine Aktivistin ist, erzählte, dass ich die Einladung angenommen hätte, sagte sie, sie hätte recherchiert und herausgefunden, dass an dem Kongress viele reiche Menschen teilnehmen würden. Das interessierte mich weniger als die Aussicht, zum ersten Mal in meinem Leben Schnee zu sehen. Ich wusste, dass die Schweiz ein Land mit hohen Bergen war, und weil auf der Nordhalbkugel im Januar Winter ist, ging ich davon aus, dass es kalt sein würde. Das Team von *Arctic Basecamp* schrieb mir, sie würden für die notwendige Ausrüstung sorgen und ich solle mir keine Sorgen machen.

Wieder lieh ich mir den schweren Rollkoffer meines Vaters und packte alles ein, das sich in Schichten übereinander tragen ließ. Wieder machte ich mich auf den Weg zum Flughafen, flog nach Zürich und erhaschte noch in der Luft den ersten Blick auf die Alpen. Ich bestieg einen Zug und fuhr weiter in den Ski-Ort Davos. Dort traf ich etwa um Mitternacht ein.

Als ich aus dem beheizten Abteil ins Freie trat, traf mich die Kälte wie ein Schock. In dem Stress, in Zürich den richtigen Zug zu erwischen, hatte ich vergessen, meine Handschuhe aus dem Koffer zu nehmen. Ich trug über meiner Bluse nur einen Pullover und einen Schal.

Bis auf ein paar Straßenlaternen war es um mich herum stockfinster, und ich wurde nervös. In Uganda wäre es für eine Frau absoluter Leichtsinn gewesen, so spät allein in einer dunklen Straße unterwegs zu sein. Außerdem hatte ich keine Ahnung, wo die Seilbahn war, die mich auf den Berg bringen sollte, wo *Arctic Basecamp* unsere Zelte aufgestellt hatte. Zu meinem Glück lief ich einem alten Mann über den Weg, der mir meine Verlorenheit ansah und ein paar Teenager bat, mir dabei zu helfen, meinen Koffer zur Seilbahnstation zu schleppen.

Inzwischen taten mir von der Kälte die Finger weh, und ich konnte nichts mehr anfassen. Mein ganzer Körper zitterte, um auf diese Weise Wärme zu erzeugen, und ich hatte stumm angefangen zu beten. Mir war nicht klar gewesen, dass die Seilbahn nur alle halbe Stunde fuhr, und ich hätte im schlimmsten Fall dreißig Minuten warten müssen. Wenigstens war die Kabine zu meiner Erleichterung hell erleuchtet, aber drinnen war es nur unwesentlich wärmer als im Freien. Ich war so durchgefroren, dass ich nicht mal die Energie aufbrachte, meinen Koffer zu öffnen, um mir etwas Wärmeres zum Anziehen rauszuholen. Ich saß da, starrte meine Füße an und überlegte, wie es wohl war zu erfrieren, als eine Gruppe Männer die Kabine betrat und sich in meine Nähe setzte. Einer von ihnen sah mich forschend an, und wie sich später herausstellen sollte, war es Callum Grieve, Berater für Klimawandel und inzwischen ein guter Freund von mir. Schließlich fragte er: «Bist du auf dem Weg ins Arctic Basecamp?» Ich nickte verzagt, und Callum sagte: «Du musst Vanessa sein. Wir haben dich überall gesucht. Wir sind froh, dass du da bist.»

Callum lieh mir seinen Mantel, und als die Seilbahn endlich oben angekommen war, half er mir mit meinem Koffer. Er hatte sofort entschieden, dass ich erst mal auftauen musste, ehe ich die Nacht bei Minustemperaturen in einem Zelt verbrachte. Mitarbeiter*innen von *Arctic Basecamp* statteten mich mit warmer Kleidung aus und setzten mich in der Hotellobby an den offenen Kamin. Schließlich bekam ich ein Zimmer und den Rat, ein heißes Bad zu nehmen, Tee zu trinken und mit einer Wärmflasche ins Bett zu gehen. Ich hatte mich noch nie im Leben so sehr auf ein Bett gefreut wie an jenem Abend.

Als ich am nächsten Morgen aufwachte, ging es meinen Händen wieder gut, und alle zehn Finger waren noch dran. Der Blick auf die Alpen war spektakulär.

Der erste Tag war gespickt mit Interviews und Zusammenkünften mit den anderen Aktivist*innen, die ebenfalls ins Arctic Basecamp eingeladen worden waren: Wenying Zhu aus China, Leiterin des *Environment Protection Volunteer Teams* an ihrer Universität in Shanghai; Kaime Silvestre aus Brasilien, ein Jurastudent, der sich für den Amazonas-Regenwald einsetzte; Sascha Blidorf aus Grönland, die dort die FFF-Proteste koordinierte und für einen Sitz im grönländischen Parlament kandidiert hatte; Brix Whiteman aus England, der gemeinsam mit seinem Bruder als Freiwilliger bei *Arctic Basecamp* arbeitete, und Eva Jones aus den USA, die sich für obdachlose Frauen starkmachte. Kaime kannte ich bereits vom UN-Jugendgipfel in New York. Im Gegensatz zu mir hatte er sich auf die Kälte vorbereitet.

Gemeinsam fuhren wir runter nach Davos, wo die Wissenschaftler*innen von *Arctic Basecamp* darüber sprechen würden, welche Veränderungen der Klimawandel in der Arktis verursachte. Die Arktis hat sich in den letzten dreißig Jahren doppelt so schnell erwärmt wie der Rest des Planeten.[1] Es gibt Berechnungen, die davon ausgehen, dass die Arktis bis zum Jahr 2035 eisfrei sein wird.[2] Obwohl wir eigens nach Davos gereist waren, nahmen wir am Weltwirtschaftsforum selbst nicht teil (wir waren nicht eingeladen worden). Stattdessen engagierten wir uns «außerhalb» auf Protesten und bei Aufklärungskampagnen. Wir besuchten eine Schule, wo wir mit einigen Schüler*innen zusammenkamen. Sie waren zwischen zehn und fünfzehn Jahren alt und beeindruckten mich sehr. Die Kids waren interessiert an meinem Aktivismus in Uganda und wollten wissen, wie man Klimaaktivist*in wurde.

Am Freitag, es war der 24. Januar, sollte ich gemeinsam mit den europäischen Klimaaktivistinnen Isabelle Axelsson und Greta Thunberg aus Schweden, Loukina Tille aus der Schweiz und Luisa Neubauer aus Deutschland auf einer FFF-Pressekonferenz sprechen. Im Anschluss nahmen wir an einem Klimamarsch durch die Straßen des Skiortes teil, gemeinsam mit Hunderten Menschen, die nach Davos gekommen waren, um zu fordern, dass die Teilnehmer*innen des Weltwirtschaftsforums die Klimakrise zu ihrer Priorität machten. Hinterher aß ich gemeinsam mit ein paar anderen Aktivist*innen zu Mittag. Das war der Moment, als ich das Foto von *Associated Press* (kurz AP) mit Isabelle, Greta, Loukina und Luisa entdeckte ... aber ohne mich. Wir waren zu fünft nebeneinander fotografiert worden. Doch als die AP das Bild veröffentlichte, war ich – die einzige nicht weiße Aktivistin – abgeschnitten worden.

In den folgenden Stunden kam ich kaum dazu, meine Gefühle zu verarbeiten. Mein Körper hatte einen Adrenalinschock erlitten, und ich war hundemüde. Ich hatte noch vom Restaurant aus einen Tweet mit der Frage an AP abgesetzt, weshalb sie mich aus dem Foto geschnitten hatten, aber dann musste ich schnell ins Arctic Basecamp, weil die meisten Aktivist*innen, so wie ich, noch am selben Abend zurück in ihre Heimatländer aufbrechen würden. Es wurde nicht viel geredet; alle waren mit Packen beschäftigt.

Die Mitarbeiter*innen von *Artic Basecamp* zeigten sich überrascht über die Tatsache, dass ich aus dem Bild geschnitten worden war, und sagten, es täte ihnen leid. Trotzdem veröffentlichten sie weder eine Stellungnahme zu dem Vorfall noch eine Beschwerde an die AP, so wie ich es mir gewünscht hätte. Damit blieb die Last, sich zu dem Vorfall zu äußern, an mir hängen, obwohl ich so außer mir war, dass ich mich kaum in der Lage fühlte, etwas zu sagen.

Noch vom Arctic Basecamp aus streamte ich eine Videobotschaft, in der ich beschrieb, was meiner Meinung nach passiert war. Ich war sehr emotional, und obwohl ich mit dem Livestream gewartet hatte, bis ich mich wieder etwas im Griff hatte, gelang es mir nicht, die Tränen zu unterdrücken. «Unsere *Stimmen* auszulöschen, ändert gar nichts», sagte ich. «Unsere *Geschichten* auszulöschen, ändert gar nichts.» Und dann sagte ich noch etwas sehr Persönliches. «Mir geht es gerade nicht gut. Die Welt ist brutal.» Und ich wiederholte, was ich der AP bereits geschrieben hatte: «Ihr habt nicht einfach nur einen Menschen aus einem Foto getilgt. Ihr habt einen ganzen Kontinent getilgt.»

Es passierte so viel gleichzeitig, dass ich es kaum unter die Füße bekam. Schon ein paar Stunden später saß ich im Zug zurück zum Züricher Flughafen und kurz darauf in einem Nachtflug nach Hause. Ich hatte nicht überall WLAN, und mein Akku ging zur Neige. Deshalb konnte ich die Reaktionen auf meine Posts nicht in Echtzeit verfolgen. Doch das, was ich mitbekam, sagte mir, dass ich mit dem Post über die Bildretusche einen Nerv getroffen hatte und viele Menschen rund um den Globus meine Wut teilten. Ich sah die vielen Retweets, die Posts anderer Klimaaktivist*innen und Freund*innen zu Hause, die mir Mut machten und mir Kraft wünschten. Die lange Rückreise nach Uganda gab mir Gelegenheit, gründlicher nachzudenken, auch darüber, weshalb ich auf die Manipulation des Fotos so heftig reagiert hatte. Als sich der Flug dem Ende näherte, fand ich endlich die richtigen Worte, um meinen Zustand zu beschreiben. Ich war *untröstlich* und *deprimiert.*

~~~

Mir fällt es heute, über ein Jahr danach, immer noch schwer, über das, was passiert ist, zu sprechen und über die Stunden und Tage, die darauf folgten. Ich gestehe, dass ich zutiefst gekränkt war und dass ich das Gefühl hatte, ich hätte in Davos meine Zeit verschwendet. Und ich muss zugeben, dass die Tilgung von dem Foto in mir Zweifel an meinem Wert als Aktivistin befeuerte und die Frage schürte, ob ich im Kampf um Klimabewusstsein und Klimagerechtigkeit überhaupt von Nutzen sein konnte. Außerdem war ich am Limit; ich war in Davos gefühlt am anderen Ende der Welt und permanent damit beschäftigt gewesen, mich irgendwie warm zu halten. Außerdem hatte ich die vorausgegangenen Monate damit verbracht, ein schwindelerregendes Spektrum an neuen Erfahrungen zu verarbeiten und gleichzeitig alles daranzusetzen, meiner selbst auferlegten Verpflichtung treu zu bleiben und die wöchentlichen FFF-Streiks aufrechtzuerhalten.

Ich weiß, dass sich viele Menschen gefragt haben, weshalb das, was in Davos geschah, für mich eine so große Sache war. Schließlich hatte die Chefredakteurin von AP, Sally Buzbee, noch am selben Tag eine

Erklärung veröffentlicht, in der sie eingestand, dass ich als «einzige Person of Color auf dem Bild» herausgeschnitten worden sei, was sie als «Fehler» bezeichnete.[3] Im Anschluss schickte sie mir über ihren persönlichen Twitter-Account eine Entschuldigung. Die AP ersetzte das Foto durch eines, auf dem ich zu sehen war, und verbreitete weitere Bilder, die ebenfalls während der Pressekonferenz entstanden waren und mich in der Mitte von uns fünfen zeigte.

Der Leiter der AP-Bildredaktion betonte, mich aus dem Bild herauszuretuschieren, sei kein willentlicher Akt der Zensur gewesen, sondern von einem unter Zeitdruck stehenden Fotografen aus «rein kompositorischen Gründen» entschieden worden. Ich sei aus dem Bild herausgeschnitten worden, weil das Gebäude im Hintergrund abgelenkt hätte.[4] Doch abgesehen von der Tatsache, dass auch auf dem retuschierten Foto noch zwei Gebäude zu sehen sind, bleibt die Frage: Abgelenkt *von wem oder was*? Von dem Alpenpanorama im Hintergrund? Von meinen vier weißen, europäischen Kolleginnen vor dem Alpenpanorama? Oder von Greta?

Die Tränen, die auf meinem Twitter-Video zu sehen sind, entsprangen nicht nur meiner persönlichen Betroffenheit, sondern auch tiefer Frustration und großer Wut. Ich war frustriert, weil der das Foto begleitende Artikel die Überschrift «Thunberg kontert Spott von US-Finanzminister» trug und die AP mich nicht nur aus dem Foto herausgeschnitten, sondern meinen ganzen Namen von der Teilnehmer*innenliste gestrichen hatte.[5] Der Artikel enthielt keinen einzigen meiner Kommentare von der Pressekonferenz, auf der wir alle fünf gesprochen hatten. Die Ironie blieb mir nicht verborgen, denn ich hatte auf der Pressekonferenz nicht nur an die Delegierten appelliert, dass wir uns endlich von unserer bequemen Abhängigkeit von den fossilen Brennstoffen lösen müssten, sondern auch die Journalist*innen aufgefordert, sich über die bequemen Grenzen ihrer Berichterstattung hinauszuwagen: «Es ist höchste Zeit, aus allen Teilen der Welt zu berichten», hatte ich gesagt, «weil die Menschen überall auf der Welt leiden.» Auch Greta hatte die Journalist*innen aufgefordert, ihre Fragen nicht nur an sie, sondern an uns alle zu richten.

Außerdem war ich frustriert, weil die AP täglich zweitausend Berichte und jährlich eine Million Fotos veröffentlicht. Sie hat 250 Niederlassungen und erreicht mit ihrer Berichterstattung über die Hälfte der Weltbevölkerung – vor allem an Orten mit beschränktem Zugang zu internationalen Nachrichten. Indem sie mich aus dem Foto herausgeschnitten hatte, ehe sie es an global agierende Medienunternehmen verschickten, hatte die AP einer afrikanischen Klimaaktivistin die Chance verwehrt, gesehen zu werden und ihrer Botschaft womöglich weltweit Gehör zu verschaffen.

Wütend war ich, weil es durchaus Fotos anderer Agenturen und Nachrichtenproduzenten gab, auf denen ich zu sehen war. Das gab mir das Gefühl, dass die AP-Entscheidung, mich wegzuretuschieren, kein Versehen gewesen war. Der Grund dafür lag weder im falschen Format noch einer zu großen Datenmenge. Nein, es war, als hätte jemand bewusst beschlossen, dass ich nicht in die Reihe passte, eine Anomalie darstellte und das Foto nicht zufriedenstellend sei, wenn ich darauf verblieb. Wir standen zu fünft in einer Reihe; diese Reihe hatte zwei Enden, und nur eines davon wurde beschnitten.

Als der Aufschrei in den sozialen Netzwerken immer lauter wurde und die Geschichte des retuschierten Fotos ihren Weg in die Mainstream-Medien fand, war die AP gezwungen zu reagieren. Doch auch wenn die Agentur ihr Bedauern äußerte, bleiben Zweifel. Es gab nie eine förmliche Entschuldigung, nur einen Tweet. Außerdem bleibt die Tatsache, dass die AP die unretuschierten Bilder erst nach massiven Protesten veröffentlichte.

~~~

Nach der Landung in Entebbe stellte ich erstaunt fest, dass ich mehr als tausend Anfragen von Medienvertretern bekommen hatte, die von mir wissen wollten, was passiert war. Die Tage nach meiner Rückkehr waren vollgepackt mit Interviews, sowohl mit Vertreter*innen der internationalen Presse als auch der ugandischen. Ich freute mich darüber, dass Menschen aus Uganda und anderen afrikanischen Ländern und Aktivist*innen aus Europa und den USA inzwischen an die AP geschrieben hatten und sowohl meine Freund*innen als auch viele Aktivist*innen mir den Rücken stärkten. Meine Familie konnte, ehrlich gesagt, nicht verstehen, warum ich dermaßen außer mir war. Sie versuchten, mich zu trösten, indem sie den Vorfall herunterspielten. Ich mache ihnen deshalb keinen Vorwurf. Mir ist klar, dass sie mich beschützen und aufmuntern wollten. Was nicht einfach war: Wie ich ihnen zu erklären versuchte und auch in den Interviews immer wieder betonte, war der Akt der Retusche nach meinem Empfinden ein unmittelbarer Ausdruck von Rassismus und Sexismus.

Ich will erklären, warum.

Nachdem die BBC über meine verzweifelte Reaktion berichtet hatte[6], reagierten manche Menschen in den sozialen Medien mit kritischen Kommentaren. Es hieß, ich machte mich lächerlich, sei eine Heulsuse, eine Mimose, benähme mich egoistisch. Ob mir eigentlich klar wäre, wie privilegiert ich sei? Schließlich sei ich in die Schweiz eingeladen worden und hätte auf einer Pressekonferenz gesprochen, und das Einzige, was mir dazu einfiele, sei zu kritisieren, dass ich aus einem Foto herausgeschnitten wurde. Manche sagten, ich hätte eben nicht am Rand stehen dürfen; ein Troll schrieb, kein Wunder, dass ich wegretuschiert worden war, ich sei einfach nicht attraktiv genug. Andere Vorwürfe lauteten, ich würde die «Rassismuskarte» ausspielen, um die Gefühle anderer Leute auszunutzen und mich wichtig zu machen. Andere argumentierten, der Grund für die Retusche läge darin, dass meine Arbeit und meine Meinung schlicht keinen Wert hätten.

Aber es ist nicht lächerlich, mit Wut und Emotionen auf Rassismus zu reagieren. Ungerechtigkeit muss beim Namen genannt werden. Weshalb sollte der Ausdruck von Gefühlen die Wirklichkeit oder die Wahrheit einer Ungerechtigkeit schmälern? Außerdem erkenne ich in diesen Kommentaren ein nur allzu vertrautes, geschlechterspezifisches Stereotyp: Frauen sind irrational und übermäßig emotional. Wenn wir Frauen unsere Meinung äußern, wird uns oft der Vorwurf gemacht, unverschämte Erwartungen und Forderungen zu haben.

Wenn wir etwas mit Nachdruck äußern, sind wir nicht fordernd, so wie Männer, sondern schrill; wir sind nicht leidenschaftlich, sondern keifend und rechthaberisch. Tatsächlich bedeutet, eine gute Afrikanerin zu sein, oft, sich gar nicht zu äußern. Wenn wir also unsere Stimme erheben, so wie ich es getan habe, wird uns nicht nur zum Vorwurf gemacht, unafrikanisch zu sein, sondern auch, unweiblich. Manche afrikanischen Kommentatoren äußerten sich im Netz regelrecht vernichtend. Es hieß, ich müsse «in meine Schranken verwiesen werden» – als Frau, als Schwarze Frau und als Afrikanerin. «Was hast du erwartet», schrieb einer. «Du bist ein schwarzes Mädchen.»

Und was die Privilegien betrifft, gerade *weil* mir bewusst war, wie viel Glück ich hatte, in das Arctic Basecamp (und nach New York und Madrid) eingeladen worden zu sein, war ich so verzweifelt, aus dem Bild eliminiert worden zu sein. Ich wollte mit meiner Botschaft auch für all jene Ugander*innen und Afrikaner*innen sprechen, die nicht die Chance hatten, auf dem UN-Jugendklimagipfel, der Madrider Klimakonferenz oder in Davos dabei zu sein. Afrikaner*innen, die weder Kontakt zur Weltpresse noch zu den mächtigen Eliten hatten, die sich an diesen Orten versammelten, um ihnen zu sagen, dass auch ihr Leben zählte.

Außerdem wollte ich im Namen all der anderen FFF-Aktivist*innen in Afrika sprechen, wie Davis Reuben Sekamwa, Nyombi Morris, Elizabeth Wathuti, Adenike Titilope Oladosu und viele andere, die nicht dort sein konnten. Indem die AP mich aus dem Bild entfernt hatte, hatte sie alle Klimaaktivist*innen im ganzen afrikanischen Kontinent aus dem Bild entfernt, die versuchten zu zeigen, dass die Klimakrise definitiv ein afrikanisches Problem ist; und mit ihnen die Tatsache, dass die afrikanische Bevölkerung am meisten darunter zu leiden hat.

Weshalb ich in Davos eine der wenigen afrikanischen Klimaaktivist*innen war, ist eine berechtigte Frage. Wie Hilda Nakabuye sagte, als sie in Madrid sprach: «Ich verstehe nicht, weshalb die am stärksten betroffenen Länder grundsätzlich unterrepräsentiert sind ... Die Stimmen aus dem Globalen Süden verdienen, gehört zu werden.»[7]

Bis wir an diesen Orten viele sind, verspüren die meisten von uns die Verpflichtung, sich zu äußern und gesehen zu werden – nicht für uns selbst, sondern für die Millionen von Menschen in unseren Ländern, die in der Klimakrise jetzt, *in diesem Moment* an vorderster Front stehen, die unter Mangel, Vertreibung, zerrütteten Lebensbedingungen und Tod zu leiden haben.

Abgesehen davon, bin ich mir nicht sicher, dass es nur eine einzige Person of Color gibt, ganz egal woher, die nicht schon mal einen Raum betreten, sich umgesehen und festgestellt hat, dass es sonst niemanden gibt, der oder die aussieht wie sie, die nicht schon einmal das Gefühl hatte, in gewisser Weise jeden einzelnen Schwarzen Menschen auf diesem Planeten zu repräsentieren. Dies ist keine Bürde, in die wir hineingeboren wurden oder von der wir wissen, wenn wir jung sind; es ist eine Bürde, die uns oft von anderen auferlegt wird, von Menschen, die wollen, dass wir ihren Vorurteilen entsprechen oder ihnen zuwiderhandeln. Manchmal spüren wir das Gewicht dieser Bürde und hassen es. Manchmal erfüllt es uns mit Stolz.

Und manchmal macht es uns einfach nur mutlos. Ich fing an, die Kommentare unter meinen Social-Media-Posts zu lesen. Sie bestätigten, dass die Retusche im Grunde ein erschreckendes Narrativ verstärkte – das genaue Gegenteil des Narrativs, das ich hatte befördern wollen. Jenes Narrativ lautet, dass sich ausschließlich weiße Europäer*innen wegen der Klimakrise Sorgen machten, weil die Klimakrise das einzige Thema sei, für das weiße Europäer*innen sich interessierten. Es war eine Erweiterung des Wohlstands und der Privilegien einer weißen Welt, die sich im Grunde niemals wirklich für Afrika und das Leben der Schwarzen interessiert hatte.

Die Kommentare von Afrikaner*innen und anderen People of Color waren sehr direkt: «Die Agenda Klimawandel ist nur für Weiße», schrieb einer. «Überlasst weiße Angelegenheiten den Weißen», ein anderer. «Weiße Menschen zerstören das Klima ... und überlassen es anderen Weißen, den Klimawandel zu bekämpfen, nur, damit sie möglichst gut dabei aussehen», lautete ein Tweet. Und jemand anderes schrieb: «Weißer Scheiß.»

Auf heimtückische Weise hatte die AP, indem sie mich aus dem Foto herausgeschnitten hatte, den Verdacht vieler Afrikaner*innen bestätigt, dass, ganz gleich, was weiße Europäer*innen behaupten mochten, die Klimakrise in den Augen internationaler Medien tatsächlich ein Problem weißer Europäer*innen war (und vielleicht auch noch eines für weiße Menschen sonst wo. Manche schrieben mir, ich sollte aufhören, mit «weißen Medien» zusammenzuarbeiten und nur noch von Schwarzen geführte oder mit Schwarzen besetzte Nachrichtenanbieter unterstützen: «Diese Misshandlung von Afrikaner*innen wird niemals aufhören, solange wir Afrikaner*innen dem Westen weiter gestatten, unsere Geschichte zu schreiben», postete einer. «Wo war die afrikanische Presse?» Andere schrieben mir, es würde sich sowieso nie etwas ändern und ich solle einen Haken dahintersetzen. «Ich als Schwarzer Mann und Afrikaner bin diese Form von Ausgrenzung gewöhnt», lautete ein Kommentar. «Ich habe gelernt, nach vorne zu schauen und mir nichts daraus zu machen.» Es gab auch verzweifelte Kommentare: «Das ist so traurig ... wir werden schon unser ganzes Leben lang rausgeschnitten. Wann hört das endlich auf?»

Im Grunde brachten all diese Kommentare eine brutale Wahrheit auf den Punkt: Allein schon, solche Fragen zu stellen, sich über Ausgrenzung zu beschweren und Teilhabe zu fordern, oder den Medien den Vorschlag zu machen, den «White Savior-Komplex» ins Zentrum ihrer Aufmerksamkeit zu stellen, birgt das Risiko in sich, als undankbar, unhöflich oder als Unruhestifter*in abgestempelt zu werden, als hypersensibel, hysterisch oder Schlimmeres.

In seiner Analyse des Fotos sagte Dr. Robert Bullard, ein afroamerikanischer Wissenschaftler, der als Vater der Umweltgerechtigkeit in den USA gilt, dem *Guardian* «der Klimaaktivismus der Jugend wird von der breiten Gesellschaft als ‹weiße Angelegenheit› erlebt. Das unretuschierte Foto passte nicht ins Bild.» Und weiter: «Rassismus dient dem Zweck, People of Color unsichtbar zu machen.»[8] Die Retusche des Fotos sei ein klassisches Beispiel für den «White-Savior-Komplex», schrieb die Doktorandin Chelsea McFadden im *Journal of Sustainability Education*: «Die Vorstellung von ‹weißen Retter*innen› besagt, dass

Menschen in einer Gegend leiden, die als ‹Dritte Welt› chiffriert und im Kontext des Klimawandels rassifiziert ist, und dass allein die weißen Menschen etwas dagegen tun können.»[9] Dies erklärt, so McFadden weiter, «die zunehmende Beliebtheit von weißen Klimaaktivist*innen auf Kosten von Aktivist*innen wie Nakate, die ignoriert oder sogar aktiv aus der Diskussion gedrängt werden».

Das trifft ziemlich genau den Kern, weshalb ich der Meinung bin, dass dieses Foto eine große Sache war. Indem sie mich herausschnitten, hat die AP den Irrglauben verstärkt, dass, wie ich in einem der Interviews sagte, «in Davos keine afrikanischen Aktivist*innen anwesend waren; dass Afrikaner*innen sich nicht in der Klimabewegung engagieren; und dass eine globale Jugendklimabewegung mit Menschen wie mir und vielen anderen aus Afrika, Asien und Lateinamerika, schlicht nicht existiert».[10]

~~~

Ich möchte betonen, dass ich nach der Fotoretusche von vielen Klimaaktivist*innen ungeheure Unterstützung und Solidarität erfahren habe und bis heute erfahre. Greta nannte die Retusche «in vielerlei Hinsicht absolut inakzeptabel». Isabelle Axelsson fügte hinzu, dass meine Stimme «an Orten wie diesem [Davos] ebenso wertvoll, wenn nicht noch wertvoller ist als unsere».[11] Jamie Margolin stellte fest, dass «Rassismus, Klassismus und die Eliminierung marginalisierter Stimmen nichts Neues ist». Sie fügte hinzu: «Diese sehr eindrückliche Bildretusche steht im Grunde metaphorisch für die Retusche des Narrativs der Klimawissenschaft im Allgemeinen.»

Jamie sagte, sie hätte aus dem, was mir passiert war, viel gelernt: «[Vanessas] Erfahrung hat mich dazu gebracht, über die Konferenzen nachzudenken, wo die Aktivist*innen of Color an meiner Seite nie mit im Bild waren – heute ist mir klar, dass ich etwas hätte sagen müssen.»[12] Auch die AP behauptete, der Vorfall hätte bei ihnen zu einer «Gewissensprüfung» geführt. Sally Buzbee sagte einem Reporter der AP: «Mir ist bewusst, dass von ganz oben, von mir, die unmissverständliche Botschaft ausgehen muss, dass Diversität und Inklusion zu unseren obersten Prioritäten gehören müssen.»[13]

Möglicherweise hätte ich, wie es einer in den Kommentaren ausgedrückt hatte, «an diese Form von Ausgrenzung gewöhnt» sein müssen und lernen sollen, «nach vorne zu schauen und mir nichts daraus zu machen». Ich hätte mich dazu entscheiden können, mich nicht zu äußern, meine Sachen zu packen, aus Davos abzureisen und zu Hause mit meinen Aktionen fortzufahren. Aber es machte mir was aus, und ich sah nicht ein, weshalb Afrikaner*innen sich damit zufriedengeben sollten, ausgeschlossen oder ignoriert zu werden ...

... oder vertauscht. In der Berichterstattung über die Bildbeschneidung verwechselten mich sowohl die Agentur Reuters als auch der *Guardian* mit der Aktivistin für Mädchenrechte Natasha Mwansa aus Sambia, die im Gegensatz zu mir am Weltwirtschaftsforum teilgenommen hatte.[14] Aber auch sehr viel prominentere und einflussreichere Menschen als ich wurden Opfer von Eliminierung. Zum G7-Gipfel 2019 hatte die *Associated Press* ein Foto mit Justin Trudeau (der kanadische Premierminister), Narendra Modi (der indische Premierminister), Emmanuel Macron (der französische Präsident) und einem «nicht identifizierten Staatsführer» veröffentlicht. Trudeau, Modi und Macron wurden anhand ihrer Twitter-Accountnamen identifiziert, der «nicht identifizierte Staatsführer» jedoch nicht. Es handelte sich um keinen Geringeren als Cyril Ramaphosa, den Präsidenten von Südafrika, und sein Twitter-Accountname lautet @CyrilRamaphosa.[15]

Hätte ich mich nicht zu Wort gemeldet, hätte die AP keine weiteren Bilder des Events veröffentlicht. Vielleicht wäre damit die Chance verpasst worden, tiefer in die Debatte über Rassismus und die Umweltbewegung einzusteigen. Und möglicherweise hätten weniger afrikanische Stimmen, meine und andere, Gehör gefunden. Mir fällt auf, dass sich seit dem Vorfall mit der Bildretusche Journalist*innen gezielt nach Aktivist*innen auf dem afrikanischen Kontinent umsehen und den Auswirkungen der Klimakrise im Globalen Süden generell mehr Aufmerksamkeit schenken. Das Thema landet viel öfter in den Schlagzeilen, wenn auch nicht unbedingt auf den Titelseiten. Das ist natürlich nicht alles mir zuzuschreiben. Bei weitem nicht. Aber ich denke schon, dass das, was mir passiert ist, und meine Reaktion darauf eine längst überfällige Debatte in Gang gesetzt haben.

Mich persönlich hat die Retusche dazu befähigt, auch gegen Reaktionen meiner Familie, meines Freundeskreises und von Gleichaltrigen aufzubegehren, die definitiv über die Sorge um mein Wohlergehen hinausgingen und sich vielmehr um soziale Anerkennung und Ehrbarkeit drehten. Und sie hat es anderen Familienmitgliedern erlaubt, neue Narrative kennenzulernen. Hätte die Bildretusche sie getroffen, sagte meine Schwester Clare, sie hätte nicht den Mund aufgemacht. Als ich wissen wollte, wieso, sagte sie, ihr hätte der Glaube gefehlt, dadurch etwas verändern zu können. Das allein ist Grund genug, froh darüber zu sein, dass ich nicht stumm geblieben bin.

Ich bin nicht naiv, was den Lauf der Dinge betrifft. Aus dem Foto herausgeschnitten worden zu sein und meine Reaktion darauf haben meine Sichtbarkeit in den sozialen Medien vervielfacht und mich in den Fokus lokaler und internationaler Medien gerückt. Ich bekam die Gelegenheit, mit diversen ugandischen Agenturen zu sprechen, und konnte, weil die Journalist*innen sich für die Rassismusfrage interessierten, dort auch über Klimagerechtigkeit sprechen. Die mediale Aufmerksamkeit wiederum führte zu weiteren Interviews, Einladungen als Rednerin und schlussendlich zu dem Buch, das ihr jetzt gerade lest. Ich bin mir des Vorwurfs von Zyniker*innen absolut bewusst, der lautet, ich würde Krokodilstränen vergießen und mir gleichzeitig die Taschen vollschaufeln. Doch wie ich im Laufe meines Werdegangs als Klimaaktivist*in gelernt habe, ist Meinungsäußerung immer mit Risiken verbunden.

Die Erfahrung, aus diesem Foto herausretuschiert worden zu sein, hat mich verändert. Ich bin mutiger und direkter geworden, wenn es darum geht, über die Klimakrise und über Rassismus zu sprechen, und über die Auswirkungen, unter denen Menschen jetzt, in diesem Augenblick, unmittelbar zu leiden haben. Und es hat meine Einstellung zu meinem beruflichen Werdegang verändert. Teils als Folge der Pandemie und teils als Folge des immer größeren Engagements im Klimaaktivismus, drückte ich mich darum, in unserem Familienbetrieb zu arbeiten, bis mein Vater einsah, dass ich nicht wieder zurückkommen würde. Auch an einem Aufbaustudium in Marketing oder BWL war ich nicht länger interessiert. Ich beschloss, aus meiner Perspektive als junge afrikanische Frau, möglichst viel Zeit darauf zu verwenden, die vielen miteinander verwobenen Facetten von Klimakrise, Umweltgerechtigkeit und Geschlechterdiskriminierung anzugehen – und das, ohne mich zu rechtfertigen, oder die Angst, wegretuschiert oder eliminiert zu werden.

5
Wir sind alle Afrika

Im Oktober 2019 lud mich der Rotary Club Bugolobi ein, einen Vortrag über Umweltschutz und Klimawandel zu halten. Mein Vater hatte mich in seinem Regionalclub vorgeschlagen.

Ich freute mich auf die Gelegenheit. Zum ersten Mal würde ich in meiner Funktion als Aktivistin zu ugandischen Bürger*innen aus den verschiedensten Berufsfeldern sprechen, viele von ihnen im Alter meiner Eltern. Das Publikum würde aus Männern und Frauen der Mittelschicht bestehen, die am Gemeinwohl interessiert und ihrerseits in der Lage sein würden, Bewusstsein für die Klimakrise zu schaffen und Druck auf unsere Regierung und die Privatwirtschaft auszuüben. Doch auch das Gegenteil war möglich: dass sie sich jeglichem Wandel strikt verweigerten, weil sie darin eine drohende Bremse für das sahen, was sie unter «Entwicklung» oder «Fortschritt» verstanden und deshalb die Sorgen und Nöte der jüngeren Generationen ausblendeten. Und endlich würde auch mein Vater mich zum ersten Mal in der Öffentlichkeit sprechen hören.

Es war wichtig, mich vorzubereiten. Ich sah mir Videos von Gretas Reden an und rief mir ins Gedächtnis, auf welche Weise sie sich erst einen Monat zuvor auf dem Klima-Sondergipfel in New York an die Delegierten gewandt hatte. Ich war fasziniert davon, wie direkt und klar sie war, wenn sie mit Menschen sprach, die viel älter waren als sie und erheblichen Einfluss darauf hatten, den Wandel voranzutreiben. Obwohl Greta eine radikale, direkt aus ihrem Herzen kommende Ehrlichkeit an sich hatte, ging es in ihren Reden ausschließlich um Wissenschaft, Fakten und Politik.

Am 11. Oktober, etwa eine Stunde, ehe mein Vortrag beginnen sollte, traf ich im Hotel ein, setzte mich ganz hinten in den Clubraum und konzentrierte mich auf das, was ich sagen wollte. Dann ging es los. Den Vorgaben entsprechend, hatte meine Präsentation eine Länge von etwa zwanzig Minuten. Im Anschluss daran wurden viele Fragen gestellt, und zum Abschluss überreichte mir der Rotary Club zu meiner Freude eine Dankesurkunde, wie mein Vater sie schon oft bekommen hatte. (Es sollte sich herausstellen, dass mein Vater ausgerechnet an jenem Abend keine Zeit hatte und meinen Vortrag verpasste. Doch er erzählte mir von dem positiven Feedback seiner Freund*innen. Er bekam dann endlich selbst die Gelegenheit, mich sprechen zu hören, als ich bei einer virtuellen Präsentation des Rotary Club während des Lockdowns im Frühling 2020 sprach.)

Die etwa dreißig Zuhörer*innen stellten Fragen, wie sie für viele gebildete Menschen in Uganda typisch sind. Die meisten reagierten überrascht auf das, was ich sagte. So gut wie allen war bewusst, dass etwas namens Klimawandel zwar existierte, trotzdem hatten sie noch nie erlebt, dass jemand sich die Zeit nahm, ihnen Beweise für seine Existenz zu liefern, seine Ausmaße zu verdeutlichen oder ihnen den Ernst der Lage zu veranschaulichen. Sie wirkten überrascht, diese Informationen aus dem Mund einer jungen Frau zu hören, die keine Expertin war, doch sie reagierten erfreut darauf, dass ich ihnen half, die Dringlichkeit des Problems zu verstehen.

Ein Mann aus dem Publikum äußerte seine Verwirrung darüber, dass die Abholzung des Amazonas-Regenwaldes weltweit verurteilt wurde – auch hier in Afrika –, dass aber niemand über die Zerstörung des Kongo-Regenwaldes redete.

Die Aussage des Mannes ging mir nicht mehr aus dem Kopf. Weshalb wurde in Uganda nicht darüber gesprochen, was mit dem Kongo-Regenwald geschah, obwohl die Demokratische Republik Kongo (DRK), auf deren Staatsgebiet etwa 60 Prozent des Regenwaldes liegen, doch ein direkter Nachbar von Uganda ist? Weil ich auf diese Frage keine befriedigende Antwort hatte, beschloss ich, mehr über den Regenwald und die Bedrohung, welcher er ausgesetzt ist, zu erfahren.

Das Ergebnis meiner Recherchen entsetzte mich. So wie sich der Amazonas-Regenwald über die Grenzen mehrerer Länder erstreckt, bedeckt auch der Kongo-Regenwald, genauer gesagt das Regenwälder-Ökosystem Kongobecken, Teile von sechs verschiedenen Ländern: die DRK, Kamerun, Äquatorialguinea, Gabun, die Zentralafrikanische

Republik und die Republik Kongo. Das Kongobecken ist nach dem Amazonas-Regenwald das größte zusammenhängende Regenwald-gebiet der Welt, auch bekannt als «zweite Lunge» der Welt, und besitzt genau wie der Amazonas eine reiche Biodiversität. Es gilt außerdem als essenzielle, weltweite Kohlendioxidsenke, weil dort jährlich bis zu 600 Millionen Tonnen mehr Kohlendioxid gebunden als ausgestoßen werden – laut Weltwirtschaftsforum dieselbe Menge wie «ein Drittel der CO_2-Emissionen des gesamten US-amerikanischen Transport-wesens».[1]

Außerdem ist der Urwald die Heimat von einhundertfünfzig ver-schiedenen Ethnien, darunter indigene Völker wie die Batwa, die Mbuti und die Ba'Aka. Der Urwald wird seit über 50 000 Jahren be-siedelt und sichert heute unmittelbar das Überleben von 75 Millionen Menschen. Das Ökosystem beheimatet 10 000 Arten tropischer Pflan-zen, darunter Heilpflanzen mit nachgewiesener Wirkung in der Krebs-therapie und viele weitere mit medizinischer Wirkung. Außerdem sind in dem Waldgebiet tausend Vogelarten zu Hause, 700 verschie-dene Fischarten und 400 Säugetierarten, inklusive Gorillas, Elefanten und Okapis (ein Verwandter der Giraffe, aber mit wesentlich kürze-rem Hals) und dem Schwarzen Stummelaffen, der zu den weltweit am stärksten gefährdeten Primaten gehört.

Genau wie im Amazonas-Regenwald wird auch das Kongobecken aufgrund seiner Ressourcen ausgebeutet. Leider ist dies im Falle des Kongobeckens kein Phänomen der Moderne. Schon im sechzehnten und siebzehnten Jahrhundert verlor das Königreich Kongo vier Mil-lionen Männer und Frauen an den atlantischen Sklavenhandel. Zwi-schen 1885 und 1908 plünderte der belgische König Leopold II. die Re-gion und ihre Bewohner rücksichtslos und brutal, um Kautschuk zu gewinnen. Die Demokratische Republik Kongo selbst wurde bei ihrer Unabhängigkeit 1960 zum Schauplatz eines Stellvertreterkrieges zwi-schen den Westmächten und den Ostblockstaaten. Fast vierzig Jahre später bezeugte das Land, damals noch unter dem Namen Zaire, nach dem Sturz des von den USA gestützten Diktators Mobutu Sese Seko 1997 fast zehn Jahre interner Kämpfe zwischen den Regionalregierungen – inklusive der von Uganda. Geschätzt kostete dieser Konflikt durch Hunger oder Seuchen etwa 5,4 Millionen Menschenleben. Noch heute trübt Gewalt die Regionen Ituri, Kasai und Kivu im Osten der DRK.

Natürlich hat auch die anhaltende politische Destabilisierung zu der Umweltzerstörung beigetragen, doch 84 Prozent der Abholzung sind auf traditionelle Methoden wie Brandrodung zurückzuführen. Zwischen 2000 und 2014 wurde im Kongobecken eine Waldfläche größer als Bangladesch gerodet.[2] Fatalerweise nahm die Abholzung im Jahr 2020 weltweit um 12 Prozent zu, auch in vielen Ländern der Kongobecken-Region, und das, obwohl sich während der Corona-Pandemie die meisten Wirtschaften im Lockdown befanden.[3] In der DRK, in Kamerun und der Zentralafrikanischen Republik überstieg der Waldschwund im Jahr 2020 das Ausmaß von 2019. Wie konnte das passieren? Die Daten zeigen, dass sich zu viele Länder in die falsche Richtung bewegen.[4]

Derartige Verluste werden nicht von den Anrainerstaaten allein vorangetrieben. Die industrielle Palmölproduktion, obwohl derzeit noch klein, ist in der Gegend auf dem Vormarsch. Auch die Nachfrage des chinesischen Marktes nach Holz für die auf den Export ausgelegte Möbelindustrie (der Großteil geht in die USA) treibt die Abholzung weiter voran. Die von den Holzbetrieben zum Abtransport angelegten Forststraßen erschließen vormals unzugängliche Bereiche des Regenwaldes für Jagd, Wilderei und Umwandlung von Regenwald in Ackerflächen in großem Stil. Das wiederum vermindert die intakten Ökosysteme und verursacht weitere Verluste von Pflanzen- und Tierarten.

Außerdem sorgt die Abholzung für Spekulationen über das Vorhandensein von Bodenschätzen. 80 Prozent der weltweiten Vorkommen von Columbit-Tantalit (Coltan) finden sich im Kongobecken. Dieses Erz ist eine essenzielle Komponente in elektronischen Schaltkreisen und Computern, Smartphones und Spielkonsolen, wie wir alle sie benutzen. Abgesehen von der Umweltverschmutzung bedeutet der Coltan-Abbau üblicherweise Überstunden, wenig Geld und brutale

Arbeitsbedingungen. Außerdem werden die Minen auch mit Kinderarbeit und sexueller Ausbeutung von Mädchen und Frauen in Verbindung gebracht. Neben Zinnerz, Wolfram und Gold gehört auch Coltan zu den sogenannten Konfliktmineralien, da der Zugang zu diesen Rohstoffen zu den Hauptursachen von kämpferischen Konflikten in der Region gehört.

Neben dem Bevölkerungswachstum und langfristigen, vom Klimawandel verursachten Dürretrends führen all diese Faktoren laut wissenschaftlichen Berechnungen dazu, dass, falls keine dramatische Veränderung eintritt, der gesamte tropische Regenwald – die gesamte Fläche von 202 Millionen Hektar – bis zum Jahr 2100 verschwunden sein könnte.

Je mehr ich über das Kongobecken lernte, desto wütender wurde ich. Meine erste Reaktion: *Wieso weiß ich davon nichts?* Eine Antwort auf diese Frage lautet, dass sich die finanziellen Ressourcen der Welt inklusive der Medien im Globalen Norden konzentrieren, was bedeutet, dass sich das, was wir im Fernsehen gezeigt bekommen, was in Printmedien und online veröffentlicht und auf den sozialen Medien geteilt wird, in einem überwältigenden Ausmaß am Westen orientiert. So waren auch wir hier in Uganda beispielsweise bestens über die verheerenden Buschbrände in Australien oder die Brände an der Westküste der Vereinigten Staaten in den Jahren 2019 und 2020 informiert.

Wie der Rotarier richtig beobachtet hatte, wissen wir viel über die Abholzung im Amazonas-Regenwald und auch über die vielen Brände, die absichtlich gelegt wurden, um Land für die Weidetierhaltung zu gewinnen, um Futterpflanzen wie Sojabohnen zu kultivieren, um Nutzholz zu schlagen und Bergbau zu betreiben. Wir wissen mehr über den Verlust von Biodiversität und die gewaltsame Vertreibung indigener Volksstämme am Amazonas als über den Verlust von Biodiversität bei uns und die indigenen Volksstämme des Kongobeckens. Auch deshalb war ich wütend und aufgebracht. Ein Brand im Kongobecken ist genauso zerstörerisch wie ein Brand im Amazonas-Regenwald, und doch machte der eine Schlagzeilen und der andere nicht.

Wenn es uns nicht gelang, den größten Urwald Afrikas zu schützen, dachte ich, wie sollten wir dann all die vielen kleineren Waldgebiete schützen, inklusive die in meiner Heimat?

Ein paar Tage nach dem Bugolobi-Vortrag organisierte ich meinen ersten Streik für das Kongobecken, drängte andere dazu, sich mir mit ihren Plakaten anzuschließen (RETTET DEN KONGO-REGEN-WALD), machte ein Foto und verbreitete über meine Social-Media-Kanäle Informationen zu diesem lebenswichtigen Ökosystem. Die Reaktionen auf diesen ersten Streik waren wenig ermutigend. Mir wurde bewusst, dass nicht nur viel zu wenige Menschen je von der Tragödie für Mensch und Umwelt gehört hatten, die im Kongobecken vor sich ging, sondern sehr viele sich noch nicht mal der Existenz des zweitgrößten Regenwaldes der Welt an sich bewusst waren. (Wenigstens, dass es ihn gab, hatte ich gewusst.) Es war eine krasse Mahnung daran, dass es ohne weiteres möglich wäre, ein ganzes globales Ökosystem zu tilgen und nur wenige überhaupt bemerken würden, dass es weg war.

Endlich, gut zwei Wochen später, nach dem Repost eines meiner Bilder auf Gretas Kanal, war erstes Interesse geweckt, und die Sache nahm an Fahrt auf. Immer mehr Menschen fingen an, ihre Bilder zu teilen, und am 8. November schlossen sich mehr als tausend Menschen dem Streik an. Ich war froh, dass sich auch andere FFF-Aktivist*innen beteiligten, darunter mein ugandischer Kollege Nyombi Morris, der schon bei den Schulstreiks mit von der Partie war, und Remy Zahiga, ein Geologe und Aktivist für die Rechte indigener Völker aus dem Osten der DRK.

Remy ist Gründer von *CongoEnviroVoice*, einer Organisation junger Kongoles*innen, die sich dem Erhalt des Kongobeckens verschrieben haben und für den Schutz seiner Flora und Fauna auf die Straße gehen. Remy und ich sollten im Mai 2020 auf einer Online-Versammlung von *Greenpeace* sprechen, auf der er «die Staatenlenker auf nationaler und internationaler Ebene» drängte, «sich [dem Kongobecken] zuzuwenden, indem sie Vereinbarungen unterstützten und respektierten, die zum Schutz von Wildtieren und Nationalparks getroffen wurden».

Außerdem forderte er, in derartigen Vereinbarungen die Rechte ansässiger Volksstämme zu respektieren und die Sicherheitslage in geschützten Reservaten und Parks zu verbessern.[5]

~~~

Natürlich war die Zerstörung des Kongo-Regenwalds nur eine der vielen, vernetzten Katastrophen, die sich durch den Klimawandel in Afrika verschlimmerte. Im September 2018 war Kapstadt in Südafrika nach drei Jahren mit viel zu wenig Regen nur noch neunzig Tage davon entfernt, die kommunale Wasserversorgung einzustellen.[6] Im März und April 2019 trafen die Wirbelstürme Idai und Kenneth auf die Küste von Mosambik in Südostafrika, und 2,2 Millionen Menschen gerieten durch die Überflutungen in eine Notlage. Und das in einem Land, in dem bereits 815 000 Menschen aufgrund anhaltender Dürren in unmittelbarer Not waren.[7] Auch Malawi und Simbabwe wurden von den Wirbelstürmen getroffen.

Im August 2019 waren 200 000 Menschen, vor allem in Niamey, der Hauptstadt Nigers, von Überflutung betroffen, als der Pegelstand des Niger um fast einen Meter anstieg, Häuser mit sich und Menschen in den Tod riss.[8, 9] Auch andere Länder in der Region, darunter Nigeria, die Zentralafrikanische Republik, Mauretanien und Marokko, litten in dieser Zeit unter heftigen Überflutungen. Im November fiel in Dschibuti am Horn von Afrika an einem einzigen Tag die Regenmenge von zwei Jahren, mehrere Kinder wurden getötet[10], und in der kenianischen Region West Pokot an der Grenze zu Uganda forderten Erdrutsche und heftige Regenfälle siebenunddreißig Menschenleben[11]. Im Mai 2020 spülten sintflutartige Regenfälle in Somalia eine ganze Stadt weg und töteten dort sowie in Kenia, Ruanda und Uganda Hunderte Menschen. In Kilembe im Westen Ugandas, nahe der Stadt Kasese, rissen die Wassermassen ein Krankenhaus mit sich. Auch Apotheken und ein Leichenhaus wurden weggeschwemmt.[12] Doch der Kontinent wurde nicht nur von zu viel oder zu wenig Wasser heimgesucht. 2018 folgten auf der arabischen Halbinsel während einiger seltener Wirbelstürme außergewöhnlich schwere Regenfälle auf eine ausgedehnte Dürreperiode und lösten damit mutmaßlich eine Heuschreckenplage aus, die schlimmste seit siebzig Jahren. Im Sommer 2019 fielen die Heuschreckenschwärme[13] über Äthiopien, Eritrea und Somalia her und erreichten im Februar 2020 auch Kenia, Tansania und Uganda, und im April bedrohte ein weiterer Schwarm die Bauern im Nordosten meiner Heimat. Innerhalb von 12 Monaten fraßen die Heuschrecken quer durch Ostafrika 69 000 Hektar Pflanzen kahl und brachten Millionen von Menschen, die sowieso schon unter Ernährungsunsicherheit zu leiden hatten, an den Rand des Hungertods.[14, 15]

Als wären die Jahre von 2018 bis 2020 für die viel zu oft vergessenen Regionen in Afrika nicht schon schwer genug gewesen (ein Bericht der internationalen privaten Hilfsorganisation *CARE International* kommt zu dem Schluss, dass sich neun von zehn 2019 in der Berichterstattung am schlimmsten vernachlässigten Krisen in Afrika ereigneten[16]), sagen wissenschaftliche Prognosen voraus, dass mit dem Anstieg der globalen Durchschnittstemperatur über die derzeit 1,2 °C hinaus die Extreme in den nächsten Jahrzehnten massiv zunehmen werden. Mit einer einzigen Ausnahme sprengt Afrika jedes Jahr alle Temperaturrekorde, und das neue «normal» ist wärmer als jede Temperatur seit Beginn der Wetteraufzeichnungen.[17] Das ist deshalb besonders bedeutsam, weil höhere Temperaturen automatisch höhere Verdunstungsraten zur Folge haben und damit häufigere und intensivere Stürme, eine potenziell größere Verbreitung von Seuchen und mehr Dürren. Die Voraussagen lauten, dass eine weitere Erwärmung des Indischen Ozeans häufigere und stärkere Wirbelstürme zur Folge haben wird.

Außerdem bedeutet ein weiterer Temperaturanstieg auch eine Zuspitzung der Ernährungsunsicherheit. Ein 2017 veröffentlichter Bericht von *Future Climate for Africa*, eine in Südafrika ansässige Organisation von Klimawissenschaftler*innen, sagt eine Reduzierung der Ernteerträge von 10 Prozent der Subsaharastaaten und einen damit einhergehenden Rückgang von verfügbarem Wasser von bis zu 50 Prozent in weiten Regionen im Süden und Westen des afrikanischen Kontinents voraus.[18] Dies stellt Länder wie Uganda, wo die Landwirtschaft für den Großteil der Bevölkerung die vorrangige Einkommensquelle darstellt, vor gigantische Herausforderungen. Der Weltklimarat rechnet mit einem Rückgang der Erträge von Mais um 22 Prozent bis zum Jahr 2050 in den Subsaharastaaten, und in Südafrika und Simbabwe sogar um 30 Prozent.[19] Was die Pflanzen betrifft, die dem Temperaturanstieg standhalten, so prognostizieren die Autor*innen von «Future Climate Projections in Africa: Where Are We Headed? (Klimaprognosen für Afrika: Wo steuern wir hin?)» einen negativen Effekt auf den Nährstoffgehalt aufgrund steigender CO_2-Konzentrationen in der Atmosphäre, «infolgedessen es zu schwerwiegenden Eiweiß- und Mikronährstoffmangelerscheinungen in Teilen der Subsaharastaaten» kommt.[20]

Was also würde ein Anstieg von 1,5 °C für den afrikanischen Kontinent bedeuten? Es wäre, offen gesagt, verheerend. Forscher*innen schätzen, dass ein Anstieg der globalen Durchschnittstemperatur um 1,5 °C die Anzahl der jährlichen Hitzeperioden in Afrika bis zum Jahr 2050 verdoppeln bis versechsfachen[21] würde und aufgrund der hohen Temperaturen außerdem unmittelbare Todesgefahr für 350 Millionen Einwohner*innen von Megastädten rund um den Globus bestünde. Darunter Städte wie Lagos in Nigeria, Abidjan an der Elfenbeinküste und Karthum im Sudan. Laut einer Studie der US-amerikanischen wissenschaftlichen Fachzeitschrift *Proceedings of the National Academy of Sciences* wird ein Anstieg um 1,5 °C die Stadt Lagos einem *tausendfach höheren* Ausmaß an Hitzestress unterwerfen als in der jüngsten Vergangenheit.[22] Die Folgen wären eine Steigerung des Strombedarfs, eine Steigerung des Wasserbedarfs und eine Steigerung der Todesraten. Und das in einem Land, wo bereits heute die Hälfte der Bevölkerung keinen Zugang zu sauberem Trinkwasser hat.

Kaossara Sani, Klimaaktivistin aus Lomé, Togo, knapp 300 Kilometer westlich von Lagos, ist sich der Konsequenzen der Klimakrise für Mensch und Umwelt in ihrer Stadt und ihrem Land nur allzu bewusst. Im Zuge ihres ehrenamtlichen Engagements für Straßenkinder begegnete sie auf einem Marktplatz einem neunjährigen Jungen vom

Land. Er lebte allein auf der Straße, hielt sich mit dem Sammeln von Plastikmüll über Wasser und ging nicht zur Schule. Kaossara versuchte, bei einer NGO oder einer staatlichen Behörde Hilfe für ihn zu bekommen, ohne Erfolg. Als sie ihn wiederfinden wollte, war er verschwunden.

Sie erzählte mir: «‹Das Leben dieses Jungen ist zerstört. Einfach so›, dachte ich.» Sie begriff nicht, wie Eltern ihre Kinder aus den Dörfern zum Betteln in die Städte schicken konnten, und machte sich auf die Suche nach einer Antwort.

«Ich lernte, dass die Landwirtschaft in ländlichen Regionen die Haupteinnahmequelle ist. Die Menschen sind von der Natur abhängig und können aufgrund von Klimaschwankungen und Überflutungen ihre Familien nicht mehr ernähren. Irgendwann haben sie schließlich keine guten Nutzpflanzen mehr. Die einzige Möglichkeit, die ihnen bleibt, ist, ihre Kinder in die Stadt zu schicken.»

Kaossara engagiert sich im Kampf gegen die Klimakrise, um sich für Kinder wie diesen kleinen Jungen einzusetzen. «Der Klimawandel raubt ihnen ihr Leben», sagt sie. «Nicht ihre Zukunft. Er raubt ihnen bereits jetzt ihre Gegenwart.»

Gemeinsam mit anderen Klimaaktivist*innen startete Kaossara die *Act on Sahel*-Kampagne, um Saatgut und Dünger für Bauern zu finanzieren, die, wie sie sagt, «im Klimawandel an vorderster Front stehen. Wenn wir es nicht tun, wer dann?» Außerdem sammelt *Act on Sahel* Geld für Hygieneartikel auf pflanzlicher Basis und kämpft für den Zugang zu sauberem Wasser und erneuerbaren Energien. Auch Kaossara spricht in Schulen über den Klimawandel und animiert Schüler*innen dazu, Bäume zu pflanzen.

Für die Einwohner von Lomé, wo ein Viertel der acht Millionen Togoles*innen lebt, und für die Einwohner von Aneho, der nächstgrößeren Stadt in der Gegend, besteht das drängendste Problem in der Erosion entlang der fünfzig Kilometer langen Küstenlinie. Das Meer verschlingt jedes Jahr etwa fünf bis zehn Meter Küste.[23] «Ich lebe am Meer», sagt Koassara, «wir können der Erosion zusehen.» Togos Präsident, hat Koassara mir erzählt, hat die Bedeutung von «Fortschritt» oder «Nachhaltiger Entwicklung» in Frage gestellt, wenn das bedeutet, finanzielle Mittel bereitzustellen, um Schutzmauern gegen das Meer zu bauen, nur um zehn Jahre später wieder Geld auftreiben zu müssen, um die Wälle höher oder weiter landeinwärts zu errichten.

Kaossara ist bewusst, dass ihre Regierung nicht für die durch fossile Brennstoffe freigesetzten klimaschädlichen Gase verantwortlich ist und auch den Einsatz von Solarstrom fördert. Trotzdem erkennt sie Versäumnisse und die Wichtigkeit, auf breiterer Basis zu handeln. «Unsere Regierung nimmt die Klimaproblematik nicht ernst. Die einzige Möglichkeit besteht darin, selbst aktiv zu werden. Wenn ich es schaffe, im Monat vielleicht zehn Bäume zu pflanzen, ist das immer noch besser als nichts. Wenn ich nur einem Menschen im Monat konkret helfen kann, ist es besser als zu sagen, dass Gott uns allen beistehen wird. Wir können nichts verändern, wenn wir nicht persönlich aktiv werden.»

~~~

Kaossara ist eine unter vielen westafrikanischen Klimaaktivist*innen, die ihren Aktivismus auf die Sahelzone konzentrieren, jener von semiaridem Klima geprägten Region, die sich vom Sudan bis in den Senegal erstreckt und als Pufferzone gegen die Ausbreitung der Sahara in die dichtbesiedelten Steppen im Süden dient.

Im November 2019 lernte ich eine weitere westafrikanische Aktivistin kennen, die Nigerianerin Adenike Oladosu. Adenike, Elizabeth Wathuti aus Kenia und ich wurden damals von der *EET-Foundation* – EET steht für Eleven Eleven Twelve – zu einem Treffen nach Ibadan in Nigeria eingeladen. Die EET ist eine Organisation, die grüne Lösungen und die Schaffung grüner Arbeitsplätze vorantreibt, um das nigerianische Wirtschaftswachstum in die richtige Richtung zu lenken. Es war meine erste Reise in ein anderes afrikanisches Land.

Adenike erzählte mir von ihrer Kampagne, mit der sie den Menschen ein weiteres lebenswichtiges afrikanisches Ökosystem ins Bewusstsein rufen wollte: das Tschadseebecken. Es umschließt Teile Algeriens, Kameruns, Nigers, Nigerias, der Zentralafrikanischen Republik, Libyens und des Tschad. Seit den Sechzigerjahren schrumpfte der Tschadsee, einst das sechstgrößte Binnengewässer der Erde, auf weniger als ein Zehntel seiner einstigen Größe.[24] Dies ist Folge von schlechtem Bewässerungsmanagement, dem gestiegenen Wasserverbrauch der stetig wachsenden Bevölkerung in der Sahelzone und den Auswirkungen des Klimawandels. Inzwischen breitet die Wüste sich jedes Jahr weiter aus, und in dem Becken, das zwischen 20 und 30 Millionen Menschen mit Nahrung und Wasser versorgte, leben beinahe 11 Millionen Menschen, die permanent auf humanitäre Hilfe angewiesen sind.[25]

Das Schrumpfen des Tschadsees hat massive Auswirkungen auf die landwirtschaftlichen Lebensgrundlagen in der Region. Die Folge sind Auswanderungswellen und eine Zunahme grenzüberschreitender und regionaler Konflikte. Wie Kaossara sagt, ist der schrumpfende Zugang zu fruchtbarem Boden und Wasser der Kern vieler lokaler und regionaler Konflikte in Afrika, inklusive der Auseinandersetzungen zwischen Bauern und Hirten. «Früher waren sie befreundet, viele sind verwandt», sagt sie. «Und jetzt bringen sie einander wegen der Ressourcen um, und einige, die das nicht wollen, schließen sich einer Terrororganisation an oder träumen immer noch davon, nach Europa zu gehen. Manche werden auf dem Meer ihr Leben lassen, und manche werden versuchen, in anderen afrikanischen Ländern Fuß zu fassen.»

Adenike engagiert sich, um das Bewusstsein für die sozialen, politischen, wirtschaftlichen und ökologischen Krisen zu schärfen, welche von der Austrocknung des Tschadseebeckens verursacht werden. Sie sieht darin einen Weckruf. Die ganze Welt muss erkennen, was geschieht, wenn ein Ökosystem die Menschen, die davon abhängen, nicht mehr unterstützen kann. Sie schreibt:

Die Kombination aus dem Rückgang von Regen, steigenden Temperaturen und weiteren klimatischen Faktoren wird die ökonomische Lebensgrundlage der Menschen zerstören, sei es in Afrika, Europa oder Asien. Der Tschadsee steht für das, was die Welt in ein paar Jahrzehnten erwartet ... [Diese Kombination] wird zu Binnenflucht und Lagerbildung führen, zur Expansion der Wüsten, Beschränkung der Ressourcen, bewaffneten Konflikten und schließlich zum Zusammenbruch von Demokratien.

In gewisser Weise sind wir also alle Afrika.

Während unserer gemeinsamen Zeit in Ibadan machten Adenike, Elizabeth und ich uns Gedanken über mögliche Formen der Zusammenarbeit. Elizabeth erzählte uns von ihrem Projekt, in Schulen Obstbäume zu pflanzen (mehr dazu in Kapitel 6), und Adenike berichtete über ihre Arbeit mit jungen und auch älteren Frauen in von Naturkatastrophen bedrohten Kommunen, und von den Gefahren sexualisierter Gewalt und Verstoßung, denen sie infolge dieser Zustände ausgesetzt sind.

Alle drei hatten wir mit sehr ähnlichen Schwierigkeiten zu kämpfen. Uns war klar, dass viele Stimmen aus Afrika es schwer hatten, sich Gehör zu verschaffen – nicht nur international, sondern auch auf dem afrikanischen Kontinent und sogar in unseren Heimatländern. Es frustrierte uns, wie wenige der ganz normalen Menschen wussten, dass hinter vielen der Katastrophen, die sie als Wille Gottes bezeichneten, die Klimakrise stand. Und es frustrierte uns, wie schwer es war, eine universelle Botschaft zum Klimaschutz zu formulieren, die Gewicht hatte – in unseren Heimatländern, in unserer Region und auch global.

Manche Probleme entzogen sich unserem unmittelbaren Handlungsspielraum, trotzdem verständigten wir uns auf einige Aktionen, die wir gemeinsam auf die Beine stellen konnten. Wir würden unsere Stimmen gegenseitig verstärken, indem wir online unsere Arbeit teilen und gegenüber der internationalen Presse immer wieder betonen würden, wie wichtig gemeinsame Anstrengungen der ständig wachsenden Zahl von Klimaaktivist*innen waren, mit denen wir in Kontakt standen. Auf diese Weise wollten wir zeigen, dass es nicht nur eine Handvoll Menschen sind, die in Afrika für Klimagerechtigkeit kämpfen, und dass wir für die Sorgen vieler Menschen sprachen, junger und alter, auf dem ganzen Kontinent.

An der Universität von Ibadan führten wir einen Klimastreik für den Tschadsee und den Kongo-Regenwald an. Bei meiner Rede auf der EET-Veranstaltung, auf der Elizabeth geehrt wurde, sagte ich zu den Anwesenden: «Wenn niemand für Afrika kämpft, liegt das daran, dass die Afrikaner*innen stumm bleiben.»

~~~

Ich hatte die Gelegenheit, meinen Kongo-Streik mit auf den Weltklimagipfel nach Madrid zu nehmen. Ich lief über das Ausstellungsgelände, mit den Pavillons der einzelnen Länder, in denen präsentiert wurde, was die Regierungen für eine klimafreundlichere Zukunft auf den Weg bringen wollten. Es überrascht sicher niemanden, dass auf diesen Veranstaltungen jede Menge Greenwashing betrieben wird, und auch der 25. Weltklimagipfel war keine Ausnahme. Nachdem ich mit ein paar anderen Aktivist*innen vergeblich den ugandischen Pavillon gesucht hatte, entdeckten wir den Pavillon der Demokratischen Republik Kongo. Ich unterhielt mich mit den Leuten, die dort Dienst hatten, über meine Streiks für den Kongo-Regenwald.

Ich stieß auf wenig Begeisterung. Sie bemühten sich, mir klarzumachen, dass ich, da ich schließlich weder in ihrem Land gewesen sei noch jemals den Regenwald besucht hatte, keinen Begriff von den Bedürfnissen der dortigen Bewohner*innen hätte, geschweige denn von der Bedeutung der Weiterentwicklung für die Region Kongo. Die Kongolesen bräuchten ordentlich gebaute Häuser, sagte ein Mann, was ich dahingehend deutete, dass das Holz für die Errichtung dieser Häuser aus dem Regenwald kommen sollte. Es war ein eigenartiges und unbefriedigendes Gespräch. Später veranstalteten wir direkt vor dem Pavillon einen Streik für den Kongo-Regenwald. Man kann sich vorstellen, dass die Leute, mit denen ich mich vorher unterhalten hatte, uns böse anstarrten, und ich bin mir sicher, dass sie froh waren, als wir schließlich ins Kongresszentrum zurückkehrten.

Es stimmt, ich bin nie im Kongo gewesen, und womöglich durchdringe ich die Entwicklungsbedürfnisse der Menschen im Kongobecken auch nicht vollständig. Trotzdem kann es nicht sinnvoll sein, die «zweite Lunge» der Welt zu zerstören, um Möbel, Palmöl, Baustoffe, Mineralien oder fossile Brennstoffe zu gewinnen.

Manche, die dies lesen, halten uns – ob Adenike, Elizabeth oder mich oder eine andere afrikanische Klimaaktivistin – möglicherweise für anmaßend, weil wir uns herausnehmen, für ganz Afrika zu sprechen, einen Kontinent, der aus 54 Staaten besteht, Heimat für 1,275 Milliarden Menschen ist und eine riesige Vielfalt von Ökosystemen, Völkern, Kulturen und Gesellschaftsformen umfasst. Auch ich bin der Meinung, dass es absurd ist, ein Individuum könnte als Sprecher*in eines ganzen Kontinents auftreten oder auch nur dafür gehalten werden. Trotzdem wurde ich nach der AP-Entscheidung, mich von dem Davos-Bild zu eliminieren, von so gut wie jeder und jedem Interviewpartner*in nicht nur nach den Auswirkungen des Klimawandels auf Uganda gefragt, sondern immer auch auf die Konsequenzen für andere Teile Afrikas angesprochen. Mir ist bewusst, dass ich lediglich ein kleines Schlaglicht auf das werfen kann, was der Kontinent durchmacht, immer auf der Basis dessen, was ich von anderen Aktivist*innen erfahren habe. Und mir ist auch klar, dass meinem unmittelbaren Einfluss auf die Strategie für das Kongobecken – oder jede andere Region – Grenzen gesetzt sind.

Trotzdem bin ich der festen Überzeugung, dass wir den Mund aufmachen müssen – «um das Schweigen zu brechen», wie Kaossara es ausdrückt. Ich sehe meine Rolle im Klimaschutz darin, Gespräche über Themen anzustoßen, über die viele Menschen noch nie gesprochen haben, und auf die zerstörerischen Strategien und Investitionen von Banken, Hedgefonds, multinationalen Konzernen und Regierungen aufmerksam zu machen, denen es allen am liebsten wäre, wir anderen hätten keine Ahnung, was sie im Schilde führen. Ich sehe es als meine Aufgabe an, den Blick auf Kommunen zu lenken, von denen man vielleicht noch nie etwas gehört hat und wo das Leben von Menschen tagtäglich völlig auf den Kopf gestellt und zerstört wird.

Kein Land, ganz egal wo, ist einfach nur ein Land. Was im Regenwald des Kongobeckens passiert, betrifft nicht nur die Menschen in Zentralafrika, sondern beeinflusst das Wettergeschehen weltweit. Die Klimakrise hält sich weder an geopolitische Grenzen noch an politische Blöcke oder regionale Handelsverbände. Deshalb ist das, was im Kongo passiert, nicht nur die Angelegenheit der Kongolesen oder ihrer Nachbarn. Es geht uns alle an.

Und schließlich bin ich absolut der Meinung, dass wir auf unseren Plattformen mehr Diversität brauchen und mehr junge Aktivist*innen die Möglichkeit haben müssen, über die Herausforderungen zu sprechen, mit denen ihre Heimatländer oder Regionen zu kämpfen haben. Jede*r Aktivist*in hat eine Geschichte zu erzählen. Jede Geschichte birgt eine Lösung in sich. Und jede Lösung kann ein Leben verändern.

6
Ein grüneres Uganda

Im Oktober 2019 hielt meine Kollegin Hilda Nakabuye von FFF Uganda eine Rede auf einem Treffen der C40, einem internationalen Zusammenschluss der Bürgermeister*innen aus Städten, die Klimaresistenz und Klimaschutz auf ihre Agenda gesetzt haben. Hilda hatte drei Monate nicht zur Schule gehen können, nachdem die Farm ihrer Familie von Fluten eingeschlossen war und ihr Vater das Schulgeld nicht mehr hatte aufbringen können.

«Nach den massiven Auswirkungen des Klimawandels in meinem Heimatort», sagte sie zu den Bürgermeister*innen und deren Leuten, «nachdem Stürme und Starkregen unsere Nutzpflanzen weggespült und nur die nackte Erde zurückgelassen hatten, nach den ausgedehnten Dürreperioden, die sämtliche Flussbetten austrockneten, waren meine Eltern gezwungen, unser Land und unser Vieh zu verkaufen, um unser Überleben zu sichern.»

Hilda kämpfte mit den Tränen. «Ich hatte Glück, denn ich bin noch am Leben, und dieses Glück sehe ich nicht als selbstverständlich an, denn jeden einzelnen Tag sterben Menschen.» Sie erzählte, wie sie dann mit *Fridays for Future* in Kontakt gekommen war: «Ich beschloss, den einzigen Ort, den ich Erde nenne, zu beschützen», sagte sie, «und deshalb schloss ich mich jungen Aktivist*innen aus aller Welt an, um trotz endloser Kämpfe und Opfer unsere Zukunft zu sichern.»[1]

Das Schicksal von Hilda und ihrer Familie ist im Uganda von heute längst kein Einzelfall mehr, weil die Auswirkungen der Erderwärmung immer heftiger werden. Die Durchschnittstemperatur in Uganda ist seit den Sechzigerjahren in jedem Jahrzehnt um 0,2 °C angestiegen.[2] Ein Bericht von *Future Climate for Africa* aus dem Jahr 2016 kommt zu dem Schluss, dass eine Erhitzung um 1,5 °C im Vergleich zum vorindustriellen Niveau in Uganda bereits 2030 erreicht sein wird, und bis 2060 möglicherweise um katastrophale 3,3 °C.[3]

Das ist auch deshalb eine Katastrophe für mein Land, weil die Verstädterung zwar mit hoher Geschwindigkeit fortschreitet, aber trotzdem beinahe drei Viertel der ugandischen Bevölkerung in ländlichen Regionen leben und, genau wie Hildas Vater, von der Landwirtschaft als Haupteinnahmequelle abhängig sind. Auch was die Frage von Leben und Tod betrifft, sind Hildas Ausführungen nicht übertrieben. Denn zusätzlich zu den Vorhersagen in Bezug auf die Zunahme der Häufigkeit heftiger Überflutungen haben die Forscher*innen bis zum Jahr 2080 eine *Abnahme* der Regenmenge um 188 Millimeter errechnet sowie eine massive Verschiebung der Regenzeiten, nach denen die Bauern sich mit Aussaat und Ernte richten.[4] Uganda wird zunehmend Schwierigkeiten damit haben, sich aus eigener Kraft zu ernähren, auch, weil sich die Bevölkerungszahlen bis zum Jahr 2050 von heute 40 Millionen Einwohner*innen mehr als verdoppeln werden auf dann 100 Millionen.

Auch für das Gesundheitswesen haben die Überflutungen Konsequenzen. In Uganda führten im Oktober 2019 heftige Regenfälle rund um den Victoriasee bis Mai 2020 zu einem Anstieg der Pegelstände auf ein Rekordniveau von 13,42 Meter.[5] Mehrere gefährdete, weil niedrig gelegene Ansiedlungen rund um den See, der auch an Kenia und Tansania grenzt, wurden überflutet. 200 000 Menschen verloren ihr Obdach, und die Verunreinigung der kommunalen Trinkwasservorkommen erhöhte das Risiko für Ausbrüche von mit Wasser in Verbindung stehenden Seuchen wie Malaria, Bilharziose, Cholera und Ruhr.

Doch nicht nur die Elendsviertel rund um den See sind von Überflutung betroffen. Ich war an einem Ostermontag vor ein paar Jahren mit meinen Geschwistern auf einem Ausflug am sogenannten Miami Beach, wir wollten den Tag am See verbringen, Musik hören und schwimmen. Doch als wir ankamen, war der ganze Strand überschwemmt. Unsere Suche nach einem trockenen Fleckchen war vergebens. Mir fiel auf, dass das Wasser relativ dreckig war, wahrscheinlich von durch Regen in den See gespültem Mutterboden oder Abwasser. Wir drehten um und fuhren nach Hause zurück.

Revocatus Twinomuhangi, Geograph an der Makerere University, wurde 2020 gebeten, sich zu den Konsequenzen steigender Wasserpegel im Victoriasee und der Klimakrise im Allgemeinen zu äußern. «Der Klimawandel wird realer als je zuvor», sagte er, «und wenn wir nicht umgehend jegliche Aktivitäten entlang der Seeufer, Wassereinzugsgebiete und Waldschutzgebiete einstellen, steuern wir direkt auf Katastrophen zu, für deren Bewältigung (den afrikanischen Ländern) die Mittel fehlen.»[6]

Die Straßen von Kampala stehen während der Regenzeit häufig unter Wasser. Es fehlt an vernünftigen Drainagesystemen. Viele Straßen sind weder gepflastert noch geteert. Die meisten sind übersät mit Schlaglöchern. Inzwischen bereiten mir die anwachsende Intensität der Überschwemmungen und die vielen tiefen Wasserlöcher mitten in der Stadt zunehmend Sorgen. Vor etwa zwei Jahren nahm ich die zweijährige Tochter einer Freundin meiner Mutter mit in die Kirche. Weil wir spät dran waren, beschloss ich, ein *Boda Boda* zu nehmen, ein Motorradtaxi. Es hatte am Vorabend heftig geregnet, und bald befanden wir uns auf einer Straße, auf der das Wasser so hoch stand, dass mir nicht klar war, wie wir daran vorbeikommen sollten. Der Fahrer versicherte mir, es sei überhaupt kein Problem, aber ich konnte unmöglich das Leben eines kleinen Kindes aufs Spiel setzen. Also kehrte ich um, nahm ein Taxi, und wir fuhren mit dem Auto zur Kirche – natürlich kamen wir zu spät, aber wenigstens auf sicherem Weg. Später erfuhr ich, dass eine junge Frau, die am selben Morgen und ganz in der Nähe ebenfalls ein *Boda Boda* genommen hatte, ins Wasser gefallen war. Es kamen Menschen zu Hilfe, die sie retteten, und ihr war nichts passiert, aber zu wissen, wie leicht einen das Wasser plötzlich holen konnte, war trotzdem beängstigend.

In Kampala läuft man ständig Gefahr, beim Überqueren der Straße statt auf festen Boden plötzlich in einen mit Wasser gefüllten Graben oder ein tiefes Schlagloch zu treten und unter Wasser gezogen zu werden. Manche Straßengräben und Schlaglöcher sind riesig, und manchmal öffnen sich auf den großen Verkehrsstraßen Krater, in denen ganze Fahrzeuge verschwinden können. Ich habe in den Nachrichten Berichte über Menschen gesehen, die vom Sog ins Wasser gezogen wurden und ertranken. Sobald es in Kampala heftig regnet und die Straßen mal wieder überschwemmt werden, mache ich mir Sorgen, wenn jemand aus meiner Familie oder Freunde in der Stadt unterwegs sind. Ich rufe sie an, um sie zu ermahnen aufzupassen. «Du darfst nirgendwo reintreten, wo du den festen Grund nicht sehen kannst», sage ich. «Das ist gefährlich. Bitte pass auf.» Manchmal können sogar Passanten nicht mehr helfen. Es geht viel zu schnell. Der Sog reißt einen unvermittelt mit sich.

~~~

Außerhalb der Städte ist in Uganda (wie sonst überall auch) die Abholzung ein Hauptgrund für Überflutung und Dürren. Wälder helfen, den Regen zu regulieren, und dienen dem lokalen Klima als Stabilisator, aber wenn in Bergregionen Bäume gefällt werden, kommt noch die Gefahr von Erdrutschen hinzu. Wälder und Bäume tragen maßgeblich zur Stabilität des Untergrunds und der Temperaturen bei, sie sorgen für die Fruchtbarkeit des Bodens, indem sie verhindern, dass er als Schlick in den Flüssen landet, und verbessern die Fähigkeit des Bodens, Wasser für Trockenperioden zu speichern. Weniger Wälder und Bäume ziehen eine Häufung von Wetteranomalien nach sich, dazu kann weniger Kohlendioxid in Bäumen gespeichert werden, und die nackte Erde gibt mehr davon an die Atmosphäre ab.

Im Laufe der letzten 25 Jahre verschwand laut der ugandischen Forstbehörde allein in Uganda eine Waldfläche von 3 Millionen Hektar[7], das entspricht einem alarmierenden Rückgang von 63 Prozent[8]. Laut der Open-Source-Anwendung *Global Forest Watch* wurden in Uganda zwischen 2002 und 2020 fast 68 000 Hektar Urwald gerodet. Das entspricht 14,3 Megatonnen an CO_2-Emissionen.[9]

Wenn wir Abholzung hören, dann denken wir meistens an Rodungen in großem Stil, aber selbst der Verlust eines einzelnen Baumes kann Konsequenzen haben. Meine Eltern besitzen ein kleines Stück Land im Heimatdorf meines Vaters, Butega im Distrikt Mityana, siebzig Kilometer westlich von Kampala. Wir bauen dort Maniok, Mais,

Süßkartoffeln und diverse Bananensorten an (wir haben Verwandte vor Ort, die sich um das Land kümmern). Eines Tages fällte der Nachbar auf seinem Grundstück einen großen Baum. Mein Vater sagt, seitdem wird das Land bei heftigem Regen überflutet, und manchmal werden sogar die Pflanzen weggeschwemmt, weil die Baumwurzeln die Erde nicht mehr festhalten und das Regenwasser nicht mehr absorbiert werden kann. Dieses Problem betrifft nicht nur unseren unmittelbaren Nachbarn und uns, sondern noch viele andere im Dorf – und das nur, weil ein einziger tiefwurzelnder Baum gefällt wurde. «Die Menschen begreifen die Bedeutung dieser Dinge erst, wenn sie den Verlust am eigenen Leib spüren», sagte mein Vater, als wir abends in den Nachrichten einen Bericht über den Klimawandel sahen. «Erst dann erkennen sie den Schaden, den sie verursacht haben.»

Die meisten Bäume in Uganda werden gefällt, um Holzkohle zu gewinnen, eine bei uns weitverbreitete Energiequelle zum Kochen und Heizen. Schätzungen besagen, dass in meinem Heimatland sechs Millionen Tonnen Holz zu 1,8 Millionen Tonnen Holzkohle verarbeitet werden.[10] Obwohl mit Holzkohle befeuerte Brennöfen inzwischen effizienter sind als früher, führt die Produktion einer Tonne Holzkohle zu Emissionen von drei Tonnen CO_2.[11]

Außerdem gefährdet die Abholzung der Wälder die Wildtiere und führt häufig zu Konflikten zwischen Tieren und Menschen. In den ugandischen Urwäldern leben noch immer mehrere tausend Schimpansen, auch wenn ihr Lebensraum schnell schrumpft. In der Nähe vom Albertsee im Westen Ugandas sind Schimpansen aus Mangel an Früchten, die fehlen, weil ihr Lebensraum zunehmend landwirtschaftlichen Nutzflächen zum Opfer fällt, über die Äcker der Anwohner hergefallen. Vereinzelt wurden kleine Kinder angegriffen und sogar getötet. Diese Tragödie betrifft alle. Ein artenreicher Lebensraum wird durch menschliche Ansiedlungen zerstört oder geschmälert, Wildtiere kommen in Kontakt mit Menschen und steigern die Gefahr für die Übertragung von Krankheiten, wie es bei Ebola oder HIV der Fall war.

Selbst Handlungen in bester Absicht können unvorhergesehene

Konsequenzen haben. Uganda nimmt schon lange Flüchtlinge auf und stellt ihnen Land zur Verfügung – manchmal sind das Waldflächen. In den letzten Jahren hat Uganda 1,3 Millionen Flüchtlinge aufgenommen, die meisten aus Südsudan, der DRK, dem Sudan, Somalia und Burundi – Länder, die nach jahrzehntelangen Bürgerkriegen destabilisiert sind. Uganda wurde für seine Gastfreundschaft hoch gelobt. Aber, so die FAO, die UN-Sonderorganisation für Ernährung und Landwirtschaft, die Flüchtlinge erhöhen den bereits vorhandenen Druck auf Ugandas Urwälder und Waldflächen zur Gewinnung von Brennstoff, Holzkohle und Bauholz. Wenn keine Anstrengungen unternommen werden, um diesen Bedarf zu senken, könnten bis Ende des Jahrhunderts sämtliche Waldflächen verschwunden sein, so die Fachleute.[12]

Leider unterstützt die ugandische Regierung nach meinem Empfinden die Abholzung aktiv, oder sie weigert sich, schnell genug zu handeln, um sie zu stoppen. Trotz starken Widerstands von Umweltverbänden erteilte die staatliche Umweltbehörde 2020 zwei Zuckerrohrproduzenten die Genehmigung, Tausende Hektar des Bugoma Forest zu roden, der sich im Grenzgebiet zwischen Uganda und der DRK über 40 000 Hektar erstreckt. Leah Namugerwa, Mitglied von *#SaveBugomaForest*, war an Kampagnen zum Schutz von Bugoma beteiligt, sowohl online als auch direkt im Reservat, und im September 2020 wurden mehr als zwanzig Klimaaktivist*innen bei einem Protest vor Ort verhaftet. Leah sagt: «Abholzung ist die Hauptursache der Klimakrise, mit der wir es in Uganda zu tun haben.»

Im Dezember 2020 schritt die Regierung endlich ein, um die Rodung des Mabira Forest im Osten zu stoppen, nachdem Einzelpersonen und Unternehmen, die strittige Besitztitel für Parzellen im Land erworben hatten, die Zerstörung beträchtlicher Waldflächen bewirkt hatten. Ich bin selbst am Mabira Forest vorbeigefahren, und wo der Baumbestand einst dicht war, wurde der Wald zur Gewinnung von Ackerfläche regelrecht durchlöchert.

Für meine Freundin und Mitstreiterin Evelyn Acham ist die Zerstörung des Mabira Forest nur ein Symptom für das, was sie «die größte Hürde» beim Kampf gegen die Klimakrise in Uganda nennt:

die Unfähigkeit, auf allen gesellschaftlichen Ebenen zum Wohle der Allgemeinheit kollektiv zu kooperieren. «In unserem System gibt es keine Verantwortung. Jede*r Bürger*in muss gehört werden; jede Stimme zählt; jeder Bereich. Den Verantwortlichen geht es nur ums Geld, und keiner denkt daran, sich kommunal gemeinsam zu entwickeln. Würden die Menschen ihre Denkweise verändern und auch ihre Mitbürger*innen und deren Wohlergehen in ihre Handlungen mit einbeziehen, wir könnten viel bewegen.»

Und weiter: «Ich glaube nicht, dass der Mabira Forest verkauft werden würde, wenn unsere Führung ein Herz für alle Bürger*innen und echte Liebe für dieses Land empfände, denn der Mabira Forest ist der größte und einzige natürliche Urwald, den wir haben. Trotzdem wird ein Großteil verkauft. Man muss sich nur den Bugoma Forest ansehen. Der ist aktuell bedroht; sie wollen ihn plattmachen.»

~~~

Das Überleben meiner Familie ist zum Glück nicht von unserer Farm abhängig, auch wenn das, was wir dort anbauen, viel besser schmeckt als alles, was wir in Kampala kaufen können. Außerdem gibt es mir ein gutes Gefühl zu wissen, wo die Nahrungsmittel, die wir essen, herkommen, und es bestärkt mich darin, nichts zu verschwenden. Mir gefällt es, meinen Beitrag zu leisten, das Essen auf unseren Tisch zu bringen, auch wenn ich froh bin, dass ich nicht als Vollzeitbäuerin arbeiten muss. Als Stadtkind weiß ich, dass pflanzen und ernten sehr viel Arbeit macht. Ich kann mich noch an eine Gelegenheit erinnern, als ich mit meiner Mutter, einer Freundin von ihr und meinem Bruder Trevor Mais erntete. Die Pflanzen standen nicht zusammen, und wir mussten ständig hin und her laufen und die Kolben einzeln vom Stamm pflücken und in den Korb legen. Trevor und ich waren ziemlich schnell erschöpft, und je später es wurde, desto öfter fragten wir: «Wann können wir endlich nach Hause?» Meine Mutter und ihre Freundin hingegen wirkten nicht müde, obwohl sie schon stundenlang gearbeitet hatten.

Zig Millionen Ugander*innen bauen auf diese Weise Nahrungsmittel an, und unser Land produziert tatsächlich genug, um auch einen Teil der Ernte zu exportieren. Trotzdem haben viele, von Armut betroffene Menschen nur eingeschränkten Zugang zu ausreichend nährstoffreichen Lebensmitteln. Die Weltbank definiert 20 Prozent unserer Bevölkerung als von extremer Armut betroffen, und mehr als ein Drittel lebt von weniger als 1,90 US-Dollar am Tag.[13] Gemäß dem Welthungerindex von 2019 leiden fast 30 Prozent der Kinder in meinem Land an Unterentwicklung, ein Hinweis darauf, dass sie nicht ausreichend Nahrung zu sich nehmen, um sich vollständig entwickeln und wachsen zu können, und die Ernährungsunsicherheit ist ein andauerndes Problem.[14] Im November 2020 unterstützte das Welternährungsprogramm mehr als 1,2 Millionen Ugander*innen, sowohl Erwachsene als auch Kinder, mit Lebensmittelrationen oder Geld.

Vielleicht wenig überraschend, ist die Ernährungsunsicherheit in ländlichen Regionen stärker ausgeprägt. Die meisten Bauern erzielen ihr Einkommen aus dem Verkauf ihrer Ernte und nutzen fast all ihre Flächen für den Anbau, sie kultivieren Blattgemüse, Getreide und Früchte, von denen sich schon ihre Großeltern ernährten. Eine Initiative des Welternährungsprogramms und einer lokalen NGO will die Ackerpflegepraktiken der Farmer und das Marketing für Bohnen verbessern, weil die einen hohen Eisengehalt haben. In den Städten ist der Verzehr von Obst und Gemüse niedrig, und es kann zur Herausforderung werden, erschwingliche und gesunde Fertiggerichte zu finden oder die Zutaten, um selbst gesund und ausgewogen zu kochen.

Auch die gegenwärtige Ernährungsunsicherheit wird mit der weiteren Verschärfung der Klimakrise erheblich zunehmen. Die Bevölkerung Ugandas verstädtert, die Nachfrage nach tierischen Lebensmitteln steigt weiter (so wie fast überall, parallel zu den Steigerungen in der Produktion). In einem Bericht aus dem Jahr 2014 kommt die FAO zu dem Schluss, dass, selbst bei bester Bewirtschaftung, eine Steigerung der Viehproduktion und der Ausbau der Flächen für Futterpflanzen den Schwund der natürlichen Ressourcen Ugandas weiter vorantreiben würde. Dieses Problem gesellt sich zu dem bereits bestehenden

Druck durch längere Dürrephasen, steigende Temperaturen, Wüstenbildung und Überflutungen. «Sämtliche Szenarien», so der FAO-Bericht, «zeigen eine verschärfte Konkurrenz um Land, Nahrung und Wasser.»[15]

Ein Uganda ohne jene Wälder, welche die Temperaturen regulieren, den Regen aufnehmen, den Mutterboden halten, die Verschlammung der Flüsse verhindern und die Artenvielfalt sichern; ein Land mit Durchschnittstemperaturen von 3,3 °C über dem vorindustriellen Niveau, mit ungleichmäßiger Nahrungsmittelversorgung und zunehmend katastrophalen Wetterereignissen – so einer Zukunft sollte kein Kind entgegensehen müssen. Doch genau das trifft in Uganda auf Millionen zu.

~~~

Um einen Umgang mit derart vielschichtigen und vernetzten Fragestellungen zu finden, bin ich zunehmend auf der Suche nach Lösungen, die machbar, skalierbar und ganzheitlich sind. Eine solche Lösung ergab sich durch das inzwischen so benannte *Vash Green Schools Project*, das im Oktober 2019 an den Start ging. (Den Spitznamen Vash haben mir meine Freund*innen gegeben.)

Im August 2019 meldete sich Tim Reutemann bei mir, ein Klimafinanzexperte aus der Schweiz, der als Vermittler mit den Regierungen in der Schweiz, Deutschland und Uganda zusammenarbeitete, um Schulen in Uganda mit Solaranlagen und sauberen Kochgelegenheiten auszustatten. Obwohl das Projekt im Sande verlief, blieb Tim an dem Projekt dran und suchte nach Möglichkeiten, es mit der Hilfe von privaten Geldern doch noch zu realisieren. Besonders wichtig war ihm, dass das Projekt in einer Weise realisiert wurde, die gemäß der Richtlinien des Pariser Klimaschutzabkommens «konkret, transparent überprüft und durch die Zahlung erst ermöglicht» wurde. Tim wollte wissen, ob ich an einer Zusammenarbeit interessiert sei. In einem ersten Schritt sollte ich fünf passende lokale Schulen finden und in Zusammenarbeit mit der Schulleitung, der Kommunalverwaltung und den Anbietern von Solaranlagen und Kochherden einen Plan erstellen. Ich stimmte zu. Mir war augenblicklich klar, wie wertvoll dieses Projekt sein würde. Viele Landschulen hatten keinen Zugang zu Strom. Grüne Energie würde ihnen ganz neue Möglichkeiten eröffnen und böte zugleich wertvollen Anschauungsunterricht aus erster Hand. Saubere Herde für die Schulspeisung würden den Bedarf an Holzkohle senken und damit Bäume retten. Außerdem würden die Schulen Geld sparen.

Als Schülerin hatte ich am eigenen Leib erfahren, was es heißt, wenn die grundlegenden Ressourcen knapp sind. Während meiner letzten beiden Oberschuljahre wurde während des Halbjahrs ein paar Mal das Wasser knapp. Dann mussten wir mit einem Plastikkanister in der einen und einem Eimer in der anderen Hand losziehen und Wasser aus einem etwa zwanzig Minuten Fußmarsch entfernten Brunnen holen, den unsere Schule mitbenutzen durfte.

Wir hatten keine Wahl: Wer kein Wasser schleppte, konnte sich oder seine Kleidung die nächsten zwei bis drei Tage nicht waschen, so lange, bis die Wasserversorgung wiederhergestellt war. Auch wenn im Speisesaal immer genug Trinkwasser vorhanden war, ermutigte uns die Kostbarkeit dieser Ressource, sparsam damit umzugehen, zumal die Kanister und Eimer jeweils 10 Liter Wasser fassten, was sich zu einem Gewicht von 20 kg pro Gang summierte, das Gewicht von Kanister und Eimer nicht mitgerechnet. Ich weiß noch, wie langsam ich zum Schlafsaal zurücklief, um mit dem Gewicht zurechtzukommen und damit kein Wasser überschwappte.

Auch die Stromversorgung unserer Schule war nicht gesichert – normalerweise fiel der Strom nachts aus, dann sprang der Generator an. Fiel er aber frühabends aus und der Generator versagte den Dienst, mussten wir keine Hausaufgaben machen, worüber wir ehrlich gesagt nicht wirklich unglücklich waren. Im Mondlicht oder im Licht der Taschenlampe (falls wir noch wussten, wo wir die beim letzten Mal gelassen hatten) kehrten wir in unsere Schlafsäle zurück. Im Vergleich zu dem, was manche Schüler*innen erleiden müssen, sind das relativ triviale Unannehmlichkeiten. An vielen ugandischen Schulen gibt es noch immer keine ordentlichen Toiletten oder Wasser zum Händewaschen. Dieser Mangel an sanitären Einrichtungen erhöht das Risiko, dass sich Krankheiten verbreiten, darunter auch immer potenziell tödliche bakterielle und virale Infektionen.

Auch was die Solaranlagen betraf, hatte ich bereits erste Erfahrungen gesammelt. Wir hatten, als ich noch kleiner war, auf unserem Haus eine Fotovoltaikanlage montieren lassen. Damals war die Stromversorgung noch nicht so zuverlässig wie heute, und ständig fiel der Strom aus, oft bis zu drei Mal wöchentlich. Außerdem führten wir in unserem Familienbetrieb auch Solarbatterien.

Ich wusste, dass Solarstrom viele Vorteile hatte. Die Wartungskosten waren gering, und für abgelegene Kommunen, die nicht ans Stromnetz angeschlossen waren, bedeuten Solaranlagen eine skalierbare und praktische Möglichkeit, der Stromknappheit zu begegnen. Trotz des hohen Potenzials für die Stromgewinnung aus Sonnenenergie in Uganda haben nur wenige Häuser in Kampala Solaranlagen auf dem Dach, die meisten werden vor Weihnachten verkauft, damit die Menschen in ihren Dörfern über die Feiertage Lichter haben.

Auch effizientere Kochmöglichkeiten waren eine vielversprechende Lösung. Laut der *Clean Cooking Alliance* ist Brennholz oder Holzkohle zum Kochen und Heizen für fast die Hälfte der Weltbevölkerung die Energiequelle Nummer eins. Das gilt auch für 90 Prozent der ugandischen Bevölkerung.[16] Viele Schulen müssen Brennholz oder Holzkohle kaufen, und sowohl in den Grundschulen als auch in weiterführenden Schulen werden die Schüler*innen oft aufgefordert, Holz zum Verbrauch an der Schule mitzubringen. Nicht alles Brennholz stammt von eigens zu diesem Zweck angelegten Plantagen, und oft werden vor Ort Bäume gefällt oder Äste abgesägt, was den Bäumen wiederum dauerhaften Schaden zufügen oder sie gar töten kann.

Zusätzlich zu der Erhöhung der Treibhausgasemissionen verursacht das Verbrennen von Holz oder Holzkohle weltweit *jährlich* etwa vier Millionen vorzeitige Todesfälle wegen «Lungenentzündungen im Kindesalter, Emphysemen, Katarakten, Lungenkrebs, Bronchitis, Herz-Kreislauf-Erkrankungen und zu niedrigem Geburtsgewicht»[17] durch die Inhalation von Rauch. Zwanzigtausend Todesfälle entfallen allein auf Uganda; 5700 davon sind Kinder.

Auch hier hatte ich bereits persönliche Erfahrungen gesammelt. Als ich noch nicht zur Schule ging und später, wenn ich vom Internat nach Hause kam, half ich meiner Mutter in der Küche, die direkt neben unserem Haus lag, die Holzkohle anzufeuern. Danach war der Raum für mindestens eine Viertelstunde mit beißenden Rauchschwaden erfüllt. Zweimal täglich, morgens und abends, tränten mir von dem brennenden Rauch die Augen – als würde ich Zwiebeln schneiden, nur noch viel schlimmer.

Saubere Kochgelegenheiten hingegen verbrauchen weniger Holz, sind effizienter und weniger giftig. Sie verringern den Brennstoffverbrauch um bis zu 50 Prozent, was im Falle der Kochherde, mit denen wir die Schulen versorgen, eine Reduktion des pro Schuljahr benötigten Brennholzes von fünf Lkw-Ladungen auf zwei bedeutet. Grob geschätzt verringert damit ein einziger Ofen die Treibhausgasemissionen jährlich um bis zu zwei Tonnen CO_2-Äquivalente.[18]

Bis Tim an mich herantrat, hatte ich mich als Aktivistin begriffen, die in Klassenzimmern über die Auswirkungen der Klimakrise sprach, aber nicht als Unternehmerin, die im Schulterschluss mit Schulen in Sachen Klimawandel tätig wurde. Obwohl ich einen Abschluss in BWL hatte, würde ich mich nicht als Geschäftsfrau bezeichnen, und es wäre mir nie in den Sinn gekommen, dass jemand von so weit weg an einer solchen Zusammenarbeit Interesse haben könnte. Als ich meinem Vater von Tims Idee erzählte, reagierte er skeptisch, vor allem, weil Tim gesagt hatte, er würde nicht nur die Solaranlagen und die Kochherde finanzieren, sondern auch die Transport- und alle anderen Kosten. Mein Vater äußerte Bedenken: «Warten wir erst mal ab, ob er dir wirklich das Geld schickt», sagte er. «Das würde belegen, dass er seriös ist.» Als das Geld auf meinem eigens eröffneten Bankkonto eintraf (meinem allerersten), war ich wirklich erstaunt. Mein Vater war tief beeindruckt, weil es, wie er sagte, sehr selten war, dass Weiße Afrikanern ihr Geld anvertrauten.

Während ich überlegte, welche Schulen für die Installation der

Solaranlagen und der Herde geeignet wären, beschloss ich, mich im Distrikt Mityana umzusehen. Ich machte Videoaufnahmen von den Schulen und schickte sie an Tim, um ihm zu demonstrieren, weshalb gerade sie von einer sauberen, zuverlässigen Energiequelle und sauberen Kochmöglichkeiten profitieren konnten.

Mein Vater empfahl einen Elektrohändler in Mityana, den er für zuverlässig hielt und der uns mit allem beliefern konnte, was wir für die Installation der Anlagen brauchen würden. Ich arbeite seitdem immer mit ihm zusammen. Was den sauberen Herd betraf, so bat ich meine Mutter um Rat, die wiederum eine ehemalige Nachbarin aus Luzira, einem Vorort von Kampala, erwähnte. Wie sich herausstellte, kochte sie mit einem Herd, wie ich ihn mir für die Schulen vorgestellt hatte, und heute beziehen wir die Kochherde von dem Händler, der auch ihren Herd verkaufte.

Unser Ziel bestand darin, pro Schule mit einem Budget von unter 3000 US-Dollar auszukommen. Damit ließen sich ein großer Kochherd (bekannt als «Drei-in-eins»), 200-Watt-Solarmodule, etwa zwanzig Energiesparleuchtmittel und eine Batterie mit einer Speicherkapazität von 150 Watt anschaffen. Sobald Tim und ich uns über den Lieferumfang für jede Schule einig geworden waren, musste ich mich um die Installation kümmern. Für die Solaranlage samt Speicher ist dazu etwa ein Tag nötig und etwa drei Tage für den Herd, der vor Ort gebaut werden muss. Üblicherweise beginnen wir freitags mit der Installation und sind sonntags damit fertig. Wenn wir zwei Schulen zugleich aufrüsten, dauert die Installation bis Montag. Wir versuchen immer, jene Schulen zu identifizieren, bei denen der Bedarf am größten ist.

Bis heute hat das *Vash Green Schools Project* die Installation von Solaranlagen und den Bau von sauberen Kochherden in einem Dutzend Grundschulen in den Distrikten Mityana und Wakiso in Zentraluganda umgesetzt. Ich beaufsichtige jede Installation persönlich, wobei ich bei der Reise zu der betreffenden Schule entweder von einem Elternteil oder von befreundeten Klimaaktivist*innen begleitet werde. Ich versuche, mich im Hintergrund zu halten, und bin nur da, um sicherzustellen, dass alles so läuft wie geplant.

Den Bau und die Fertigstellung zu beobachten, ist sehr befriedigend. Die Begeisterung der Schüler*innen, der Lehrer*innen und der Kommune ist spürbar, wenn anstelle des alten Kochbereichs nach dessen Abriss ein schöner, neuer Herd entsteht und die Solaranlage auf das Dach der Schule montiert wird. Ich kann mich noch lebhaft an unsere erste Montage in der *Marking Progress School* in Mityana erinnern. Das war im Herbst 2019. An dem Tag, als die Montage beendet war, wurde ich von Schüler*innen, Eltern und Lehrer*innen förmlich umzingelt. Sie waren begeistert, dass die Schule nun endlich zuverlässig mit Strom versorgt war.

Doch das war nicht der einzige Gewinn für die Schule. Die Kinder würden künftig regelmäßig eine warme Mahlzeit bekommen, was sie wesentlich dabei unterstützen würde, sich auf den Unterricht zu konzentrieren. Sie mussten ab sofort kein Brennholz mehr sammeln, um den Schulofen damit zu befeuern. Und weil sich die Ausgaben der Schule für Brennholz wesentlich verringerten, konnte das Geld künftig für andere Dinge ausgegeben werden, es mussten weniger Bäume gefällt werden, und die Treibhausgasemissionen wurden gesenkt. Dank der Beleuchtung wäre die Schule künftig sicherer. Und die Schulköchin konnte in einer sehr viel weniger verrauchten Atmosphäre für die Schüler*innen kochen.

Ein schnellerer und breiterer Ausbau sauberer Energiequellen in Schulen und Kommunen trägt zur Verminderung von Energiearmut bei und leistet einen wichtigen Beitrag zur Erfüllung von Ugandas Zielen in Bezug auf das Pariser Klimaabkommen. Das *Vash Green Schools Project* und ähnliche Initiativen haben das Potenzial, die Lebensumstände vieler Mädchen und Frauen in ländlichen Kommunen entscheidend zu verbessern. Außerdem geben mir die Montagearbeiten die wunderbare Gelegenheit, mit den Kindern und den Kommunen über die Klimakrise und saubere Energie zu sprechen. Viele Lehrer*innen haben uns erzählt, sie seien sich der Risiken für das Klima durch das Fällen von Bäumen durchaus bewusst gewesen, doch sie hätten Angst, dass ohne Alternativen für das Kochen der Schulmahlzeiten die Schüler*innen ausbleiben würden.

An einer Schule führte uns der Direktor nach den beendeten Montagearbeiten hinter das Gebäude und zeigte uns die Bäume, die er dort gepflanzt hatte. Er sagte, die wären eigentlich als Brennholz vorgesehen gewesen, doch jetzt könne er sie wachsen lassen. An einer anderen Schule wurden wir unmittelbar Zeugen von wiederkehrenden Überflutungen. Die Zufahrtsstraße zur Schule hatte sich in Schlamm verwandelt, und das Fahrzeug, das uns und unsere Materialien transportierte, blieb im Matsch stecken. Schließlich mussten wir zu Fuß weiterlaufen und die Solarmodule, Batterien und das Baumaterial für den Herd per Hand transportieren. Trotzdem konnte die Montage wie geplant stattfinden, und das war das Wichtigste.

Obwohl ich den Dank der Schüler*innen, der Schulbelegschaft und der Kommunen zu schätzen weiß, die während der Montagearbeiten auf mich zukommen, werden damit immer wieder Erwartungen geweckt, die ich nicht erfüllen kann. Im Oktober 2020 fiel die Montage an der St. Mark's Primary School im Distrikt Wakiso zufällig mit dem Ende des Gottesdienstes in einer nahe gelegenen Kirche zusammen. Mehrere Gemeindemitglieder kamen auf mich zu und bedachten mich mit verschiedenen Versionen des immer gleichen Satzes: «Möge Gott Sie weiter segnen, damit Sie noch mehr für uns tun können.»

Andere kamen nach dem Ende der Arbeiten zu mir und sagten: «Vielen Dank. Wir stehen da außerdem noch vor dieser und jener Herausforderung.» Lehrer*innen und Direktor*innen bitten mich, ihnen außerdem Computer, Drucker und Wasserpumpen zu besorgen. Darauf kann ich nur antworten: «Ich sehe mich derzeit nicht in der Lage, euch damit zu versorgen. Aber falls ich Unterstützung bekomme, denke ich ganz bestimmt auch an eure Schule.»

Natürlich ist mir bewusst, dass jede Technologie ökologische Kosten verursacht. Für die Herstellung der Fotovoltaikzellen sind Mineralien inklusive Seltener Erden notwendig, außerdem verbrauchen die Herstellung und der weltweite Transport Energie. Bei der Produktion und vor allem auch bei der Lagerung und Entsorgung von Batterien werden nicht nur Ressourcen verbraucht, sondern auch Giftstoffe freigesetzt. Mit Letzterem hat der Betrieb meines Vaters ganz direkt zu tun: Die Kunden bringen leere oder beschädigte Batterien in eine seiner Filialen, von wo aus sie zum Recycling an *Uganda Batteries Limited* geschickt werden.

Nach meinem Verständnis ist es möglich, diese alten Batterien zu verwenden, um neue daraus zu machen, vielleicht sogar für Solarmodule. Im Augenblick bedeutet jede Energiestrategie ein Abwägen von Alternativen bezüglich der geringsten Auswirkungen auf die Treibhausgasemissionen. Es ist offensichtlich, dass Sonnenenergie und Wind viel bessere Optionen darstellen, statt weiter auf fossile Brennstoffe zu setzen – ob in der Stromgewinnung, im Transportwesen oder in der Industrie.

~~~

Ein weiterer Baustein meiner *Green Schools*-Initiative ist das Pflanzen von Obstbäumen auf dem Schulgelände. Die Inspiration dazu stammt von Elizabeth Wathuti aus Kenia, die in ihrem Land die *Green Generation*-Initiative gegründet hat, mit der sie Schulkinder und deren Familien und Kommunen dazu bringen will, genau das zu tun. Elizabeths Ziel lautet, die Anpflanzung von Bäumen zu einer kulturellen Praxis zu machen, die Ernährung von Kindern zu verbessern und im Zuge dessen ökologische Bildung und Verantwortung zu fördern. Elizabeth wiederum wurde von der bereits verstorbenen Kenianerin und Friedensnobelpreisträgerin Wangari Maathai inspiriert, Gründerin der *Green Belt*-Bewegung, einer Initiative, die inzwischen überall in Kenia mehr als 50 Millionen Bäume gepflanzt und rund um die Welt Nachahmer auf den Plan gerufen hat.

Professor Maathai erkannte die facettenreiche Bedeutung von Bäumen: als Beschützer von Mutterboden und Flüssen, als Brennstoffquelle und Material für Umzäunungen, als Schattenspender und Lebensraum von Wildtieren, als Kohlenstoffspeicher, als Mittel gegen Ernährungsunsicherheit, als Lieferanten essenzieller Nährstoffe und – durch die Erschaffung von Setzlings- und Pflanzkooperativen – als Möglichkeit zur Stärkung der Frauen.

Elizabeth stammt aus Nyeri in den Central Highlands, demselben Bezirk, in dem auch Professor Maathai aufwuchs und den sie später im kenianischen Parlament vertrat. Inzwischen ist sie für die Wangari-Maathai-Stiftung als Kampagnenleiterin tätig. Sie hat die Wurzeln ihres Engagements folgendermaßen beschrieben: «Ich merkte, wie manche Dinge mich wütend machten, zum Beispiel irgendwohin zu kommen und festzustellen, dass ganze Baumbestände gefällt worden waren; oder an einen Fluss zu kommen, der viel schmutziger war als der Fluss bei mir zu Hause. Ich entwickelte das dringende Bedürfnis, etwas gegen die Ursachen zu unternehmen, weil mir klar war, dass viele Menschen in dieser Wut verharren.» Dieses dringende Bedürfnis brachte Elizabeth dazu, sich der Klimabewegung anzuschließen – «um mit meiner Stimme gegen die Umstände aufzubegehren, die mir vernichtend erscheinen» und «um herauszufinden, wie ich ein Teil der Lösung sein kann».

Elizabeths *Green Generation*-Initiative hat inzwischen mehr als 20 000 Schüler*innen über Umweltthemen aufgeklärt und auf dem Gelände Kenianischer Schulen über 30 000 Bäume gepflanzt. Den von *Green Generation* ausgebildeten Kindern ist es außerdem gelungen, die meisten dieser Bäume am Leben zu erhalten. Kinder, die sich über das Gedeihen ihres persönlichen Baumes freuen, sind viel offener für Gespräche über Umweltschutz, und die Bäume bereichern ihr Lernerleben, indem sie ihr Schulgelände verschönern.

In Uganda helfen viele lokale und internationale NGOs, Bäume zu pflanzen. Im Rotary Club meines Vaters ist eine Gruppe der ESRAG vertreten, der Rotarier-Aktionsgruppe für Umweltschutz und Ressourcenschonung. Vor Beginn der Pandemie verpflichtete sich die *Mission Green* der ESRAG dazu, zwischen 2017 und 2022 in Uganda und Tansania jährlich fünf Millionen Bäume zu pflanzen. Das Projekt möchte neun Millionen Schüler*innen an Grund- und weiterführenden Schulen dazu bewegen, jeweils einen Baum zu pflanzen.

Bäume zu pflanzen ist für Politiker*innen in Uganda (und anderen Ländern) mittlerweile ein beliebtes Mittel geworden, ihre «grüne» Visitenkarte aufzupolieren. Deshalb muss betont werden, dass die Anpflanzung regional heimischer Bäume zwar wertvoll und wichtig ist, aber niemals Ersatz für den Schutz bestehender Urwälder oder die Wiederaufforstung abgeholzter Waldflächen sein kann. Baumpflanzaktionen sind auch kein Ersatz für den Erhalt von Grassavannen (auch die speichern große Mengen Kohlenstoff) und den verbindlichen Schutz von Urwäldern und anderen Waldgebieten.

Neben der Installation von Solaranlagen, dem Bau sauberer Kochgelegenheiten und Wiederaufforstungsprogrammen muss Uganda andere Wege finden, um den Verbrauch von Holzkohle und den Einsatz von Brennholz für die Zubereitung von Nahrungsmitteln zu reduzieren. Ugandas nationaler Länderbeitrag zum Pariser Klimaschutzabkommen lautet, die Treibhausgasemissionen bis 2030 um 22 Prozent zu verringern. In seiner neuen Rolle als Bezirksbürgermeister von Nakawa beaufsichtigt mein Vater den Einsatz eines Geräts, welches organische Abfälle zu Briketts presst, die anstelle von Holzkohle zum Einsatz kommen. Diese Geräte senken nicht nur den von Mülldeponien aufsteigenden Methananteil (ein noch wirksameres Treibhausgas als CO_2), sie tilgen außerdem einen Teil der etwa 1300 in Kampala tagtäglich generierten Tonnen Müll. Obwohl es sich nicht um eine neue Technologie handelt, lagen die Kosten dafür für die Durchschnittsbewohner*innen Kampalas immer außerhalb ihrer Möglichkeiten. Das gilt vor allem für jene 87 Prozent in den Elendsvierteln der Stadt, von denen der allergrößte Teil noch nicht mal Zugang zu Strom hat.[19] Die Herstellung dieser Briketts könnte für Kampala ein rentables Geschäftsmodell werden.

Ich hoffe, das *Vash Green Schools*-Projekt wird weiter wachsen; Tim und ich haben eine GoFundMe-Kampagne gestartet, um es Menschen leichter zu machen, uns zu unterstützen. Doch egal ob neun oder neunzig, die Schulen, die ich persönlich betreuen kann, sind lediglich ein winziger Bruchteil der etwa 24 000 Grund- und weiterführenden Schulen in Uganda, die von Solartechnik und sauberen Kochgelegenheiten profitieren würden. Bei Kosten von mindestens 72 Millionen US-Dollar bleibt ein solches Ziel weit jenseits meiner finanziellen Möglichkeiten, von meinen logistischen Kapazitäten ganz zu schweigen.

Es gibt Grenzen für das, was eine einzelne Person, eine Organisation, die Zivilgesellschaft oder auch der gesamte Privatsektor tun kann, um den Energiebedarf eines ganzen Landes zu befriedigen. Deshalb ist die Rolle der Regierung und eine Staatsführung an sich so wichtig. Leider tun die meisten Regierungen auch hier nicht, was getan werden müsste.

~~~

2006 wurde im Albertsee-Becken in Uganda ein Ölvorkommen von potenziell mehr als sechs Milliarden Barrel sowie 14 Milliarden Kubikmeter Gas entdeckt, womit die Gegend inzwischen eine der größten Reserven fossiler Brennstoffe in den Subsaharastaaten ist.[20] Als die Nachricht bekannt wurde, besuchte ich noch die Grundschule, und ich weiß noch, wie stolz und glücklich unsere Lehrer*innen uns verkündeten, dass in Uganda «schwarzes Gold» gefunden worden sei. Die Entdeckung wurde sogar Prüfungsthema: *Wann wurde in Uganda Öl entdeckt? Was bedeutet das für unser Land?* Die Antwort auf die zweite Frage kannten wir alle: Erfolg, Arbeitsplätze, wirtschaftlicher Aufschwung und den Rückgang von Armut und Arbeitslosigkeit.

Eine ähnliche Geschichte mit ähnlich übergroßen Erwartungen wird auch heute wieder erzählt. Im Jahr 2017 genehmigte die ugandische Regierung einem internationalen Konsortium den Bau einer Raffinerie in Kabale im Westen des Landes, nahe der Grenze zu Ruanda, um dort Kerosin, Benzin, Schweröl, Diesel und andere Produkte zu produzieren.[21] Schätzungen besagen, dass die Raffinerie bis 2022/23 eine Tagesleistung von 60 000 Barrel Öl erreichen wird.[22] Weil Öl und Gas transportiert werden müssen, haben die Regierungen von Uganda und Tansania mit dem französischen Erdölkonzern *Total* und einem Unternehmen in chinesischem Staatsbesitz eine Vereinbarung zum Bau einer 1440 Kilometer langen Pipeline für den Export von Kabale nach Tanga an der Küste Tansanias unterzeichnet, um internationale Märkte zu bedienen.

Uns erzählt man, die East African Crude Oil Pipeline, kurz EACOP, und der Bau der Raffinerie werde 13 000 Arbeitsplätze im Bausektor sowie 3000 Arbeitsplätze in den Bereichen Betrieb und Wartung schaffen und die wirtschaftliche Entwicklung der Region befeuern.[23] Dann erfahren wir, dass der Bau der Pipeline die Umsiedelung Hunderter Familien erforderlich macht, quer durch geschützte Waldgebiete und Gegenden mit besonders hoher Artenvielfalt führen wird – Heimat von Elefanten, Schimpansen, Nilpferden und vielen verschiedenen Vogelarten. Manche NGOs rechnen damit, dass der CO_2-Fußabdruck des geförderten Öls bei Verbrennung dem von Dänemark entsprechen wird.[24]

Ich engagiere mich gemeinsam mit vielen Klimaaktivist*innen aus Afrika in Kampagnen on- und offline für den Stopp der EACOP und für den Rückzug von *Total*, der größten Gesellschafterin des Projekts. Im Zuge dieser Anstrengungen verfasste meine Kollegin Evelyn Acham im März 2021 einen Kommentar für die *African News* über alles, was an diesem Projekt falsch ist. Gemeinsam mit ihren Co-Autor*innen Charity Migwi von *350Africa.org* und Edwin Mumbere vom *Center for Citizens Conserving* führte Evelyn folgende Argumente ins Feld:

> Ostafrika braucht weder Öl noch andere fossile Brennstoffe, um den Weg in die Zukunft zu ebnen, vor allem, weil rentable, erschwingliche und saubere Alternativen zur Energiegewinnung wie Sonnenenergie und Windkraft zur Verfügung stehen, die beide erneuerbar sind und auch hinsichtlich langfristiger Beschäftigungsmöglichkeiten bessere Perspektiven bieten. Ostafrika muss sich auf den Wandel hin zu erneuerbaren Energien konzentrieren, weil dieser eine Garantie für die weitreichende Beschäftigung von Millionen Menschen in sauberen Jobs bedeutet.[25]

Es ist richtig, dass Uganda mit einer hohen Arbeitslosenquote zu kämpfen hat, und natürlich kann sich jede*r normale Bürger*in zu Recht fragen: «Womit kann ich mir mein Überleben sichern? Wie könnt ihr von mir verlangen, nachhaltig zu leben, wenn ich meinen Job verliere?» Deshalb lautet Evelyns Frage, weshalb unsere Regierung nicht versucht, endlich mehr grüne Arbeitsplätze zu schaffen, beispielsweise auf dem Sektor Recycling von Plastik, was, wie sie uns ins Gedächtnis ruft, als größter Verschmutzer von Erde und Weltmeeren gilt. Sie findet, einige von diesen grünen Jobs könnten durchaus «gestalterischer werden, indem man das Plastik beispielsweise verkauft statt es zu entsorgen.» Damit ließe sich Armut und hohe Arbeitslosigkeit bekämpfen, Jugendliche, Frauen und junge Mädchen könnten gestärkt werden.

Ich stimme zu. Regierungen könnten, statt reichen Konsortien den Zugang zu Erdölprojekten zu erleichtern oder zu bezuschussen, Anreize zur Produktion umweltfreundlicher Energie schaffen. Sie könnten dafür sorgen, dass sauberere, ressourcenschonendere Technologien erschwinglicher und breiter verfügbar werden. Die energieeffizienten Kochherde zum Beispiel liegen nicht jenseits der Möglichkeiten der ugandischen Regierung. *First Climate*, eine deutsche NGO, hat bereits 450 000 Haushalte in Kampala mit energieeffizienten Kochherden ausgestattet – die direkt in Kampala hergestellt wurden, um Kosten zu sparen und regionale Wertschöpfung zu fördern.

Was das Energiethema betrifft, gibt es erste Anzeichen für Fortschritt. Anfang 2020 hat die Regierung mit einem Energiekonzern aus den Vereinigten Arabischen Emiraten eine Vereinbarung zum Bau von vier Solar- und zwei Windparks im Nordosten und Nordwesten Ugandas unterzeichnet. Natürlich begrüße ich diesen Schritt, auch wenn Anfang 2021 noch nicht feststand, ob die Bauarbeiten wirklich pünktlich beginnen können. Manche Beobachter glauben, dass Solarenergie in Uganda wirklich durchstarten könnte: Wir haben viel Sonne, und etwa 40 Prozent der Menschen in den Städten und 60 Prozent der Menschen in ländlichen Regionen haben noch immer keinen Zugang zu Strom.[26]

~~~

Das Thema Plastikkonsum und die Reduzierung von Fleischkonsum sind zwei weitere Bereiche, wo wir Klimaaktivist*innen unsere Regierungen auffordern, kreativer zu werden und bestehende Anreize zu verändern. Die ugandische Regierung hat ein Verbot von Plastiktüten erlassen, auch wenn es immer noch Schlupflöcher gibt. Plastikflaschen hingegen sind in Uganda allgegenwärtig, so wie auch in vielen anderen Teilen der Welt. Der ugandische FFF-Aktivist Sadrach Nirere ist mit seiner *#EndPlasticPollution*-Bewegung in Kampala und im ganzen Land aktiv. Plastik ist, wie er sagt, nicht einfach nur das *zufällige Ergebnis* der freien Entscheidung Einzelner, sondern das Ergebnis von Unternehmens- und Regierungsentscheidungen. Coca-Cola produziert vier Millionen Plastikflaschen *wöchentlich*, und zwar allein in Uganda – eine Produktionsrate, der auch die größten Recycling-Kapazitäten nicht Herr werden könnten. Sadrach sagt: «Unser individuelles Handeln wird untergraben, indem die Industrie weiter Plastik produziert, und zwar mit minimaler oder gar keiner Verantwortung für das Plastikmüllproblem, das sie damit verursacht.»[27]

Plastik wird zu 90 Prozent unter der Verwendung von Erdöl hergestellt, und global betrachtet versucht die Erdölindustrie ungeachtet der Klimakrise, die sich direkt vor unseren Augen abspielt, immer noch mehr Öl in Plastik und andere chemische Produkte auf Erdölbasis zu verwandeln. Dafür erhalten sie noch immer viel zu viel Unterstützung seitens der Regierungen, darunter auch der ugandischen. Wie Sadrach auf seiner Website schreibt, möchte die ugandische Regierung Plastikproduzenten den Zugang zu Erdölerzeugnissen aus ugandischem Öl erleichtern.[28]

Das Thema Ernährung ist ein weiteres Feld, wo die Regierung eine Vorreiterrolle einnehmen könnte. Die Landwirtschaft ist oft Hauptursache für Abholzung und die Zerstörung der Artenvielfalt. Außerdem ist die Massentierhaltung, die in Uganda auf dem Vormarsch ist, besonders CO_2- und ressourcenintensiv. Zahlreiche Ugander*innen leiden derzeit unter Ernährungsunsicherheit, und Bauern sind von der Klimakrise am härtesten betroffen. Der bereits erwähnte FAO-Bericht zeigt jedoch auf, wie schwer es für Uganda künftig werden wird, noch mehr Fleisch zu produzieren und darüber hinaus mehr Mais und Sojabohnen, um die Tiere zu ernähren.

Wie viele Menschen in Uganda – und sonst wo auf der Welt – hatte ich kaum eine Vorstellung davon, welchen Einfluss unsere Ernährung auf den Planeten hat. Mehr als ein Drittel der Treibhausgase werden vom globalen Ernährungssektor erzeugt[29], und die Nutzviehhaltung allein ist für mindestens 14,5 Prozent der Treibhausgase verantwortlich.[30] Seit ich mir bewusst bin, in welchem Ausmaß dies zum Klimawandel und zum Verlust der Artenvielfalt beiträgt, konsumiere ich nicht mehr täglich Fleisch oder andere Tierprodukte. Obwohl ich keine Vegetarierin bin und den Begriff *vegan*, ehe ich Aktivistin wurde, noch nie gehört hatte, verzichte ich inzwischen manchmal eine Woche oder einen ganzen Monat lang auf Fleisch. Meine Schwestern schockierte ich mit der Aussage, dass, sollte ich je heiraten, meine Hochzeit vegetarisch sein würde, denn bei einer Feier kein Fleisch zu servieren, wird in unserer Kultur als unhöflich oder einfach nur geizig betrachtet. (Mein Zugeständnis an sie war das Versprechen, auf keinen Fall vegan zu feiern!) Trotzdem spiele ich mit dem Gedanken, irgendwann in Kampala ein kleines veganes Lokal zu eröffnen. Es wäre wahrscheinlich das erste.

Natürlich gibt es viele kulturelle und auch strukturelle Hindernisse, die einer Verminderung des Fleischkonsums im Wege stehen und grünere Alternativen verhindern. Wie in vielen Ländern ist Fleischkonsum auch in Uganda ein Zeichen für Wohlstand. Wer Bohnen oder Erbsen isst, gilt als zu arm, um sich Fleisch leisten zu können. Die Verlockungen westlicher Ernährung haben Uganda längst erreicht. Fastfood-Ketten wie KFC schießen in Kampala an jeder Straßenecke aus dem Boden, und die Gerichte sind relativ erschwinglich – was den Konsum für Oberschüler*innen und Studierende sehr attraktiv macht. Sogar in unmittelbarer Nachbarschaft meiner Alma Mater, der MUBS, und auf dem Hauptcampus der Makerere University gibt es inzwischen KFC-Filialen. Dort zu essen, gilt als modern und hip, und Studierende und Berufsanfänger*innen posten mit Vorliebe Fotos ihrer Menüs in den sozialen Medien.

Im Stadtgebiet gibt es so gut wie keine Kantinen, was bedeutet, dass man sich in der Mittagspause selbst versorgen muss, und das oft in Restaurants, die ausschließlich oder überwiegend Fleisch servieren.

Hühnchen ist besonders beliebt. Würde ich Leuten vorschlagen, aus Klimaschutzgründen oder ihrer eigenen Gesundheit zuliebe weniger Fleisch zu konsumieren, würde ich wahrscheinlich auf Gegenwind stoßen: «Willst du, dass ich auf der Arbeit hungere?»

Die Regierung könnte Anreize für Restaurants und Imbissstände schaffen, mehr Gemüse auf die Speisekarte zu setzen, inklusive Bohnen mit ihrem hohen Protein- und Eisengehalt. Doch das würde wahrscheinlich auf Widerstand stoßen. Würde ich der ugandischen Führung erzählen, dass wir als Gesellschaft dringend darüber nachdenken sollten, vor allem bei den mittleren und hohen Einkommensschichten zugunsten des Klimas und der Volksgesundheit auf eine Reduzierung des Fleischkonsums hinzuwirken, die Antwort würde wahrscheinlich lauten: «Was redet sie da?»

7
Eine Stimme für
Mädchen und Frauen

Eines Morgens, ich war noch klein, lief ich von zu Hause weg. Meine Eltern suchten überall nach mir. Irgendwann wurde ich im Klassenzimmer einer nahe gelegenen Grundschule aufgestöbert. Da saß ich, bereit zu lernen. Am nächsten Tag wiederholte sich das Ganze. Mein Vater fragte die Lehrerin, was man tun könne, denn ich war noch zu klein, um eingeschrieben zu werden, aber sobald sie versuchten, mich aus dem Klassenzimmer zu holen, bekam ich einen Tobsuchtsanfall. Die Lehrerin meinte, es sei verboten, für die Erziehung eines Kindes, das noch nicht die Schulreife besaß, Schulgeld zu bezahlen, doch sie war damit einverstanden, dass ich umsonst dablieb. Von da an ging ich jeden Morgen zur Schule und wurde schließlich, ein Jahr früher als üblich, endlich offiziell eingeschult.

Ich hatte ganz offensichtlich einen großen Wissensdurst, und ich bin sehr froh, dass meine Eltern sich für meine Bildung immer eingesetzt haben, zumal für mich als Mädchen, und dass sie alles dafür taten, immer genug Geld für die Schulgebühren auf die Seite zu legen, auch in mageren Zeiten. Meine Mutter betonte immer, dass es für mich keine Zukunft gäbe, wenn ich nicht lernte und mir Wissen und Fähigkeiten aneignete, mit denen ich mein eigenes Einkommen bestreiten könnte. Für sie wie für mich ist die finanzielle Unabhängigkeit für Frauen, ob verheiratet oder ledig, essenziell.

Mein Vater war, was Bildung betraf, genauso nachdrücklich. Sein Vater hatte sein Bestes gegeben, all seine Kinder zur Schule zu schicken, und mein Vater wollte dasselbe für uns tun. Wie meine Mutter sah auch er, dass mangelnde Schulbildung die Zukunftsaussichten für Kinder empfindlich einschränkte, vor allem für Mädchen. Er wollte mich und meine beiden Schwestern dazu befähigen, zu starken Frauen heranzuwachsen, die ihre Rechte kannten und sich durchsetzen konnten, um in der Gesellschaft eine bessere Stellung zu erlangen.

Auch mein Vater hatte an der MUBS seinen Universitätsabschluss gemacht.

Die Leidenschaft meiner Eltern für Bildung beschränkt sich nicht nur auf ihre eigenen fünf Kinder, sondern auch auf drei unserer Cousins und Cousinen, für deren Schulgeld sie mit aufkommen und deren Schulbildung und Zukunftsaussichten ihnen ebenso wichtig sind wie unsere. Was meine Geschwister betrifft: Meine Schwester Claire studiert Veterinärmedizin, und Joan schloss 2019 die Highschool ab und bekam ein staatliches Universitätsstipendium. Paul Christian absolviert derzeit seine letzten beiden Jahre an der Highschool, und Trevor besucht die sechste Klasse der Grundschule.

Die Schulbildung von Mädchen ist weder eine hochtechnologische noch eine brandneue Idee und seit Jahrzehnten eine tragende Säule globaler Entwicklungsstrategien. Viele Staatenlenker*innen betonen, wie wichtig es ist, Mädchen gleichberechtigt mit Jungen in die Schulen zu holen. Was die Grundschulbildung betrifft, herrscht in Uganda zwischen Mädchen und Jungen heute beinahe Gleichheit. Das ist natürlich ein Fortschritt, aber trotzdem sehen noch immer Tausende von ugandischen Mädchen und Jungen nie ein Klassenzimmer von innen, und viele Mädchen, wie früher meine Mutter und viele ihrer gleichaltrigen Verwandten, verlassen die Schule ohne Oberschulabschluss. Das hat zur Folge, dass nur relativ wenige ugandische Mädchen Zugang zu Hochschulen haben. Als ich an der MUBS studierte, sah ich in den Vorlesungen jede Menge junge Frauen. Doch das, was wir nicht sehen, wird uns oftmals nicht bewusst.

Natürlich ist mir auch die Bildung von Jungen wichtig, was bei zwei Brüdern gar nicht anders möglich ist. Aber quer durch die Subsaharastaaten gehen mindestens 33 Millionen Mädchen, die eine Grundschule oder die Sekundarstufe besuchen könnten, nicht zur Schule, und mehr als 50 Millionen Mädchen in der Region erhalten keine höhere Schulbildung (vergleichbar mit einem Highschool-Abschluss in den USA).[1] Weltweit gehen über 130 Millionen Mädchen im schulfähigen Alter nicht zur Schule.[2] Wie viele von ihnen würden, wenn sie je die Chance hätten, Lehrerinnen, Anwältinnen, Ärztinnen,

Abgeordnete, NGO-Mitarbeiterinnen oder Klimaforscherinnen werden?

Ich benutze gerne folgendes Bild: In jeder Mannschaftssportart wäre es schwer zu gewinnen, wenn einem Team nur die Hälfte seiner Spieler*innen zur Verfügung stünde. Die Weltbevölkerung ist zu über fünfzig Prozent weiblich. Wenn wir die Klimakrise erfolgreich meistern wollen, müssen wir mit dem ganzen Team auflaufen. Wir brauchen Frauen überall dort, wo klimarelevante Entscheidungen getroffen werden (und das gilt inzwischen für fast alle Entscheidungen). Bildung befördert Mädchen an ebendiese Positionen und vergrößert die Anzahl und das Spektrum möglicher Entscheidungsträger*innen und Lösungsansätze.

Im Moment vollzieht sich weder der uneingeschränkte Zugang zu Bildung schnell genug noch die positiven Ergebnisse, die daraus hervorgehen würden. Dieser Umstand resultiert auch aus der bewussten Entmachtung von Mädchen. Ich bin davon überzeugt, dass es zig Millionen Mädchen gibt – hier in Afrika und überall –, die gerne die Oberschule besuchen und sogar ein Studium aufnehmen würden. Doch es gibt auch Unzählige, die sowohl an ihren Fähigkeiten als auch ihren Möglichkeiten zweifeln. *Meine Mutter hat es in der Schule auch nicht weitergebracht*, denken sie, *wie komme ich auf die Idee, weiterzukommen als sie? Du bist ein Mädchen vom Land*, flüstert die innere Stimme, *du schaffst es nirgendwohin, auch nicht mit Schulbildung. Wozu tust du dir das an?* Welche Möglichkeiten bleiben einer Frau, die nicht heiratet, ein Kind bekommt und sich für das Leben einer Mutter und Bäuerin entscheidet, die ihr Leben lang kämpfen muss, um genug Nahrung und Brennstoff für ihre Familie zusammenzukratzen? Was bliebe, wäre höchstens, das Heimatdorf zu verlassen, nach Kampala zu gehen und als Dienstmädchen für eine wohlhabende Familie zu arbeiten.

Vielleicht beschreibt genau das den Alltag einer der vielen jungen Frauen, die an uns vorbeikommen, wenn wir dastehen und unsere Schilder in die Luft recken. *Was tun die da?*, mag sie sich fragen, mit einer Mischung aus Neugier und Befremden. Doch ihr bleibt keine Zeit nachzudenken; wahrscheinlich hat sie es eilig, um möglichst schnell die Erledigungen abzuhaken, mit denen ihre Dienstherrin sie beauftragt hat. Also steigt sie in ein *Matabu* und fährt zurück, um das Abendessen zu machen oder den Boden zu schrubben oder die Kleider der Familie zu waschen. Ganz ehrlich? Ich glaube nicht, dass sie uns überhaupt bemerkt.

Könnte jemand wie sie oder sogar eine junge Frau auf dem Land Klimaaktivistin werden? Wo sollte sie die Zeit hernehmen? Wenn überhaupt, hätte sie höchstens ein Klapphandy, kein Smartphone wie so viele von uns inzwischen. Damit wäre es schwierig und viel zu teuer, ins Internet zu kommen, weshalb ihr der Zugang zu allem, was außerhalb ihrer unmittelbaren Umgebung geschieht, verwehrt bleibt. Mit zwanzig wäre sie dann wahrscheinlich schon wieder auf Jobsuche. Ihre Dienstherrin hätte sie aus Angst, ihr Ehemann könnte sexuelles Interesse an dem jungen Hausmädchen entwickeln, wieder entlassen. Das passiert ständig. Sie würde nur mit Mühe eine neue Einkommensquelle und etwas Stabilität in ihrem Leben finden.

Das mag zwar nicht das schlimmste Schicksal sein, aber ist das wirklich alles, was wir Mädchen wünschen? Für mich ist das ein Leben im «Überlebensmodus». Hätten diese jungen Frauen sich auch dann für diesen Weg entschieden, wenn ihnen andere Möglichkeiten offengestanden hätten, zum Beispiel ein Oberschulabschluss, vielleicht sogar ein abgeschlossenes Studium, danach ein richtiger Job und finanzielle Unabhängigkeit, womöglich sogar der Einsatz als Aktivistin?

Es ist eine deprimierende Wahrheit, dass die Corona-Pandemie Situationen wie die geschilderte noch verschlimmert hat, und das hauptsächlich ausgerechnet in den Regionen der Erde, wo die Klimakrise tagtäglicher Ernstfall ist. Covid-19 und die Konsequenzen aus dem Klimawandel haben den Druck auf das Haushaltseinkommen in Afrika, Lateinamerika und Asien weiter erhöht. Schulgebühren, vor allem für Mädchen, sind zu einem Luxus geworden, den das Familienbudget nicht mehr hergibt, so wie das bei Hilda Nakabuye der Fall war. Millionen von Mädchen werden, genau wie viele Jungen, nicht wieder zur Schule zurückkehren, wenn die Beschränkungen erst aufgehoben sind, und es kann sein, dass die in den letzten Jahrzehnten hart erkämpften Fortschritte auf dem Gebiet der Schulbildung für Mädchen durch die Corona-Krise empfindlich verwässert wurden. Wir werden nie mit Sicherheit erfahren, wie viele Kinder und Jugendliche davon betroffen sind, noch werden wir aufrechnen können, welche Kosten die Pandemie für diese Kinder, die Gesellschaft und das Klima unter dem Strich verursacht hat.

~~~

Ich trete deshalb so leidenschaftlich für Schulbildung ein, weil ich selbst stark davon profitiert habe. Außerdem ist die Bildung von Mädchen eine entscheidende Möglichkeit, die Klimakrise zu thematisieren und für eine gerechtere Welt zu sorgen. Wir haben keine Zeit mehr, auf Lösungen aus dem Bereich Geoengineering zu warten, wie zum Beispiel das Entfernen von CO_2 und anderen Klimagasen aus der Erdatmosphäre – selbst wenn wir wüssten, dass sie tatsächlich praktikabel sind. Wir brauchen sofort umsetzbare und erschwingliche Lösungen. Warum reden wir also nicht noch viel mehr über die Schulbildung von Mädchen und handeln nach diesen Strategien? Dies sind meine Argumente dafür:

Project Drawdown, ein Konsortium von Forscher*innen und engagierten Mitstreiter*innen, die sich der Herausforderung verschrieben haben, Lösungen für die Klimakrise zu evaluieren, ordnet die Schulbildung von Mädchen in Verbindung mit Maßnahmen zur Familienplanung auf dem fünften Rang der effektivsten Methoden zur Senkung von Treibhausgasen ein (nach Offshore-Windparks, Solarparks, Eindämmung der Lebensmittelverschwendung und pflanzlicher Ernährung).

Laut Schätzungen von *Project Drawdown* könnten Maßnahmen zur Förderung der weltweiten Bildung sowie Investitionen in Familienplanung in Ländern mit niedrigen bis mittleren Einkommen eine massive Reduzierung von Klimagasen in einem Umfang von 85,42 Gigatonnen (in CO_2-Äquivalenten) zwischen 2020 und 2050 zur Folge haben. Das liegt knapp unter dem Zehnjahresausstoß der Volksrepublik China.[3]

Langzeitstudien haben ergeben, dass Mädchen mit einem Oberschulabschluss gesünder sind, mehr wirtschaftliche Möglichkeiten haben und – ein wesentlicher Faktor in den Berechnungen von *Project Drawdown* – weniger Kinder zur Welt bringen. Darüber hinaus kümmern sie sich mit hoher Wahrscheinlichkeit darum, dass auch ihre Kinder, die Töchter eingeschlossen, eine Schulbildung erhalten.

In einem Kommentar für *Wired UK* im Januar 2021 formulierte ich es folgendermaßen[4]:

> Eine reduzierte Geburtenrate kann gesündere Familien mit höherer Bindungssicherheit zur Folge haben und sorgt in der Zukunft für gesunkene Emissionen. Doch auch wenn der Blick auf die Geburtenrate wichtig ist, ist sie bei weitem nicht der einzige Grund, weshalb Mädchenbildung für die Zukunft unseres Klimas von entscheidender Bedeutung ist. Frauen sind von Klimakatastrophen überproportional stark betroffen: Laut Schätzungen der UN sind 80 Prozent der durch Klimaereignisse Heimatvertriebenen weiblich. Auch in der Klimakrise wird, wie so oft, das Leiden der Frauen durch die strukturelle Ungleichheit der Geschlechter, die ihr Leben bestimmt, weiter verstärkt.

Auf dem Land sind hauptsächlich die Frauen für die Kindererziehung zuständig. Sie bauen den Großteil der Lebensmittel an und ernten die Früchte; sie legen weite Entfernungen zum Markt zurück, um Frischwasser zu holen und Brennholz zum Kochen und Heizen zu sammeln, und sie machen sich dabei den Rücken kaputt. Um ihren Müttern zur Hand zu gehen, müssen Mädchen oft vorzeitig die Schule verlassen. Wenn auch das nicht genügt, um das Überleben der Familie zu sichern, sind Mütter oft zu herzzerreißenden Entscheidungen gezwungen, zum Beispiel, ihre Kinder zum Betteln in die Stadt zu schicken, wie den kleinen Jungen, dem Kaossara Sani auf den Straßen von Lomé begegnete, oder ihre Töchter zu verheiraten, oftmals mit sehr viel älteren Männern.

Im Gegenzug erhalten die Familien für das Mädchen den traditionellen «Brautpreis». Er wird üblicherweise in Form von Geschenken oder Geld entrichtet, manchmal ist auch beides der Fall. Für ein armes Mädchen mag der Brautpreis ein paar Säcke Mais betragen. Für eine Familie mit hungernden Kindern oder einer von Überschwemmungen zerstörten Ernte kann das einen entscheidenden Unterschied bedeuten. Ein verstörender Gedanke, dass der Verzicht eines Mädchens auf Bildung ein paar Säcke Mais wert sein soll.

In manchen Gegenden sind Frühehen erschreckend weit verbreitet. In den Subsaharastaaten werden 35 Prozent der Mädchen verheiratet, ehe sie achtzehn Jahre alt sind.[5] In Uganda sind es eher 40 Prozent, und laut der lokalen NGO *Uganda For Her*[6] sind 10 Prozent der Mädchen in meiner Heimat sogar schon mit fünfzehn verheiratet. In Ländern wie Uganda führt dies zu generationsübergreifender Armut und verschwindend wenigen Frauen in Führungspositionen, weil es an Universitätsabschlüssen mangelt, was für einen Regierungsposten oft zwingende Voraussetzung ist.

Dies ist kein rein afrikanisches Problem. Laut einem Bericht von UNICEF sind in Südasien beinahe 30 Prozent der Mädchen bereits verheiratet, wenn sie achtzehn werden.[7] Und überall in Afrika und rund um den Globus werden jedes Jahr 12 Millionen minderjährige Mädchen verheiratet, viele von ihnen gegen ihren Willen.[8] Die meisten dieser jungen Frauen und Mädchen schließen nie eine Oberschule ab und lernen nur wenig bis gar nichts über Verhütung und Sexualität. So gut wie alle von ihnen werden schnell schwanger, ohne auf die Rolle als Mutter irgendwie vorbereitet zu sein.

Die gesellschaftlichen Normen in Uganda erlegen die Verantwortung, als ledige Frau auf keinen Fall schwanger zu werden, allein den Frauen auf und ächten sie, wenn es doch passiert. Die Schule zu verlassen, kann Teil des Preises sein, den sie dann zahlen müssen, während die Väter ihrer Kinder ihre Ausbildung ungehindert fortsetzen können. In dem Internat, das ich besuchte, wurden wir alle sechs Wochen einem Schwangerschaftstest unterzogen, was auch eine körperliche Untersuchung beinhaltete. Weshalb wird diese Doppelmoral von uns akzeptiert und ständig weiter bestärkt?

Ich kenne Mädchen in ugandischen Dörfern, die mit fünfzehn oder sechzehn oder auch noch jünger bereits verheiratet waren und mit siebzehn schon zwei Kinder hatten. Sie werden mit hoher Wahrscheinlichkeit im Laufe ihres Lebens noch viel mehr Kinder bekommen, ob sie wollen oder nicht. (In Gesprächen über dieses Thema hat keine meiner Freundinnen aus der Schule oder von der Uni je den Wunsch geäußert, mehr als zwei Kinder zu bekommen.) Durch frühe Schwangerschaften und fehlende gynäkologische Betreuung sind Mädchen und junge Frauen einem erhöhten Risiko ausgesetzt, während der Geburt verletzt zu werden oder sogar zu sterben. Auch wenn die Müttersterblichkeit in Uganda seit dem Jahr 2000 rückläufig ist, sie ist noch immer erschreckend hoch. Im Durchschnitt sterben 375 von 100 000 Müttern bei der Geburt ihres Kindes.[9]

Natasha Mwansa aus Sambia ist eine der jungen Frauen, die gegen das Ausbremsen des Potenzials von Mädchen kämpft. Schon mit zwölf Jahren fing Natasha an, sich gegen Kinderehen und Teenagerschwangerschaften einzusetzen und für verbesserte Gesundheitsvorsorge und Aufklärung bei Heranwachsenden zu kämpfen. Natasha pocht darauf, dass auch Mädchen ihre Stimme erheben müssen: «Mädchen müssen dafür kämpfen, sich Gehör zu verschaffen», sagt sie. «Deshalb drängen wir die afrikanischen Regierungen, Mädchen zu unterstützen und gezielt zu fördern und sich zudem endlich zu einem endgültigen Ende der Kinderehe zu bekennen.»[10]

Ich frage mich oft, wie mein Leben wohl aussehen würde, hätten meine Eltern nicht dafür gesorgt, dass ich und meine Schwestern dieselbe Schulbildung erhielten wie meine Brüder. Ein Blick in unseren erweiterten Verwandtenkreis gibt mir eine Ahnung davon. Eine meiner Cousinen aus einer ländlichen Region in Uganda hat schon als junge Teenagerin die Schule verlassen. Sie ist jünger als ich und hat bereits drei Kinder. Ich fürchte, diese Kinder und die, die sie vielleicht noch bekommen wird, haben eine ähnliche Zukunft vor sich wie sie, weil sie nie etwas anderes kennenlernen werden.

Eine etwas entferntere Freundin, auch sie jünger als ich, ging ebenfalls von der Schule ab, zog mit einem Mann zusammen und hat inzwischen zwei Kinder. Sie war vor kurzem bei uns zu Besuch. Ich war nicht da, aber meine Schwester Joan hat mir später davon erzählt. Die Freundin nahm Joan beiseite, um im Vertrauen mit ihr zu sprechen. Leise, aber eindringlich beschwor sie meine Schwester, unbedingt die Schule zu beenden. Sie sei irregeleitet worden, sagte sie, hätte auf schlechte Ratschläge gehört. Joan hörte betroffen zu, erschrocken über den Schmerz, der sich auf dem Gesicht unserer Freundin abzeichnete. Diese zog ein düsteres Fazit: ihr Leben sei die Hölle.

~~~

Der Zugang von Mädchen und Frauen zu Schulbildung ist eine Sache; doch *was* wir lernen, steht auf einem anderen Blatt. Unser Schulsystem bereitet uns nicht auf die Zukunft vor. Viel zu viel Zeit wird darauf verwendet, uns zu pflichtbewussten Ehefrauen zu erziehen, zu passiven Konsumentinnen, gehorsamen Angestellten, anstatt aktive Bürgerinnen aus uns zu machen. Der Ernst dessen, was uns erwartet, wird uns verschwiegen, nicht, um uns zu beschützen, sondern um uns keine Möglichkeit zu geben, in Frage zu stellen, weshalb man uns diese Form von Bildung überhaupt zukommen lässt. In der Schule sollte es nicht nur um «lernen, prüfen, bestehen» gehen. Die Schule sollte uns das nötige Rüstzeug und die notwendigen Informationen an die Hand geben, um eigenständige Entscheidungen über *unsere* Zukunft zu treffen.

Aber wozu warten bis zur Oberschule oder noch länger, um sich mit der Krise auseinanderzusetzen? Schon in der Grundschule können Kinder etwas über den Klimawandel lernen. Wie bereits erwähnt, schließt Elizabeth Wathuti in Kenia diese Lücke im Lehrplan mit ihrer *Green Generation*-Initiative. Sie sagt: «Wir sorgen für Umweltbildung und praktische Anwendungen, um sicherzustellen, dass die Kinder das, was sie im Unterricht lernen, draußen umsetzen können.» Das wiederum hat positive Auswirkungen auf das alltägliche Leben. «Oft kommt doch die Frage auf: ‹Wie wendest du das an, was du in der Schule gelernt hast?› Es ist gar nicht so einfach zu verstehen, wie man sein Wissen benutzt, um die Gesellschaft zu verändern. Wir schließen diese Lücke, indem das, was wir den Kindern beibringen, immer einen konkreten Praxisbezug hat. Damit zeigen wir ihnen, wie sie etwas bewirken können.»

Doch das Verständnis für den Wert von Bäumen und Wäldern ist nur ein Aspekt der Klimabildung, den alle Schüler*innen überall auf der Welt lernen sollten. Evelyn Acham und ich sind uns einig, dass die Einbindung des Klimawandels in alle Teile des schulischen Lehrplans große Auswirkungen hätte. Ich würde die Klimakrise gerne als Eckpfeiler unserer Bildung sehen und nicht nur als einen Bereich im Fach Geographie oder Umweltstudien. So lautet Evelyns Sicht:

> Würde das Bildungsministerium die Bedeutung und die Tragweite der Integration von Aufklärung über den Klimawandel in unsere Lehrpläne begreifen, könnte man entsprechend handeln. Die Jugend über das Klima aufzuklären, ist etwas anderes, als ältere Menschen über das Thema zu informieren, weil junge Menschen voller Energie, Offenheit und Wissensdurst sind. Wenn es uns gelingt, sie umfassend über den Klimawandel zu unterrichten, können sie diese Informationen in sich aufgehen lassen und mit dem Wissen aufwachsen, dass Klimaschutz wichtig ist ... Die Schüler*innen, die heute in die erste Klasse kommen, werden in neun Jahren Teenager*innen sein. Und diese Teenager*innen können großen Einfluss als Aktivist*innen und Ratgeber*innen haben, weil sie in der Schule so viel zu dem Thema gelernt haben.

Auch wenn ich unzufrieden damit bin, wie der Klimawandel an meiner Schule und an der Universität thematisiert wurde, hat mir der Unterricht doch dabei geholfen, kritisches Denken und andere Fähigkeiten zu entwickeln, um selbständig recherchieren zu können und zu begreifen, dass ich zur Aktivistin werden musste. Bildung ist der Schlüssel, wenn es darum geht, Frauen mit dem Rüstzeug auszustatten, das sie benötigen, um Resilienz zu entwickeln, wenn sich Klimakatastrophen ereignen – Bildung ist der Weg zu mehr ökonomischer Stärkung innerhalb ihrer Kommunen und sorgt für die notwendigen Fähigkeiten, um angemessen auf extreme Wetterereignisse reagieren zu können, die sich in vielen Teilen Afrikas zunehmend häufen. Dennoch lautet die beklagenswerte Tatsache, dass ausgerechnet die Länder im Globalen Süden, wo die Klimakrise am deutlichsten zu spüren ist, gleichzeitig die Länder sind, in denen die wenigsten Mädchen ihre schulische Ausbildung beenden.

Zusätzlich zu Förderprogrammen für die Schulbildung von Mädchen in Afrika und allen Ländern, wo Bedarf besteht (und es besteht viel Bedarf), wünsche ich mir mehr Förderprogramme für erwachsene Frauen, um ihnen eine Weiterbildung zu ermöglichen und ihnen klarzumachen, dass sie immer noch für sich einstehen können, auch wenn sie die Schule nicht beendet haben, wenn sie früh geheiratet und jung Kinder bekommen haben. Sie dürfen immer noch träumen. Auch für sie gibt es Möglichkeiten.

~~~

Neben Mädchenbildung und der Integration des Themas Klimawandel in die Lehrpläne müssen wir begreifen, dass die Gleichstellung der Geschlechter und Frauenrechte für die Lösung der Klimakrise entscheidend sind. Neben der dringend gebotenen Beendigung der Gewalt gegen Frauen und Kinder und deren Ausbeutung müssen wir für mehr weibliche Führungskräfte sorgen, die Errungenschaften derer verbreiten, die eine solche Position bereits innehaben, und die gesellschaftlichen Normen auf den Prüfstand stellen, welche die Benachteiligung von Mädchen und Frauen zementieren. Für mich beginnt die Gleichstellung der Geschlechter beim uneingeschränkten Respekt einer Gesellschaft für Mädchen und Frauen ohne den Versuch, ihre Fähigkeiten zu kontrollieren oder ihnen vorzuschreiben, was sie tun sollen.

Als ich mit meinen Klimastreiks begann, erkannte ich, dass das Schweigen von Frauen und Mädchen durch den Deckmantel der Wahrung unserer Würde und Selbstachtung verstärkt, ja sogar gewährleistet wird. Ich werde häufig gefragt, wie es sein kann, dass ich nicht nur den Mund aufmache, sondern es auch noch mit Eloquenz tue. Was für eine seltsame Frage; als wären Mädchen nicht dazu fähig, sich klar zu artikulieren und in ganzen, zusammenhängenden Sätzen zu sprechen.

Manchmal habe ich den Verdacht, die Frage zielt in Wirklichkeit darauf ab, davon abzulenken, *was* wir sagen, indem man zum Thema macht, *wie* oder *dass* wir es sagen. Die Frage ist ein Mittel, das zu kontrollieren, was für eine Frau als «anständiges» Verhalten gilt. Dieser Zwang, unsere Sprache und unser Handeln zu kontrollieren, nimmt manchmal groteske Ausmaße an. So gibt es Kommunen in Teilen Afrikas, wo es Frauen verboten ist, auf Bäume zu klettern; wo aber sollen sie sonst hin, wenn alles überflutet ist?

Eine weitere Methode, unsere Sprache zu kontrollieren, ist das Trollen in den sozialen Medien. Wer sich auf seinen Social-Media-Kanälen äußert, riskiert immer, verletzt, ins Lächerliche gezogen oder sogar angefeindet und bedroht zu werden. Diese Erfahrungen teilen viele Frauen und Mädchen, und auch ich bin da keine Ausnahme.

Natürlich sind die Social-Media-Plattformen ein wunderbares Werkzeug, um sich zu organisieren, Informationen zu teilen und die weltweite Solidarität unter Klimaaktivist*innen zu stärken. Die Plattformen haben mir die Möglichkeit gegeben, meine Arbeit zu erweitern und meine Botschaft zu verbreiten, und dasselbe gilt auch für andere Aktivist*innen. Klimaschutzorganisationen sind damit in der Lage, ihre Kampagnen und Forderungen zu koordinieren und ein Höchstmaß an Druck auf Regierungen und Industrie auszuüben, weil sie mit vereinter Stimme sprechen können. Für diejenigen von uns mit beschränktem Zugang zu Print- oder Fernsehjournalist*innen oder aus Ländern ohne Pressefreiheit oder in abgeschotteten Kommunen sind die sozialen Medien eine unverzichtbare Quelle der Verbindung und Kommunikation.

Gleichzeitig sind die sozialen Medien ein Hort für Mobbing, Schikane, Bloßstellung, Fehlinformation und sogar Gewaltaufrufe. Ich würde gerne behaupten, die Frauenfeindlichkeit, der Rassismus und die Beleidigungen der Trolle würden mich nicht interessieren. Aber das wäre gelogen. Es kann sehr verletzend sein. Manche Kommentare sind regelrecht beängstigend: Vor allem Reaktionen von Männern, die in mir einen Angriff auf ihre engstirnigen Vorstellungen darüber sehen, was für eine junge Frau und insbesondere eine, die nicht verheiratet ist, der angemessene Handlungsspielraum sei.

Damit bin ich nicht allein. Studien, unter anderem von *Amnesty International*, belegen, dass Frauen, und vor allem Women of Color, in den sozialen Medien ungleich häufiger Schikanen und verbalen Übergriffen ausgesetzt sind als weiße Frauen. Eine Ende 2018 veröffentlichte Amnesty-Studie umfasst Kommentare an Journalist*innen und Politiker*innen in den USA und Großbritannien und kommt ebenfalls zu dem Schluss, dass Schwarze Frauen am heftigsten angegriffen werden. Laut dieser Studie sind Schwarze Frauen um 84 Prozent wahrscheinlicher mit «beleidigenden oder problematischen» Kommentaren konfrontiert als weiße Frauen.[11]

Dabei erschüttert mich am meisten, dass die negativsten Kommentare in meinem Fall von Landsleuten oder anderen Afrikaner*innen stammen. Wie ich damals geahnt hatte, als ich im Januar 2019 mit meinen Klimastreiks begann, wurde mir in Online-Kommentaren unterstellt, ich würde mich auf der Straße präsentieren, um Männer anzulocken, ich wäre verzweifelt auf der Suche nach einem Mann, ich würde Drogen nehmen (wie sonst sollte man meine Klimastreiks erklären?). Man sagte mir, ich solle mir gefälligst Arbeit suchen, endlich heiraten, mich um Küche und Haushalt kümmern und den Aktivismus den Männern überlassen.

Eine Freundin, die damals einen meiner ersten Streiks auf WhatsApp geteilt hatte, erzählte mir von der Reaktion ihrer Halbschwester: «Ich würde dich verstoßen, wenn du so was tun würdest.»

Ein Paradebeispiel waren die Reaktionen auf einen Brief, den ich Ende 2020 an den designierten amerikanischen Präsidenten Joe Biden und die designierte Vizepräsidentin Kamala Harris geschrieben hatte. Ich fragte sie in diesem Brief, wie ernst es ihnen damit sei, die Klimakrise in den Griff zu bekommen. (Der Brief findet sich im Anhang.) «Alles, was wir wollen, ist ein lebenswerter und gesunder Planet, eine gerechte und nachhaltige Gegenwart und Zukunft», schrieb ich. «Ist das zu viel verlangt? Die einzige Heimat, die wir haben, nicht zu zerstören, und zu verhindern, dass eine kleine Gruppe Menschen von unserem Leid und unserem Schmerz profitiert. Wir müssen gemeinsam alles tun, was notwendig ist, um unseren Planeten zu beschützen und allen ein glückliches Leben zu ermöglichen.»

Ich schrieb diesen Brief in mein Tagebuch. Ich hatte nie die Absicht, ihn abzuschicken, sondern hob ihn auf, um mich selbst daran zu erinnern, wie ich damals dachte. Als ich ihn dann schließlich doch in den sozialen Medien teilte, erntete ich heftige Reaktionen – vor allem von jungen Landsleuten, von denen ich mir mehr Solidarität erwartet hätte. Für wen ich mich hielte, dem kommenden US-Präsidenten einen Brief zu schreiben?, fragten viele Nutzer*innen. Ob ich nicht wüsste, wo mein Platz sei? Viele Leute schrieben Spottbriefe und teilten sie über einen Hashtag, den irgendein ugandisches Presseorgan eigens eingerichtet hatte, um darüber berichten zu können. In dem Beitrag ging es so gut wie gar nicht um den Inhalt meines Briefs, sondern eigentlich nur um die Reaktion der Trolle.

Ich versuchte zu verstehen, weshalb meine Landsleute und sogar viele Altersgenoss*innen so negativ waren. Manche meiner Freund*innen meinten, es läge daran, dass ich etwas anders machte und die Leute sich dadurch bedroht fühlten oder neidisch seien. Oder daran, dass sie nicht verstünden, was Klimawandel bedeutete, und sich deshalb dagegen wehrten. Andere meinten, meine Kritiker glaubten, ich würde mit meinem Aktionismus viel Geld verdienen und sei eine Marionette ausländischer Kräfte, oder dass ich mit Sicherheit gar nicht in Uganda lebte, weil ich mich sonst niemals derart freimütig äußern würde.

Ich bin inzwischen dazu übergegangen, die Trolle zu blockieren oder nicht auf ihre Provokationen zu reagieren. Mir wurde klar, dass die Angriffe nur schlimmer wurden, wenn ich darauf einging. Was ich wirklich nicht begreife, ist das Bestreben dieser Menschen, einen nicht nur öffentlich zu vernichten, sondern auch innerlich zu zerstören, einen derart fertigzumachen, dass man zusammenbricht und endgültig aufgibt. Ich versuche, mich auf die vielen positiven Botschaften zu konzentrieren, die Hassposts zu ignorieren und meine mentale Gesundheit vor all jenen zu beschützen, die nichts Positives beizusteuern haben.

Einfach ist es nie, aber es wurde noch schwerer, als im März 2020 die Pandemie zuschlug und seitdem der Großteil meiner Aktionen online stattfinden muss. Die meisten Schüler*innen in Uganda haben keinen Zugang zum Internet oder können sich Internet nicht leisten, die Schulen wurden geschlossen, und es war nicht möglich, unsere Veranstaltungen in den Schulen weiter durchzuführen. Also haben wir versucht, in den sozialen Medien möglichst hör- und sichtbar zu bleiben, um zu verhindern, dass die Klimakrise wieder aus dem Fokus verschwindet – denn sie wird die Pandemie definitiv überdauern. Aber die ausbleibenden Möglichkeiten, vor Ort Präsenz zu zeigen, hatten Konsequenzen: Zum Beispiel wurden Investitionen in Höhe von Multimilliarden von Dollar in fossile Brennstoffe durchgewunken, ohne dass Aktivisten Regierungs- oder Konzernsitze hätten stürmen können.

Gerade während der Pandemie haben sich die sozialen Medien trotz aller Kritikpunkte als unverzichtbares Mittel erwiesen, um Staatenlenker*innen und Aktivist*innen gleichermaßen daran zu erinnern, dass wir noch hier sind, so wie die Klimakrise, und um neue Aktivist*innen dazu zu ermutigen, sich uns in unserer Forderung nach massiven Veränderungen anzuschließen. Den Staatenlenker*innen wäre es natürlich sehr recht, wenn wir unsere Kampagnen aufgeben und verstummen würden.

Doch auch ich habe inzwischen gelernt, dass es für meine Gesundheit besser ist, den Griff zum Smartphone einzuschränken, nicht ständig nachzusehen, wie viele Retweets und Kommentare ich generiert habe oder wie oft meine Posts geteilt wurden. Die sozialen Medien können, wenn man nicht aufpasst, zum Fass ohne Boden werden, und es kann sehr belastend und auch erschreckend sein, Dinge zu lesen, mit denen man nicht gerechnet hat, wie zum Beispiel Gleichgültigkeit oder Geringschätzung. Die ständige Angst, womöglich irgendwo gerade einen wichtigen Post mit Informationen zu verpassen oder die Nachricht von jemand anderem versehentlich nicht weiterzuleiten, ist aufreibend. Appetitlosigkeit und Schlafstörungen können die Folge sein. Ich musste wegen schwerer Migräneanfälle bereits mehrmals ins Krankenhaus, und wenn ich zu lange mit meinem Telefon beschäftigt bin, spüre ich Druck hinter meinen Augen. Inzwischen versuche ich, die Zeit, die ich für meine Social-Media-Kanäle verwende, auf zwei Zeitfenster zu beschränken – eines am Morgen und eines am Abend. Die sozialen Medien werden schließlich so schnell nicht wieder von der Bildfläche verschwinden.

~~~

Auch wenn wir unsere mentale und körperliche Gesundheit schützen müssen, ist es unbedingt erforderlich, Frauen und Mädchen dazu zu ermutigen, ihre Stimme zu erheben – ob online oder persönlich, weil wir, ich erwähne es erneut, nun mal in der Klimakrise an vorderster Front stehen. Die Ökofeministin Adenike Oladosu beschreibt, was in den Ländern im Globalen Süden geschieht: «Frauen sind durch ihre enge Verbundenheit mit ihrer unmittelbaren Lebenswelt vom Klimawandel überdurchschnittlich betroffen», sagt sie. «Bei jeder Krise sind Frauen die ersten Opfer: ob sie durch Überflutungen ihre Häuser verlieren, ob ihre Ackerflächen weggespült werden oder der Dürre zum Opfer fallen und sie deshalb die Ernte einbüßen.» Frauen sind, so Adenike weiter, gleichzeitig die ersten Opfer der Klimakrise und Ersthelferinnen am Schauplatz der Katastrophe. Doch ihre Macht, sich für ihre Rechte und Bedürfnisse einzusetzen, ist beschränkt, weil viele von ihnen auf dem informellen Sektor arbeiten und nicht Teil der offiziellen Erwerbsbevölkerung sind.

Diese Viktimisierung kann verschiedene Formen annehmen. So führen Dürren und Heuschreckenplagen im Norden Kenias zu einem Anstieg der Kinderehen und auch der weiblichen Genitalverstümmelung, obwohl diese in Kenia verboten ist. Die Ehemänner von Frauen, die immer mehr Zeit aufwenden müssen, ihre Familien satt zu bekommen, fühlen sich möglicherweise zurückgesetzt, körperliche Gewalt oder Abwendung können die Folge sein. Auch Männer bekommen den steigenden Druck schlechter Ernten, verlorenen Viehs und der Angst vor Jobverlust zu spüren. Frust, Scham und das Gefühl, betrogen worden zu sein, führt bei manchem zu gesteigertem Alkoholkonsum und dem Drang, körperlich gewalttätig zu werden.

Das Entwicklungsprogramm der Vereinten Nationen hat festgestellt, dass Frauen bei Naturkatastrophen – von denen wir inzwischen wissen, dass sie in Wirklichkeit *Klimakatastrophen* sind – oft Opfer körperlicher und sexueller Gewalt werden. Manche Bauern oder Landbesitzer zwingen Frauen im Tausch für Nahrung oder Miete zum Sex; viele dieser Missbrauchsopfer sind gezwungen, auf der Straße zu schlafen, wo nur die Starken überleben. Auch Kinder finden sich auf der Straße wieder und werden dort zu leichten Opfern von sexueller Gewalt und Ausbeutung. Träume und Hoffnungen werden zerstört. Viele von ihnen erholen sich nur schwer von ihren Traumata.

Obwohl der Teufelskreis aus Klimawandel und Gewalt gegen Frauen und Kinder vor allem im Globalen Süden eine schreckliche Tatsache ist, existiert dieses Problem auch im Globalen Norden. Die UN-Klimarahmenkonvention (UNFCCC) besagt, dass der Klimawandel als «ernst zu nehmender Auslöser für geschlechterbasierte Gewalt anerkannt ist», einschließlich häuslicher Gewalt und Diskriminierung von Gemeinschaften indigener Völker sowie im Kontext von sexueller und reproduktiver Gesundheit.[12] Sie zitiert eine Studie aus Australien, in welcher ein Anstieg häuslicher Gewalt sowie der Gewalt in Familien vor allem im ländlichen Raum dokumentiert wird, nachdem Buschfeuer und Dürren für erhebliche Einkommenseinbußen auf dem Landwirtschaftssektor sorgten.[13] Faktoren wie Stress, Arbeitsplatzverlust, gestörte Abläufe und erzwungene Nähe im Zusammenhang mit der Corona-Pandemie haben geschlechterbasierte Gewalt weiter vorangetrieben. Das UN-Organ *UN Women* hat dafür den Begriff «Schattenpandemie» geprägt.[14]

Auch in meiner Familie gibt es eine Verwandte, die wiederholt unter gewaltsamen Übergriffen ihres Ehemanns zu leiden hatte. Als meine beiden Schwestern Joan und Clare davon erfuhren, beschlossen sie, sich als Aktivistinnen gegen geschlechterbasierte Gewalt zu engagieren. Sie haben herausgefunden, dass geschätzt jede dritte Frau weltweit, anders gesagt 736 *Millionen* Frauen, körperliche und / oder sexuelle Gewalt seitens ihres Partners oder sexuelle Gewalt von jemandem, der nicht ihr Partner ist (sexuelle Belästigung nicht eingeschlossen), erleben.[15] Wie meine Schwestern in einem Blogbeitrag für *1 Million Activist Stories* schrieben: «Die Länder mit der höchsten Quote von Gewalt gegen Frauen haben alle etwas gemeinsam. Eine niedrige Bildungsquote bei Frauen.»

Meine Schwestern veranstalten inzwischen selbst Streiks, sowohl on- als auch offline, um damit auf häusliche Gewalt aufmerksam zu machen. In ihrem Blog schreiben sie, ihr Ziel sei es, «Bewusstsein für die vielen betroffenen Frauen zu schaffen, sie zu bestärken und ihnen klarzumachen, dass sie Rechte haben und für diese Rechte kämpfen können, dass sie gegen die Gewalt gegen Frauen eintreten können». Joan und Clare fordern höhere Investitionen in die Bildung von Mädchen und Systeme, mit denen sich geschlechterbasierte Gewalt zu Hause und in Schulen nachverfolgen lässt. Sie fordern die Bestrafung der Täter, härtere Gesetze und deren bessere Durchsetzung. Ihr erster Blog-Eintrag endet mit einem Satz, den alle auf der Welt genauso akzeptieren sollten: «Menschenrechte sind Frauenrechte und Frauenrechte sind Menschenrechte.»

~~~

Ich denke, es ist kein Zufall, dass ausgerechnet eine Welle junger Menschen die Welt überschwemmt, um mit Nachdruck zum Handeln gegen die Klimakrise aufzurufen. Es ist auch kein Zufall, dass viele dieser Bewegungen von Frauen angeführt werden. Wir erleben aus erster Hand, was passiert, wir haben weniger Zugang zu Ressourcen und Macht und bekommen deswegen noch stärker zu spüren, wenn uns das wenige, was wir haben, auch noch genommen wird – weggespült von steigenden Wasserpegeln oder von der erbarmungslosen Sonne verdorrt.

Als ich 2018 begann, mich über Klimawandel und Klimaaktivismus zu informieren, fiel mir auf, dass bei der weltweiten *Fridays for Future*-Bewegung vor allem Mädchen und junge Frauen an vorderster Front stehen. Diese Tatsache war für mich sehr inspirierend und erleichterte mir die Entscheidung, selbst Aktivistin zu werden. Ich sagte mir, *wenn die das können, kann ich das auch.* Wären die jungen Klimaaktivist*innen hauptsächlich männlich gewesen, wäre es mir ungleich schwerergefallen, mich ihnen anzuschließen und mich mit ihnen zu identifizieren. Ich hätte gedacht, *die Gesellschaft hat ihnen diese Rolle übertragen, und deshalb ist es wahrscheinlich keine passende Rolle für mich* – vor allem, weil, wie ich bereits beschrieben habe, die Aktivist*innenrolle in Uganda nicht wirklich akzeptiert wird, von weiblichen Akteur*innen ganz zu schweigen.

Für die Klimabewegung ist es wichtig, dass Frauen aller Altersgruppen auf lokaler, nationaler und internationaler Ebene Führungsrollen einnehmen. «Frauen agieren lösungsorientiert, Frauen sind Entscheidungsträgerinnen, und in der richtigen Rolle können wir das Beste in uns zum Vorschein bringen», so Adenike. «Wir haben die richtigen Lösungen zur Hand, um die Menschen mit den Mitteln auszustatten, die Klimakrise zu überleben, und wir müssen Frauen die Chance geben, diese Mittel einzusetzen.»

In von Frauen geführten Ländern ist es wahrscheinlicher, dass Umweltgesetze erlassen werden. Eine Reihe Staatenlenkerinnen haben die Länder der Welt ermahnt, ihre Klimaziele zu erhöhen und schneller zu handeln. Zu den Politikerinnen, die mich inspirieren, gehören Christiana Figueres aus Costa Rica, die als Generalsekretärin der UNFCCC die Ratifizierung des Pariser Klimaschutzabkommens von 2015 beaufsichtigte, und Amina Mohamed aus Nigeria, stellvertretende UN-Generalsekretärin, die den Vorsitz der Entwicklungsgruppe der Vereinten Nationen innehat.

Es ist aufregend, dass immer mehr Länder sich mit der Tatsache anfreunden, dass Frauen gute Anführerinnen sein können. Wunderbare

Beispiele sind relativ junge Frauen wie die neuseeländische Premierministerin Jacinda Ardern (mit ihrem exzellenten Krisenmanagement während der Pandemie) und Alexandria Ocasio-Cortez aus New York, die als jüngste Frau aller Zeiten in den US-Kongress einzog. Jedes Mädchen und jede junge Frau, die Kamala Harris auf dem Posten der Vizepräsidentin der USA sieht, darf daran glauben, dass sie selbst einmal eine Anführerin sein kann, weil sie den Beweis vor Augen hat, dass es möglich ist.

Auch wenn die Welt sich heute für weibliche Führung offener zeigt als in der Vergangenheit, müssen wir uns beeilen, denn viele Frauen haben sich bereits als bessere Anführer*innen bewiesen. Ohne diese und andere Frauen in führenden Positionen stünde es um die Klimapolitik – wie auch um die meisten anderen Strategien – vielleicht noch schlechter. Für viele afrikanische Frauen und Mädchen, mich selbst eingeschlossen, ist die verstorbene Wangari Maathai aus Kenia, die erste Afrikanerin und erste Umweltschützerin, die je mit dem Friedensnobelpreis ausgezeichnet wurde, ein eindringliches Rollenvorbild – von ihr war bereits in einem früheren Kapitel die Rede. Sie riss viele gläserne Decken ein und war unter anderem die erste Frau in Ost- und Zentralafrika, die promovierte. Außerdem gehörte sie zu den lautesten Stimmen, wenn es darum ging, die Klimakrise und die Bedrohung der Artenvielfalt zu thematisieren und den Zusammenhang zwischen Konflikten und natürlichen Ressourcen herzustellen, sowohl jenen, die begehrt sind, wie Erdöl, als auch jene, die bedroht sind, wie Wälder und fruchtbare Böden.

In meiner Heimat kann ich zu Vorbildern wie Winnie Byanyima aufblicken, der Vorsitzenden von UNAIDS, die außerdem als Untersekretärin der UN fungiert und viele Jahre als ugandische Parlamentsabgeordnete arbeitete. Neben ihr gilt meine Bewunderung Barbie Kyagulanyi, einer Geschäftsfrau, die sich in Programmen zur Stärkung von Mädchen und Frauen engagiert. Sie ist stark und klug. Außerdem ist sie mit dem ugandischen Sänger und Politiker Boby Wine verheiratet, Vorsitzender der National Unity Platform-Partei, der sich bei den Präsidentenwahlen 2021 zur Wahl stellte. In vielen Gesellschaften wird die Ehefrau einer bekannten Persönlichkeit noch immer viel zu häufig lediglich in ihrer Rolle als «Frau an seiner Seite» wahrgenommen, weil man sich lieber auf ihn und seine Errungenschaften konzentriert. Barbie ist selbst eine erstaunliche und bewundernswerte Persönlichkeit.

Und als ich die amerikanische Dichterin Amanda Gorman im Januar bei der Einführung des US-Präsidenten Joe Biden und der Vizepräsidentin Kamala Harris ihr Gedicht rezitieren sah, hatte ich Millionen Mädchen rund um die Welt vor Augen, die davon träumten, einst selbst bei einem Staatsakt zu sprechen. Ich möchte, dass Millionen Mädchen und Frauen den unerschütterlichen Glauben daran entwickeln, werden und sein zu können, wer sie wollen, und dass sie die Welt verändern können. Falls nicht, wird es uns ergehen wie einem Team, von dem die Hälfte der Spieler*innen auf der Bank sitzt. Wir werden alle verlieren. Und die Erde auch.

8
Aufstehen für Gerechtigkeit

Die Notwendigkeit, bei afrikanischen Klimaaktivist*innen ein noch größeres Verständnis für Klimagerechtigkeit zu wecken, und der Wunsch, unsere Bewegung bei meinen Altersgenoss*innen noch bekannter zu machen, drängte mich dazu, *Youth for Future* zu gründen. Daraus entwickelte sich *Rise Up Movement*, eine Bewegung, die im Januar 2020 in den sozialen Medien an den Start ging. *Rise Up* wird hier in Uganda betrieben von Evelyn Acham, Davis Reuben Sekamwa, Edwin Namakanga, Isaac Ssentumbwe, Nyombi Morris, Joshua Omonuk, meiner Cousine Isabella, die bei meinem allerersten Streik dabei war, und meinen Schwestern Clare und Joan. Sie dient als Dachorganisation für Klimaaktivist*innen in Uganda und ganz Afrika.

Rise Up hat erkannt, dass Kommunikation und Koordination wesentlich sind. «Wir müssen als Afrikaner*innen zusammenarbeiten, denn wenn wir nicht aufstehen, sondern uns weiter nur als ‹Hintergrund› begreifen, werden wir keinen Erfolg haben», sagt Adenike Oladosu. «Wir können nicht darauf warten, dass Geld sich plötzlich für Klimagerechtigkeit interessiert. Die Jugend muss aufstehen, sie muss die Verantwortung übernehmen und hier und heute für eine sichere Zukunft kämpfen.»

Schon vor der Erfahrung, aus dem Bild geschnitten worden zu sein, war mir die mangelnde Sichtbarkeit oder Präsenz von Afrikaner*innen in der globalen Klimabewegung aufgefallen. Doch die gänzliche Tilgung meiner selbst veranlasste mich dazu, den afrikanischen Aktivismus noch entschlossener zu unterstützen und vor allem sichtbar zu machen, und damit einhergehend die engagierte Jugend überall im Globalen Süden: die hauptsächlich, aber nicht ausschließlich, weiblich ist. Mir war klar, dass noch viel mehr von uns hervortreten und sich Gehör verschaffen mussten, damit den Staatenlenker*innen endlich keine andere Wahl mehr blieb, als uns zuzuhören, ob sie nun aus dem Globalen Norden oder dem Globalen Süden kamen. Ich hatte den Eindruck, dass sich Staatenlenker*innen viel zu häufig in einem Umfeld bewegten, wo sie von den Auswirkungen ihrer politischen Entscheidungen völlig abgeschirmt waren.

Vor allem diejenigen, die keine Möglichkeit hatten, der Klimakrise zu entrinnen, weil sie sich direkt vor ihrer Haustür ereignete, mussten ihnen auf den Leib rücken: mussten sie zwingen zu verstehen, dass die Konsequenzen ihres Handelns weder abstrakt noch bedeutungslos waren, sondern tagtäglich irgendwo irgendwem konkreten, lebensbedrohlichen Schaden zufügten.

Nach der Erfahrung mit dem Foto war es für mich außerdem absolut entscheidend, sowohl den nationalen als auch den internationalen Medien klarzumachen, dass sie dringend ihren Fokus erweitern mussten, anstatt weiter ausschließlich über die immer gleiche Handvoll auserwählter Klimaaktivist*innen zu berichten. Ich und andere Aktivist*innen aus Afrika und dem Globalen Süden wollten erreichen, dass sie auch die Perspektiven, Geschichten und Lösungsansätze beachteten und in ihre Berichterstattung aufnahmen, die Tausende andere junge Leute anzubieten hatten, junge Leute, die ebenfalls jederzeit und auf sämtlichen Plattformen in der Lage waren, über die Klimawirklichkeiten in ihrem Leben und ihrer Heimat zu berichten. Für diese Aktivist*innen war die Klimakrise keine Theorie: Sie war längst in ihrem Alltag angekommen.

Für Evelyn war Sichtbarkeit entscheidend. «Ich sehe fast ausschließlich weiße Aktivist*innen aus Europa und den USA. In Afrika hört man nur von sehr wenigen», sagte sie mir. Der Globale Norden muss dringend seinen Horizont erweitern. Für sie gestaltet es sich so:

Die internationale Staatengemeinschaft kann ihre Unterstützung demonstrieren, indem sie Hand in Hand mit uns aktiv wird und die Arbeit unterstützt, die wir leisten. Es ist notwendig, dass unsere Arbeit bekanntgemacht, thematisiert und unterstützt wird. Dadurch werden jene gestärkt, die schon jetzt für ihre Umwelt kämpfen, und es verschafft ihnen die notwendige Plattform, um über ihre Arbeit zu sprechen, und die Möglichkeit, ihr Wissen zu erweitern und sich auf dem Gebiet des Klimawandels weiterzubilden. Die Menschen schenken der internationalen Gemeinschaft Gehör. Sie hat sehr viel Macht.

Die positiven Effekte gelebter Solidarität in der globalen Klimabewegung sieht Evelyn so:

Außerdem kann uns die internationale Staatengemeinschaft die Möglichkeit eröffnen, uns in ihre Gruppierungen einzubringen und von ihnen zu lernen, denn ich bin überzeugt davon, dass es auch dort bereits Lösungsansätze gibt, von denen wir erfahren sollten. Doch dafür müssen sie von uns wissen ... und sie müssen auch uns zuhören und von den Lösungsansätzen erfahren, die wir zu bieten haben. Eine derartige Ausrichtung basiert auf dem Wissen und der Anerkennung, dass alle etwas zu sagen haben und dass niemand auf Menschen aus Afrika oder irgendeinem anderen Kontinent herabsehen darf. Der Wert unserer Lösungsansätze muss erkannt werden, sie können Veränderungen bewirken. Wir bekommen die Auswirkungen zu spüren; wir sehen, was passiert; wir erleben es am eigenen Leib.

Mehr Sichtbarkeit und größere Bühnen für Afrikaner*innen, ob jung oder alt, hat nicht nur mit einer Sensibilisierung der Medien zu tun oder damit, ihnen beizubringen, wer mit aufs Bild gehört (oder nicht getilgt werden darf). Es geht auch nicht darum, einige von uns zu Konferenzen einzuladen und uns ein bisschen Redezeit einzuräumen. Und auch nicht darum, lediglich diejenigen ins Rampenlicht zu stellen, die bereits bekannt sind und sowieso schon eine große Social-Media-Reichweite besitzen. Das ist im Grunde nichts weiter als Kosmetik. «Hinter den Kulissen gibt es viele unglaublich engagierte Menschen», wie Kaossara Sani sagt. «Viele Leute glauben, in Togo gäbe es lediglich eine einzige Klimaaktivistin, dabei sind wir viele. Sie sind vielleicht nicht alle so präsent in den sozialen Medien, aber mich inspirieren sie zutiefst.»

Ich weiß genau, wie wertvoll Rollenvorbilder sind, um sich inspirieren zu lassen und nicht den Mut zu verlieren: Meine Vorbilder waren Greta Thunberg und andere, und sie sind es immer noch; und ich hoffe, meinerseits ebenfalls für ein paar Menschen als Vorbild zu dienen. Mir ist klar, dass die Medien lieber Einzelpersonen in den Fokus rücken, als zu versuchen, mit der Thematisierung von Massenbewegungen die Aufmerksamkeit ihrer Leser*innen oder Zuschauer*innen zu binden: Auch ich habe davon profitiert. Die Medien wissen genau, wer mehr «Klicks» oder «Likes» generiert, und dass Algorithmen und Redakteur*innen diese Beliebtheit weiter verstärken, um höhere Werbeeinnahmen zu generieren. Und ich bin mir bewusst, dass die Organisator*innen bestimmter Veranstaltungen bestimmte Aktivist*innen besonders bewerben, weil sie darauf hoffen, dass deren Anwesenheit auch die Berichterstattung intensiviert. Auch davon habe ich bereits profitiert.

Wir alle wünschen uns von unseren Gleichgesinnten Anerkennung und Zustimmung. Ich weiß aus persönlicher Erfahrung, wie wichtig es ist, sich in der Klimagerechtigkeitsbewegung *gesehen* zu fühlen. Aber keine Bewegung – und schon gar keine, in der das Überleben unseres Planeten auf dem Spiel steht – kann sich auf eine Handvoll ikonische «Rockstars» oder «Held*innen» verlassen. Und das sollte sie auch nicht. Wir brauchen das Engagement von Menschen sämtlicher Altersstufen und Ethnien mit der größtmöglichen Bandbreite an Fähigkeiten, von jedem sozioökonomischen Hintergrund und von überall auf der Welt. So wie es nicht nur eine einzige Aktivist*in oder eine einzige «richtige» Art geben kann, sich als Aktivist*in zu engagieren, bedeutet die Beschränkung der Klimabewegung auf nur eine Altersgruppe oder eine Protestform oder einen Teil der Erde die Einschränkung unseres Potenzials und die Beschneidung der Macht unserer kollektiven Energie, unserer kollektiven Fähigkeiten und Stimmen – und es hieße, die Herausforderungen, denen wir uns gegenübersehen, zu unterschätzen.

Doch auch über ein Jahr, nachdem ich in Davos aus dem Bild retuschiert wurde, ist es schwer, der Ausgrenzung zu entgehen. Im März

2021 wurden Brianna Fruean aus Samoa und ich eingeladen, am virtuell abgehaltenen Berliner Energiewende-Dialog teilzunehmen. Uns wurden je fünf Minuten Redezeit zugesagt. In den Wochen vor der Konferenz beschnitten die Organisator*innen unsere Zeitfenster erst auf vier und schließlich auf dreieinhalb Minuten. Außerdem bestanden sie darauf, im Vorfeld Abschriften unserer Redemanuskripte zu erhalten, und wiesen uns wiederholt darauf hin, dass wir keine der teilnehmenden Politiker*innen öffentlich bloßstellen dürften.

Es ist schon erstaunlich, dass Institutionen uns zwar dabeihaben wollen, um sich Inklusion und Diversität auf die Fahnen schreiben zu können, dann aber genau festlegen wollen, was wir sagen, wie wir es sagen und wie viel Redezeit wir bekommen, um uns schließlich auf das absolute Minimum zu beschränken, damit wir nur ja niemanden angreifen können. Wer hätte sich eher angegriffen fühlen sollen? Die Politiker*innen, die die Krise bis heute ignorieren, oder die Klimaaktivist*innen, die zensiert werden, wenn sie im Namen von Millionen Menschen sprechen, deren einziges Vergehen darin besteht, in Folge des Klimanotstands zu leiden, zu hungern und zu sterben? Ein Notstand, der durch die Untätigkeit jener Länder verschärft wurde, in denen ebenjene Politiker*innen das Sagen haben.

Als ich an der Reihe war, ließ ich Manuskript Manuskript sein und nutzte meine 210 Sekunden, um das Verhalten der Organisator*innen anzuprangern:

Wir wurden im Stich gelassen – von den Regierenden, nicht von der Jugend. Die Regierenden sind es, die Wissenschaftler*innen und Forschung geflissentlich ignorieren. Die Regierenden sind es, die ständig wieder daran scheitern, die Klimakrise tatsächlich wie eine Krise zu behandeln. Hier geht es nicht um die öffentliche Bloßstellung Einzelner. Hier geht es um die Wahrheit. Wieso haben Sie solche Angst davor, die Wahrheit zu hören?

~~~

Ende Mai 2020 ging das Video des Mordes an George Floyd um die Welt. Ich sah, wie ein weißer Polizist in Minneapolis dem Schwarzen George Floyd acht Minuten und sechsundvierzig Sekunden lang das Knie ins Genick drückte. Mr. Floyd erstickte. Im ugandischen Fernsehen, in der Presse und auch in den sozialen Medien wurde ausführlich über die Geschehnisse berichtet, und es lässt sich nur schwer beschreiben, wie schockiert ich von dem war, was ich zu sehen bekam, genau wie Hunderte Millionen anderer Menschen auch. Ich reagierte verängstigt und wütend. Was ich gesehen hatte, quälte mich. Jedes Mal, wenn das Video wieder in meiner Timeline auftauchte, scrollte ich schnell weiter, weil ich den Anblick nicht noch einmal ertragen hätte.

Die Morde an George Floyd und an vielen anderen Schwarzen Männern und Frauen machten mir das ungeheure Ausmaß des Rassismus gegen Schwarze überall auf der Welt wirklich bewusst. Rassismus war kein Problem der Vereinigten Staaten. Auch in Europa[1] und Kanada[2], in Lateinamerika[3] und Ostasien[4] leiden Schwarze Menschen unter systemischem Rassismus. Als ich, mein Bewusstsein durch die Fotoretusche geschärft, näher hinsah, erkannte ich, dass die Benachteiligung Schwarzer Menschen allgegenwärtig war; im Zugang zum Gesundheitswesen, im Bereich Bildung, in Schulbüchern, in Betrieben, auf dem Arbeitsmarkt, in der Strafjustiz, auf dem Wohnungsmarkt, in den Medien und auch in der Klimakrise und in der Bewegung, die versuchte, dieser Krise zu begegnen.

Obwohl ich früher bereits von *Black Lives Matter* gehört und auch immer wieder mal einen Tweet der Bewegung gelesen hatte, gewann ich erst nach George Floyds Tod ein besseres Bild. Ich erfuhr von den jungen Anführer*innen der Aktivist*innen, die Rechenschaft forderten und für «*Racial Justice*» auf die Straße gingen, erst in den USA und dann auch weltweit. Und ich sah, dass auch Klimaaktivist*innen dem Ruf folgten und ihn weitertrugen.

Als Akt der Solidarität malte ich Schilder mit den Slogans BLACK LIVES MATTER, I CAN'T BREATHE und SILENCE IS CONSENT (Wer schweigt, stimmt zu) und postete Bilder von mir mit den einzelnen Plakaten in den sozialen Medien. In einem meiner Instagram-Posts von Ende Mai schrieb ich: «Wir wissen, was in jedem Augenblick, auch jetzt, mit Schwarzen Menschen passiert. Ich glaube, wir wissen alle, was ich meine, wenn ich sage, wer schweigt, stimmt zu. Wenn ihr weiter zu den Morden an Schwarzen Menschen schweigt, haben wir ein Problem.» Ich bat meine Follower*innen, nicht nur über den Tod von George Floyd und über die Proteste zu sprechen, sondern Schwarzes Leben aktiv zu schützen und die *Black Lives Matter*-Bewegung zu unterstützen. Außerdem teilte ich auf meinen Kanälen Informationen über *Black Lives Matter*-Protestmärsche und möglichst viele Posts der Bewegung.

Ich konnte zusehen, mit welcher Geschwindigkeit sich die *Black Lives Matter*-Proteste rund um die Welt ausbreiteten, auch in Afrika. In Kenia, dem Senegal, Nigeria, Liberia, Uganda und anderen Ländern gingen Tausende auf die Straße, um ein Ende des Rassismus zu fordern, der durch die Polizeimorde an George Floyd, Breonna Taylor und viel zu vielen anderen auf so brutale Weise bewiesen worden war, und um sich mit Schwarzen Amerikaner*innen solidarisch zu zeigen. In Kampala veranstaltete eine Organisation namens *No White Saviors* im Juni eine *Black Lives-Matter*-Protestveranstaltung. Doch kurz nachdem die Protestierenden sich versammelt hatten, darunter auch viele Ausländer*innen, wurden sie verhaftet. Die Polizei warf den Demonstrant*innen eine gesetzwidrige Versammlung und einen Verstoß gegen Ugandas Corona-Maßnahmen vor.

Afrikaner*innen demonstrierten auch deshalb, um auf die Tatsache aufmerksam zu machen, dass sich staatliche Gewalt gegen Schwarze Bürger*innen nicht auf die USA beschränkte. Sie war auch in Afrika allgegenwärtig, und sowohl Täter*innen als auch Opfer waren meistens Schwarz. Wahlen rufen regelmäßig Unruhen hervor, die oft gewaltsam von der Polizei oder anderen Sicherheitskräften niedergeschlagen werden. Auch die Wahlen 2021 in Uganda bildeten keine Ausnahme.

Auch auf diese Auswüchse von Polizeigewalt wollten die *Black Lives Matter*-Proteste in afrikanischen Hauptstädten aufmerksam machen. Im Juni 2020 gingen in Kenia Menschen in Solidarität mit *Black Lives Matter USA* auf die Straße, aber auch, um gegen Prügelattacken und sogar Tötungen durch Polizist*innen während der durch Covid-19 bedingten Ausgangssperren zu protestieren. In der Hauptstadt Nairobi wurde ein dreizehnjähriger Junge von der Polizei getötet, der bei sich zu Hause auf dem Balkon gestanden hatte. Die Polizei sagte, der Junge sei versehentlich Opfer einer verirrten Kugel aus der Waffe eines Polizisten geworden, der die nächtliche Ausgangssperre durchsetzen sollte.

Die Aktivist*innen, die für Black Lives in Kenia, Südafrika und anderen afrikanischen Ländern auf die Straße gehen, fordern außerdem eine «Entkolonialisierung» der Polizei und der Sicherheitskräfte, dass sie aus der Kolonialzeit stammende Attitüden und Praktiken ablegen. Die Forderung an die Institutionen lautet, künftig zum Schutz der Bürger*innenrechte zu handeln, anstatt die Menschen weiter mit Gewalt in Schach halten zu wollen.[5] In Nigeria gingen im Oktober 2020 Zehntausende Menschen wochenlang auf die Straße, um die Brutalität der regierungseigenen Anti-Diebstahl-Spezialeinheit (SARS) und die durch diese Einheit begangenen Tötungsdelikte anzuprangern. Die Proteste wurden von den Behörden gewaltsam niedergeschlagen, dabei wurden mehrere Demonstranten erschossen. Die Weltgemeinschaft reagierte mit Schrecken auf die Eskalation der Gewalt, und die Führung von *Black Lives Matter* in den USA bekundete ihre Solidarität:

«Polizeigewalt geht uns immer etwas an, egal wo auf der Welt sie geschieht», sagte Opal Tometi, Mitbegründerin von *Black Lives Matter*.[6] «Menschen verschwinden, und Menschen sterben, wenn sie ihre Stimme erheben. Das ist unerträglich.» Gemeinsam mit sechzig anderen Aktivist*innen, Künstler*innen, Autor*innen und Schauspieler*innen, viele von ihnen Schwarz, unterschrieb sie einen offenen Brief an den nigerianischen Präsidenten Muhammadu Buhari, in dem er aufgefordert wurde, die inhaftierten Demonstrant*innen auf freien Fuß zu setzen und den Nigerianer*innen ihr «verfassungsmäßiges Recht auf Protest» zuzugestehen.[7] Auch Greta unterschrieb den Brief, was vielleicht dazu betrug, auch anderen klarzumachen, was wir in der Jugendklimabewegung längst wussten: Ohne *Racial Justice* kann die Klimakrise nicht gelöst werden.

Zu Hause diskutierten wir viel über den Mord an George Floyd, den hartnäckigen Rassismus gegen Schwarze und über die Vorherrschaft der Weißen, die inzwischen international mit dem Begriff *White Supremacy* bezeichnet wird. Wie Milliarden Menschen weltweit, waren wir angesichts der Ereignisse zutiefst erschüttert und wütend. Die Vorkommnisse waren die deprimierende Bestätigung dessen, was wir bereits wussten: dass weiße Menschen glaubten, Schwarzen Menschen alles antun zu können, ohne Konsequenzen befürchten zu müssen. Es hatte in dem Video so ausgesehen, als hätte der weiße Polizist geglaubt, er hätte das Recht, George Floyd einfach umzubringen, und zwar so, wie er das wollte, obwohl die ganze Welt dabei zusah.

Irgendwann führten die Diskussionen uns auch zu den Geschehnissen in Davos zurück. Meine Eltern sagten, nach dem Vorfall mit dem retuschierten Foto hätten sie noch geglaubt, es gäbe Raum für weiße Menschen, ihre Haltung People of Color gegenüber zum Positiven zu verändern, doch jetzt, nach dem Mord an George Floyd, seien sie sich nicht mehr sicher. Ein Schwarzer war am helllichten Tag in den USA von einem Polizisten ermordet worden. Uns wurde bewusst, dass aus *White Supremacy* jederzeit sehr viel Schlimmeres resultieren kann, als aus einem Bild herausretuschiert zu werden.

Ich hatte das Gefühl, als wäre mir die Geschichte des Rassismus in meinem eigenen Land und weltweit überhaupt nicht bewusst gewesen. Im Unterricht hatten wir lediglich den Sklav*innenhandel und die Plünderung afrikanischer Länder durch die Kolonialmächte durchgenommen. In Uganda wurde britisches Recht gelehrt, und wir hatten etwas über die Freiheitskämpfe bei uns und in anderen Ländern auf dem afrikanischen Kontinent gelernt, die 1962 schließlich zu unserer Unabhängigkeit geführt hatten. Doch auch heute herrscht in Uganda und anderswo immer noch eine Form von *White Supremacy*. Das ist meiner Meinung nach nur möglich, weil uns Afrikaner*innen immer eingeredet wurde, weiße Menschen stünden über uns und wir weit unter ihnen. Ich weiß noch, dass wir im Unterricht den Maji-Maji-Aufstand gegen die deutsche Kolonialherrschaft im heutigen Tansania durchnahmen. Der «Aufstand» (der eigentlich «Kampf gegen den

Kolonialismus» heißen müsste) dauerte von 1905 bis 1907 und gehörte zu den größten Rebellionen dieser Art in Afrika. Wir lernten, dass Kinjeketile, der Rebellenführer, seinen Kämpfern erzählt hatte, seine «Kriegsmedizin» werde die Kugeln der Deutschen in Wasser verwandeln. Tat sie nicht. Die «Kriegsmedizin» bestand in Wirklichkeit aus Wasser («Maji» in Kiswahili), das mit Hirsekörnern und Rizinusöl vermischt worden war. In Folge der Kämpfe und der anschließenden Hungersnot, weil auch Ernten vernichtet worden waren, starben zwischen 180 000 und 300 000 Menschen. Die Art, wie unser Lehrer die Geschichte erzählte – oder wie ich sie verstand –, machte die Überlegenheit der Deutschen im Gebrauch ihrer Waffen (Gewehre und Munition) gegen das Wasser der Aufständischen deutlich. Die Lektion, die uns der Maji-Maji-Aufstand lehrte, lautete, dass uns die Weißen schon damals weit überlegen waren.

Im heutigen Uganda, einem Land mit überwiegend Schwarzer Bevölkerung, herrscht eine Faszination für Weißsein und eine damit in Zusammenhang stehende Privilegierung, mit der ich von klein auf vertraut bin. Als Kinder reagierten wir immer ganz aufgeregt, wenn auf der Straße ein*e Weiße*r lief. Und wer weiße Bekannte hat, wird auch heute noch ungläubig gefragt: «Wie kommt es, dass ihr befreundet seid?» Die Privilegien werden auch in den Restaurants, Geschäften und Shopping-Malls in Kampala offensichtlich, wenn Weiße vor Schwarzen Einheimischen bedient oder eindeutig höflicher behandelt werden.

Die Retusche und die *Black Lives Matter*-Proteste waren im Jahr 2020 nicht die einzigen Hinweise auf strukturellen Rassismus, die ich bemerkte. Auch die Corona-Pandemie hat die einschneidenden Ungerechtigkeiten sichtbar gemacht, denen Schwarze überall auf der Welt ausgesetzt sind. Menschen afrikanischer Abstammung und nichtweiße People of Color sind einer größeren Gefahr ausgesetzt, sich mit dem Virus zu infizieren (oft ihrer Jobs wegen, aufgrund ihrer Lebensumstände und des mangelnden Zugangs zum Gesundheitswesen). Sie infizieren sich unverhältnismäßig leichter mit Covid-19 und sind dann einer ungleich größeren Gefahr schwerer oder tödlicher Verläufe ausgesetzt.[8]

Dem Großteil des afrikanischen Kontinents sind die grausam hohen Infektions- und Todesraten erspart geblieben, unter denen Nordamerika, Europa und Lateinamerika zu leiden haben. Forscher*innen vertreten die Annahme, ein Grund für die relativ niedrigen Todesraten in Afrika sei darin zu finden, dass die meisten Afrikaner*innen sich Flugreisen nicht leisten können und die Krankheit sich deshalb bei uns nicht so massiv ausbreiten konnte. Eine weitere Erklärung lautet, Afrikaner*innen wären grundsätzlich so vielen Krankheiten wie Malaria, Tuberkulose, Parasitenbefall und Atemwegserkrankungen ausgesetzt, dass ihr Immunsystem grundsätzlich besser in der Lage sei, das Virus zu bekämpfen.[9]

Dennoch tauchen gerade jetzt, während ich dies schreibe, neue Varianten des Coronavirus in Afrika auf, die Fallzahlen steigen, und es besteht zwischen dem Globalen Norden und dem Globalen Süden ein enormes Missverhältnis, was die Verfügbarkeit von Impfstoff betrifft. Hier zeigt sich eine weitere tiefgreifende Ungerechtigkeit: Als Nebenprodukt von Armut und begrenzter politischer Macht wird Menschenleben im Globalen Norden (meistens) ein höherer Wert zugesprochen als im Globalen Süden.

Und natürlich lässt sich die Ungleichheit zwischen Afrika und anderen Kontinenten anhand der Kosten des Klimawandels und unseren Anstrengungen, das Thema sichtbar zu machen, am deutlichsten ablesen. Afrikanische Klimaaktivist*innen haben mit Polizeigewalt und der Verletzung grundlegender Menschenrechte zu kämpfen, beides verantwortet von ihren eigenen Regierungen. Wir müssen gegen die Apathie ankämpfen, die wir bei vielen unserer Anführer*innen in Bezug auf die Klimakrise und die Klimabewegung wahrnehmen. Die ugandische Führung räumt in vielen Belangen den eigenen Interessen und den Interessen der internationalen Gemeinschaft und ausländischer Investoren höhere Priorität ein als dem Wohlergehen der eigenen Bevölkerung und der eigenen Region.

~~~

Im Februar 2013 erlitt Ella Adoo-Kissi-Debrah in London nach einem Krampfanfall eine tödliche Asthmaattacke. Sie war in den drei Jahren davor wegen ihres Asthmas siebenundzwanzig Mal in stationärer Behandlung gewesen. Ella wurde neun Jahre alt. Für mich veranschaulichte ihr Tod einen Zusammenhang zwischen *Racial Justice* und der Klimakrise, der kaum jemals thematisiert wird: das öffentliche Gesundheitswesen.

Ich erfuhr im Dezember 2020 von Ellas Geschichte, als internationale Medien über ein Gerichtsurteil berichteten, in dem zum ersten Mal in der britischen Rechtsgeschichte ein Gericht Luftverschmutzung als Todesursache anerkannt hatte. Der Gerichtsmediziner hatte angemerkt, dass in Lewisham im Südosten von London, wo Ella lebte, der Stickstoffdioxid-Gehalt der Luft die Grenzwerte der EU und der WHO überschritt.[10] Stickstoffdioxid, die wichtigste Vorläufersubstanz für das giftige bodennahe Ozon, wird von dieselbetriebenen Fahrzeugen produziert.

Seit Jahrzehnten sind uns die durch fossile Brennstoffe verursachten und messbaren Umweltschäden bewusst. Wir werden zunehmend vertrauter mit immer weiter steigenden Werten wie dem in Teilen pro Million gemessenen CO_2-Gehalt in der Erdatmosphäre: Im April 2021 erreichte er mit 420 Teilen pro Million ein nie dagewesenes Rekordhoch. Leider sind viele dieser Folgen der Klimakrise unsichtbar. Wir können die Erderwärmung ebenso wenig sehen wie die Treibhausgasemissionen in der Atmosphäre. Wäre das möglich – wären Treibhausgase beispielsweise violett –, ließen sie sich, davon sind viele Menschen überzeugt, nicht so leicht ignorieren, und wir würden erheblich nachhaltigere Maßnahmen zum Schutz des Klimas ergreifen.

Wüssten die Menschen besser über die Auswirkungen der Klimakrise auf ihre Gesundheit Bescheid, ich glaube, sie wären sich der Notwendigkeit, den Planeten und sich selbst zu schützen, viel deutlicher bewusst. Die Auswirkungen von *unsichtbarem* Feinstaub auf unsere Gesundheit sind womöglich ebenso gravierend wie die sichtbare Verschmutzung durch Öl- oder Algenteppiche. Die winzigen Feinstaubpartikel können Herz, Lunge und andere lebensnotwendige Organe angreifen, sie erhöhen das Risiko für Schlaganfälle, Herzinfarkte und natürlich für sämtliche mit dem Atemtrakt zusammenhängenden Krankheiten wie zum Beispiel Asthma. Als ich noch klein war, litt meine Mutter an schwerem Asthma. Ich kann mich noch gut an meine Panik erinnern und an den schmerzverzerrten Ausdruck auf ihrem Gesicht, wenn sie Atemnot hatte. Ich kann nur erahnen, wie es Ella und ihrer Mutter Rosamund Kissi-Debrah ergangen sein muss.

Luftverschmutzung fordert nicht nur Menschenleben, sie verursacht auch hohe Kosten für die Wirtschaftssysteme sowohl im Globalen Norden wie auch im Globalen Süden. London gehört zu den Städten mit der höchsten Luftverschmutzung in Europa, und die Kosten für das öffentliche Gesundheitswesen in Höhe von 10,32 Milliarden Britischen Pfund stehen in Europa auf Rang eins.[11] In Europa insgesamt sieht es nicht viel besser aus: Die Kosten für das öffentliche Gesundheitswesen im Zusammenhang mit Luftverschmutzung in 432 Städten auf dem gesamten Kontinent belaufen sich auf 1276 Euro pro Kopf bzw. 166 Milliarden Euro im Jahr.[12] Berechnungen im Jahr 2016 haben ergeben, dass die Luftverschmutzung das ägyptische Bruttoinlandsprodukt jährlich um 3,58 Prozent oder 17 Milliarden US-Dollar senkt[13], und chinesische Forscher kommen zu dem Schluss, dass sich in China durch eine Verminderung der Luftverschmutzung jährlich 60 Milliarden Yuan (780 Millionen Euro) an Gesundheitskosten einsparen ließen.[14] Das *Center for Research on Energy and Clean Air* mit Sitz in Helsinki schätzt, dass die im Zusammenhang mit Luftverschmutzung stehenden öffentlichen Gesundheitskosten mindestens 8 Milliarden US-Dollar *täglich* (bzw. 3,3 Prozent des weltweiten Bruttosozialprodukts) betragen. Die Kosten für die Wirtschaft in Form verlorener Arbeitszeit, medizinischer Versorgung und verkürzter Lebenszeit summierten sich allein im Jahr 2018 auf 2,9 Billionen US-Dollar.[15]

Natürlich darf dieser Negativfaktor für die Wirtschaft die furchtbaren Konsequenzen für Ella und alle anderen, die diesen Feinstaubkonzentrationen ausgesetzt waren oder sind, nicht überdecken. Nach einem Bericht von Greenpeace Südostasien starben in Delhi, eine der

Städte mit der weltweit höchsten Luftverschmutzung, allein 2020 50 000 Menschen an den Folgen verschmutzter Luft.[16] Indische Städte werden regelmäßig in den Rauch abgebrannter Stoppelfelder gehüllt, eine Tatsache, von der mir der zwölfjährige indische Umweltaktivist Aarav Seth erzählte: «Die Regierung stellt den Bauern keine Alternativen zur Entsorgung oder Verarbeitung der Stoppeln zur Verfügung.» Außerdem trage auch Entwaldung zur dortigen Luftverschmutzung bei. «Manche Waldgebiete werden zu Erschließungszwecken gerodet, und das verschlimmert die Lage der Menschen in Indien weiter. Ich möchte, dass die Regierung begreift, wie schmal der Grat zwischen Entwicklung und Zerstörung ist.»

Die Brandrodungen im Amazonas-Regenwaldgebiet führten im Jahr 2019 zu fast 2200 Krankenhausaufenthalten in der Region.[17] Ein Bericht kommt zu dem Schluss, dass die kalifornischen Buschbrände von 2020 eine noch gravierendere Luftverschmutzung zur Folge hatten als Autoabgase und zu einem Anstieg der Krankenhausaufenthalte von 10 Prozent führten.[18] Was die Luftqualität betrifft, so hat auch Uganda keinen Grund, sich mit Lorbeeren zu schmücken. Im Jahr 2019 führte die WHO Kampala auf Platz 15 der Städte mit der weltweit höchsten Luftverschmutzung, Hauptursache dafür waren Verkehrsabgase. In dieser Analyse ist die Verschmutzung in Kampala höher als in Karatschi in Pakistan, Nagpur in Indien und Xianyang in China (die einzige andere afrikanische Stadt auf der fünfzig Städte zählenden Liste ist Bamenda in Kamerun auf dem achten Rang).[19]

Dieses Thema ist mir aus naheliegenden Gründen persönlich wichtig, denn ich habe in dieser Stadt fast mein ganzes Leben verbracht. Obwohl ich zum Glück in einer sehr grünen, baumbestandenen Gegend lebe, kann ich, sobald ich aus dem Tor auf die Straße trete, den Dreck im Mund spüren, die dicke Luft wabert in Kehle und Lungen, und der Dieselgestank ist allgegenwärtig. Während meiner Streiks, vor allem in Bugolobi, wo viel Industrie angesiedelt ist, konnte ich mit eigenen Augen sehen, wie die Abgaswolken in der Luft hängen bleiben, wenn die Autos anfahren. Ich würde mir dann am liebsten die Nase zuhalten und nicht mehr atmen, um den Schmutz nicht zu inhalieren – auch, weil bei uns noch immer verbleites Benzin für die vielen alten Autos auf dem Markt ist, die von den meisten Menschen gefahren werden.

Einer der vernichtendsten Forschungsberichte zum Thema fossile Brennstoffe und öffentliche Gesundheit ist eine im Februar 2021 veröffentlichte Untersuchung der Harvard University sowie dreier britischer Universitäten. Forscher*innen haben herausgefunden, dass im Jahr 2018 über acht Millionen Menschen durch fossile Brennstoffe ums Leben kamen, eine Zahl, die alle früheren Schätzungen bei weitem in den Schatten stellt.[20] Auch die Wissenschaftler*innen selbst waren von den Zahlen, die sie als «frappierend» bezeichneten, schockiert. Eine von ihnen, Eloise Marais, Geographin am University College, London, sagt: «Wir stoßen auf immer neue Auswirkungen dieser Verschmutzungsform. Sie sind allgegenwärtig.»[21]

Weshalb ist es uns dann angesichts der enormen Kosten für das öffentliche Gesundheitswesen und die Wirtschaft und vor dem Hintergrund so tragischer Schicksale wie dem Tod von Ella nicht schon längst gelungen, unsere Abhängigkeit von fossilen Brennstoffen zugunsten sauberer, erneuerbarer Energien zu überwinden?

Ein Grund dafür könnte sein, dass Ella Adoo-Kissi-Debrah, wie viele andere Opfer, Schwarz war. Weder einflussreich noch wohlhabend noch gut vernetzt, lebte sie mit ihrer Familie in einer strukturschwachen Gegend von London. In einem Stadtviertel, das, wie viele urbane Wohngegenden der Einkommensschwachen, kreuz und quer von Schnellstraßen durchzogen ist, auf denen ständig starker Verkehr herrscht. Wir müssen uns fragen, ob Ella, wäre sie reich und weiß gewesen, auch mit derart stark verschmutzter Luft hätte leben und schließlich daran sterben müssen, und ob es auch dann *sieben Jahre* bis zur Veröffentlichung des gerichtsmedizinischen Untersuchungsberichtes gedauert hätte.

Der britische Klimaaktivist Elijah Mckenzie-Jackson erzählte mir, er ginge nicht davon aus, dass die Briten die Warnung, die von Ellas Tod ausgeht, ernst nehmen würden: «Sie war noch ein Kind, sie war ein Mädchen, und sie war Schwarz. Das hat nicht für große Schlagzeilen gesorgt», sagte er. «Wäre ein weißer männlicher Angehöriger der

Mittelklasse an Luftverschmutzung gestorben, würden alle darüber reden.»

Ich kann heute nur deshalb über Ella schreiben, und der Richter war nur deshalb gezwungen, über den Fall zu verhandeln und schließlich sein bahnbrechendes Urteil zu fällen, weil Ellas Mutter Rosamund weder stumm blieb noch resignierte. Sie setzte alles daran zu erreichen, dass ihre Tochter nicht umsonst gestorben war, und zu zeigen, dass Ellas Tod einen Grund, eine *Ursache* hatte; dass jemand oder etwas dafür verantwortlich war. Sie engagiert sich inzwischen als Aktivistin gegen Luftverschmutzung und hat im Namen ihrer Tochter eine Stiftung gegründet, mit dem Ziel, das Leben junger Menschen, die in Südlondon an Asthma leiden, zu verbessern.

Ellas Tod – und der Tod Millionen anderer – war nicht einfach ein Schicksalsschlag, so wie es kein Zufall war, dass sie zur falschen Zeit am falschen Ort war. Die Gefälle, die wir sehen, und jene, die wir nicht sehen – zwischen Süd und Nord, zwischen reich und arm und zwischen People of Color und Weißen –, sind gravierend.

Überall im Globalen Norden ist die Wahrscheinlichkeit für Schwarze und andere People of Color, in der Nähe von Kläranlagen, Mülldeponien und Industriegebieten zu leben, höher als für Weiße; auch Busbahnhöfe und Sondermülldeponien sind eher in ihren Wohngegenden angesiedelt.[22] Ihre Wohnsiedlungen befinden sich außerdem mit höherer Wahrscheinlichkeit in der Nähe von Schlachthöfen oder Großmastbetrieben, welche nahe gelegene Gewässer verschmutzen, die Luft verpesten und so für Übelkeit und Atemwegserkrankungen sorgen.[23] Und sie besiedeln mit höherer Wahrscheinlichkeit niedrig gelegene Gebiete und sind damit einer größeren Gefahr von Überschwemmungen, Sturmfluten und von durch verunreinigtes Wasser verursachten Krankheiten ausgesetzt. Die Straßen in ihren Vierteln sind oft schlechter gewartet oder schlechter beleuchtet, und die Wohnverhältnisse in den Anlagen, in denen sie leben, sind oft beengter und die Häuser anfälliger für Brände.

Weil in ihren Stadtteilen oft weniger Bäume wachsen, sind sie öfter dem sogenannten Wärmeinsel-Effekt ausgesetzt, bei dem Asphalt und

Zement das Sonnenlicht absorbieren und die Umgebung aufheizen. Jene Menschen können sich seltener Klimaanlagen leisten, und ihre Jobs machen es öfter notwendig, viel Zeit auf der Straße zu verbringen. So wie 2005, als die geschockte Weltöffentlichkeit Zeugin wurde, wie der Wirbelsturm Katrina die Dämme der Stadt New Orleans zerstörte und die niedriggelegenen Stadtgebiete überschwemmt wurden. Vor allem für «Schwarze Wohngebiete» besteht die Gefahr, abgeschnitten, vergessen und von ihrer Regierung sich selbst überlassen zu bleiben. In Flint, Michigan, ebenfalls in den USA, kämpfen Schwarze Familien bis heute für Gerechtigkeit, nachdem sie in der mehrheitlich von Schwarzen bewohnten Stadt jahrelang mit durch Blei kontaminiertem Trinkwasser versorgt worden waren.[24]

Für Feldarbeiter*innen, viele von ihnen Eingewanderte oder Selbstversorger*innen, kann Hitze tödlich sein. In den USA kommt eine mehrjährige Studie der Seuchenschutzbehörde *Centers for Desease Control* zu dem Schluss, dass Farmarbeiter*innen im Vergleich zu durchschnittlichen Arbeiter*innen einer zwanzigmal höheren Gefahr ausgesetzt sind, den Hitzetod zu sterben[25], und da viele von ihnen ohne Papiere arbeiten oder aus Lateinamerika stammen und nur Spanisch sprechen, haben sie möglicherweise keinen Zugang zu auf Englisch verfassten Hitzewarnungen oder melden sich bei körperlichen Beschwerden nicht, aus Angst, ausgewiesen zu werden.[26]

Die Themen Umweltschutz oder Klimawandel werden viel zu häufig durch eine farbenblinde oder wirtschaftlich neutrale Brille betrachtet, wie Leah Thomas, Schwarze Autorin und Umweltaktivistin aus Los Angeles, mir erzählte. Immer wieder leiden Schwarze Gemeinschaften unter größerer Luft- und Wasserverschmutzung. «Wenn Menschen an Umweltschutz denken, werden Aspekte wie Ethnie oder Wohlstand oft ausgeblendet und auch die Frage, inwiefern diese Dinge eine Rolle spielen, wenn es darum geht, wer unter Umweltungerechtigkeit besonders zu leiden hat. Das ist deshalb falsch», so Leah Thomas weiter, «weil die Menschen, die momentan unter Umweltungerechtigkeit zu leiden haben, meistens Communities of Color angehören und sich daran nichts ändern wird, wenn wir es nicht auf den Tisch bringen.»

Leah bringt ein paar potenziell umwälzende Vorschläge für die US-Regierung an. Neben der Forderung, endlich den Klimanotstand auszurufen, schlägt sie die Einrichtung eines Jugendumweltschutzrates und eines Rates für sektorenübergreifenden Umweltschutz vor, um direkt mit Klimaaktivist*innen an der Basis zusammenarbeiten zu können. Sie fügt hinzu: «Ich will eine Gesetzgebung in Sachen Umweltgerechtigkeit, die der Tatsache Rechnung trägt, dass Communities of Color besonders unter diesen Umweltthemen zu leiden haben, und in der Umweltrassismus mit einer Verletzung der Bürgerrechte gleichgesetzt wird.»

Auch bei der Arbeit von Veronica Mulenga, einer Klimaaktivistin aus Sambia, steht das Thema Umweltgerechtigkeit im Mittelpunkt. «Ich hatte noch nie von dem Begriff Umweltgerechtigkeit gehört», erzählte sie mir. «Dann stieß ich während meiner Recherchen über den Klimawandel auf die Tatsache, wie unverhältnismäßig stark wir im Globalen Süden davon betroffen sind. Ich war zutiefst erschüttert. Wir sind diejenigen, die am wenigsten zur Klimakrise beitragen, und sind gleichzeitig am stärksten davon betroffen.»

In Veronicas Alltag sind Stromausfälle an der Tagesordnung. In Sambia haben die Regenfälle abgenommen, die Pegelstände der Flüsse sind niedrig, und in den Stauseen ist nicht genug Wasser, um die Wasserkraftwerke zu versorgen, von denen Sambia 95 Prozent seiner offiziellen Stromkapazitäten bezieht.[27] «Wir haben jeden Tag mit Stromausfällen in Zeitspannen von acht bis vierzehn Stunden zu kämpfen», sagt sie. «Wer es sich leisten kann, kauft einen Generator», fügt sie hinzu, «doch die werden mit fossilen Brennstoffen betrieben und emittieren Kohlendioxid. Die Installation von ausreichend Solarmodulen, um ein ganzes Haus zu versorgen, ist kostspielig. Meine Familie spart, um eines Tages eine Solaranlage anschaffen zu können», sagt Veronica. «Ich fände es wunderbar, wenn die internationale Staatengemeinschaft möglichst viele von uns hier mit finanzieller Hilfe und Anpassungsmaßnahmen unterstützen würde.»

~~~

«Wir können keine Kohle essen, wir können kein Erdöl trinken», lautet ein Slogan, den ich auf meinen Klimastreiks und in meinen Reden oft verwende. Einerseits ist dies ein offensichtlicher Hinweis auf unsere verzerrten Prioritäten und unser Scheitern, weltweit die Grundbedürfnisse zu sichern. Doch der Slogan ist auch eine ganz sprichwörtliche Beschreibung dessen, was Milliarden Menschen wie Ella tagtäglich durchmachen müssen: die Aufnahme fossiler Brennstoffe in Form von Feinstaub, verdrecktem Wasser und Mikroplastik in Atemwege und Verdauungstrakt – vor allem, wenn man arm ist oder Schwarz oder beides.

Diese Tatsache führt mich zu grundlegenden Fragen. Wenn man an die unfassbaren Ungleichheiten denkt, an Rassismus und an die in die Klimakrise eingebetteten offensichtlichen Ungerechtigkeiten, welcher Natur ist dann ein System, das diese Ungleichheiten unterstützt und die verheerenden Konsequenzen akzeptiert, die die weitere Verbrennung fossiler Energieträger mit sich bringt? Und womit wird ein derartiges System aufrechterhalten?

Es ist ein System von ausbeuterischem und unreguliertem Kapitalismus, welches die Bedürfnisse und Befindlichkeiten reicher Länder und wohlhabender Bevölkerungsgruppen innerhalb dieser Länder bevorzugt, weil die natürlichen Ressourcen der ärmeren Länder und deren Bewohner*innen sie reich gemacht haben. Dieses System würde eher den Planeten zum Vorteil einiger weniger zerstören, als ihn zum Wohle vieler zu erhalten. Dieses System stützt sich eher auf Gier und Ausbeutung als auf das Wohlergehen der menschlichen Gemeinschaft und der Schöpfung als Ganzes. Es ist ein System, in dem das Wohlbefinden einiger weniger zu Lasten vieler geht; in finanzieller Hinsicht, was die körperliche und mentale Gesundheit betrifft und die Zukunft. Es garantiert einer privilegierten Minderheit Freiheit, indem es die Möglichkeiten der überwältigenden Mehrheit beschneidet.

Dieses System ist niemals satt. Es will immer noch mehr: mehr Geld anhäufen, der Natur mehr nehmen, anderen Menschen mehr nehmen. Es stützt sich auf die Missachtung von Menschenleben und unseres Planeten und ist von der Verbreitung der Illusion abhängig, dass es alle auf der Leiter ganz nach oben schaffen können, wenn sie sich nur an die Regeln halten. Doch das wird schon deshalb nicht geschehen, weil das System selbst die Leiter zerstört.

Dieses System wird zu einem großen Teil von der Phantasievorstellung aufrechterhalten, dass grenzenloses Wirtschaftswachstum ohne Konsequenzen möglich sei, es ist blind für die extremen Ungleichheiten oder die Gefahr des ökologischen Kollapses. Doch wie uns hier in Afrika Tag für Tag bewusst ist und wie der Rest der Welt langsam zu verstehen beginnt, ist die Klimakrise längst bei uns angekommen, und zwar schneller und gravierender, als die Wissenschaft vorhergesagt hat. Der Zusammenbruch des texanischen Stromnetzes infolge von Kälterekorden, der Verlust eines Staudamms aufgrund der anhaltenden Gletscherschmelze im Himalaya, das Sturmtief Ciara (in Deutschland Orkan Sabine), das eine Schneise der Verwüstung quer durch Europa zog, die katastrophalen Starkregenfälle in Südsumatra, die Überflutungen in Simbabwe, bei der 200 Häuser zerstört wurden, und die Lawinenabgänge in Afghanistan – all das Ereignisse allein aus dem Februar 2020[28] – zeigen, dass wir keine Zeit mehr haben, von «Netto-Null-Emissionen» und einer «postfossilen» Ära bis 2050 oder gar 2060 zu träumen. Die Forschung sagt uns: Es bleiben uns weniger als zehn Jahre, und möglicherweise ist selbst 2030 zu spät, um eine Welt zu garantieren, in der die Erderwärmung unter 2 °C bleibt.

Ich vergleiche unsere derzeitige Situation mit einem Schachspiel. Manche von uns sind als Bauern zur Welt gekommen, manche als Springer, manche als Turm. Manche von uns sind vielleicht sogar Damen und verfügen daher über einen sehr viel größeren Bewegungsspielraum. Aber niemand von uns ist autonom: Wir sind alle an das Schachbrett gebunden und spielen ein Spiel, das wir uns nicht ausgesucht haben. Wir sind Figuren in den Händen von Menschen, die an unserem Wohlergehen keinerlei Interesse haben. Sie haben nur Interesse daran, ihre*n Gegner*in zu schlagen. Vielleicht werden wir geopfert; vielleicht erobern wir gegnerische Figuren. Aber niemand entkommt dem Schachbrett; wir können die Spielregeln, denen wir folgen, nicht verändern.

Was der Welt momentan bewusst wird, ist, dass die Kontrolle, die die Schachmeister*innen zu haben glauben, nichts weiter ist als Illusion. In Wirklichkeit hat die Natur das Kommando. In Wirklichkeit sind die Großmeister*innen wie der König auf dem Brett bei Schachmatt: gefangen, unfähig, auch nur einen weiteren Zug zu machen.

Die Zeit der Illusionen ist vorbei. Das Spiel ist aus.

9
Die weiteren Aussichten: Notstand

Mama Mugerwa verkauft auf dem Markt in Luzira, wo meine Familie früher lebte, *Gonia* (Kochbananen). Meine Mutter freundete sich damals mit ihr an. Mit dem Erlös ihrer *Gonia* unterstützt Mama Mugerwa ihre vier Enkeltöchter. Als die Corona-Pandemie im März 2020 Uganda erreichte und die Regierung den Lockdown verhängte, schossen die Lebensmittelpreise in die Höhe. Obwohl Präsident Museveni den Händler*innen bei Strafandrohung untersagte, die Preise zu erhöhen, machten die Verkäufer*innen Großhändler und die Logistik verantwortlich. Nahrungsknappheit war die Folge. Während auch ich im Lockdown festsaß, sah ich in den Nachrichten Berichte über Frauen wie Mama Mugerwa, die weinend um Hilfe baten. Ohne Arbeit (oder weil ihre Ehemänner ihre Jobs verloren hatten) waren sie nicht mal mehr in der Lage, ihre Kinder und Enkelkinder täglich mit zwei Mahlzeiten zu versorgen, von den dreien, die ich und meine Familie gewohnt sind, ganz zu schweigen.

Diese Geschichten zu hören, zu erfahren, dass Tausende Menschen, unter ihnen viele Kinder, ganz konkret mit dem Schmerz leerer Mägen konfrontiert waren, ohne dass ein Ende der Pandemie in Sicht war, tat weh. Ich wusste, dass ich etwas unternehmen musste, und stellte mit Hilfe meiner Social-Media-Kanäle eine internationale Crowdfunding-Kampagne auf die Beine. Ich sammelte genug Geld, um *Posho* (Maismehl) für fünfzig Familien zu kaufen, darunter auch Mama Mugerwa und ihre Enkeltöchter.

Trotz der Hilfe, die das Geld für diese Familien bedeutete, wurde mir klar, dass die Mehlsäcke lediglich ein Bruchteil dessen waren, was tatsächlich notwendig gewesen wäre, um den Hunger zu bekämpfen, dem viele ärmere Ugander*innen während der ersten Pandemie-Monate ausgesetzt waren. Diese Mehlsäcke waren keine Lösung für Armut und Ernährungsunsicherheit. Diese Ungerechtigkeiten bestehen seit langem, nicht nur in Uganda, sondern in vielen Ländern.

Die Lebensumstände von Mama Mugerwa und Hunderten Millionen Menschen wie ihr können durch den Ausbruch einer Seuche, eine Springflut, durch einen Erdrutsch oder irgendeine andere Katastrophe jeden Augenblick in Verzweiflung kippen. Diese grundlegende Unsicherheit ist einer der Gründe, weshalb ich im September 2020 die Einladung der UN annahm, als eine von siebzehn sogenannten *Young Leaders* an den Zielen für Nachhaltige Entwicklung (Sustainable Development Goals oder SDGs) mitzuwirken. Die Rolle dieser jungen Anführer*innen – junge Aktivist*innen, Unternehmer*innen, Künstler*innen und Lehrer*innen aus Pakistan, den USA, China, dem Senegal, Kolumbien und anderen Ländern – besteht darin, bei den jungen Menschen in unseren Heimatländern das Verständnis für die SDGs zu vertiefen und sie zum Mitwirken aufzufordern, um diese Ziele Wirklichkeit werden zu lassen.

Die 17 Nachhaltigkeitsziele der Vereinten Nationen[1]

SDG 1: Keine Armut: Armut überall und in jeder Form beenden.

SDG 2: Kein Hunger: Den Hunger beenden, Ernährungssicherheit und eine bessere Ernährung erreichen und eine nachhaltige Landwirtschaft fördern.

SDG 3: Gesundheit und Wohlergehen: Ein gesundes Leben für alle Menschen jeden Alters gewährleisten und ihr Wohlergehen fördern.

SDG 4: Hochwertige Bildung: Inklusive, gerechte und hochwertige Bildung für alle gewährleisten und Möglichkeiten des lebenslangen Lernens für alle fördern.

SDG 5: Geschlechtergerechtigkeit: Geschlechtergerechtigkeit und Selbstbestimmung für alle Frauen und Mädchen erreichen.

SDG 6: Sauberes Wasser und Sanitäreinrichtungen: Verfügbarkeit und nachhaltige Bewirtschaftung von Wasser- und Sanitärversorgung für alle gewährleisten.

SDG 7: Bezahlbare und saubere Energie: Zugang zu bezahlbarer, verlässlicher, nachhaltiger und zeitgemäßer Energie (für alle).

SDG 8: Menschenwürdige Arbeit und Wirtschaftswachstum: Dauerhaftes, breitenwirksames und nachhaltiges Wirtschaftswachstum, produktive Vollbeschäftigung und menschenwürdige Arbeit für alle fördern.

SDG 9: Industrie, Innovation und Infrastruktur: Eine belastbare Infrastruktur aufbauen, inklusive und nachhaltige Industrialisierung fördern und Innovationen unterstützen.

SDG 10: Weniger Ungleichheiten: Ungleichheit innerhalb von und zwischen Staaten verhindern.

SDG 11: Nachhaltige Städte und Gemeinden: Städte und Siedlungen inklusiv, sicher, widerstandsfähig und nachhaltig gestalten.

SDG 12: Nachhaltig produzieren und konsumieren: Nachhaltige Konsum- und Produktionsmuster sicherstellen.

SDG 13: Maßnahmen zum Klimaschutz: Umgehend Maßnahmen zur Bekämpfung des Klimawandels und seiner Auswirkungen ergreifen.

SDG 14: Leben unter Wasser: Ozeane, Meere und Meeresressourcen im Sinne nachhaltiger Entwicklung erhalten und nachhaltig nutzen.

SDG 15: Leben an Land: Landökosysteme schützen, wiederherstellen und ihre nachhaltige Nutzung fördern, Wälder nachhaltig bewirtschaften, Wüstenbildung bekämpfen, Bodenverschlechterung stoppen und umkehren und den Biodiversitätsverlust stoppen.

SDG 16: Frieden, Gerechtigkeit und starke Institutionen: Friedliche und inklusive Gesellschaften für eine nachhaltige Entwicklung fördern, allen Menschen Zugang zur Justiz ermöglichen und effektive, rechenschaftspflichtige und inklusive Institutionen auf allen Ebenen aufbauen.

SDG 17: Partnerschaften zur Erreichung der Ziele: Umsetzungsmittel stärken und die globale Partnerschaft für nachhaltige Entwicklung wiederbeleben.

Das Konzept der SDGs mag trocken und technisch klingen, trotzdem bieten die Ziele einen wertvollen Fahrplan, um das Leben von Menschen wie Mama Mugerwa und die Ökosysteme der Erde, von denen wir alle abhängig sind, zu verbessern. Außerdem stellen die Ziele die Regierenden der Welt, ob im Globalen Süden oder Norden, vor die Herausforderung, die zugleich Chance ist, überholte und ungerechte Strategien und Prioritäten zugunsten einer Politik aufzugeben, die Gleichheit, Gerechtigkeit und Resilienz fördert und dabei klimakompatibel ist.

Die von allen 193 UN-Mitgliedsstaaten verabschiedeten siebzehn Nachhaltigkeitsziele sollen bis zum Jahr 2030 umgesetzt werden und beinhalten 169 spezifische Zielsetzungen. Die siebzehn Ziele stehen eng miteinander in Verbindung und nehmen sich zusammengenommen die Version einer Welt zum Ziel, die sich von der, in der wir heute leben, sehr unterscheidet: eine Welt ohne Armut und Hunger; eine Welt mit Gleichberechtigung, guter Gesundheitsversorgung und angemessener Bildung für alle; eine Welt mit nachhaltiger Nutzung und Bewahrung unserer Umwelt an Land und unter Wasser; eine Welt, in der signifikante Maßnahmen zur Bekämpfung des Klimawandels und seiner Folgen getroffen werden.

Die Vorgaben sämtlicher siebzehn SDGs zu erfüllen, ist ein großes Unterfangen, auch wenn sie offensichtlich mehr politische Schlagkraft besitzen als die den SDGs vorausgehenden Millennium-Entwicklungsziele (Millennium Development Goals oder MDGs), die nicht vollständig erreicht wurden. Jedes Jahr im Juli berichten Länder mit hohen und niedrigen Einkommen auf dem «Hochrangigen Politischen Forum für Nachhaltige Entwicklung», ihrer Jahrestagung im UN-Hauptquartier in New York, von Fortschritten und Umsetzungen. Ich stelle mir vor und hoffe, dass die meisten Länder sich nicht die Blöße geben wollen, zugeben zu müssen, dass sie die globalen Ziele, *die sie selbst sich gesetzt haben,* um die drängenden Probleme für die Menschheit und den Planeten zu lösen, wieder nicht erreicht haben.

Es wird euch nicht überraschen, dass das Nachhaltigkeitsziel, welches in meinen Augen allen anderen Zielen zugrunde liegt, SDG 13 ist: Maßnahmen zum Klimaschutz. Jedes SDG wird auf die ein oder andere Weise vom Klimawandel tangiert, denn wenn die Zielvorgaben für das 13. Ziel erfüllt werden sollen, müssen die Maßnahmen gegen den Klimawandel alle Menschen mit einbeziehen, alle Menschen erreichen und für alle Menschen gerecht sein. Sie müssen die Menschenrechte respektieren und die Stimmen und Lebenswirklichkeiten von Menschen in Gemeinschaften wiedergeben, die tagtäglich unter der Klimakrise leiden.

Ich sehe das folgendermaßen:

Das Jahr 2019 war das wärmste seit Beginn der Wetteraufzeichnungen (bis jetzt). Ebenfalls 2019 waren 91 Millionen Menschen von Naturkatastrophen betroffen[2], die infolge des Klimawandels gehäuft auftraten und heftiger ausfielen. Bis zum Jahr 2030 wird die Klimakrise laut einem Bericht der Weltbank mindestens 132 Millionen Menschen in extreme Armut stürzen.[3] Gleichzeitig ist 2030 das Jahr, in dem wir eigentlich die Erfüllung sämtlicher siebzehn SDGs feiern müssten. SDG 10 lautet, die Ungleichheit innerhalb und zwischen den Staaten verringern. Doch der Klimawandel vergrößert die Ungleichheiten, in deren Schatten Milliarden Menschen tagtäglich leben. Außerdem hat die Corona-Pandemie den Mangel und die Not unzähliger Menschen an vorderster Front in den Fokus gerückt und weiter verschlimmert.

Wir werden es nicht schaffen, die Armut zu beenden – SDG 1 –, ohne uns mit den Konsequenzen der Klimakrise auseinanderzusetzen, die für viele Menschen zur Falle wird und die Wahrscheinlichkeit, Armut an die nächsten Generationen zu vererben, deutlich erhöht. Weltweit sind Millionen Familien von der Ernte und dem Verkauf ihrer Feldfrüchte abhängig wie Mama Mugerwa. Tritt eine Naturkatastrophe ein, sind sie gezwungen, das wenige an Hab und Gut, was ihnen geblieben ist, zu verkaufen, um Lebensmittel oder ein notdürftiges Dach über dem Kopf zu finanzieren. Wie sollen Familien, die binnen weniger Stunden alles verlieren, was sie sich aufgebaut hatten, der Armut entkommen?

Wie sollen wir SDG 2 erreichen, den Hunger beenden, wenn Hunderte Millionen von Menschen noch immer keinen ausreichenden Zugang zu nährstoffreichen Lebensmittel haben und wenn Wetterextreme und Heuschreckenplagen Ernten zerstören und den Bauern in Bezug auf Saat und Ernte sämtliche Planungssicherheit nehmen? «Die momentane Situation ist für die Bauern nur schwer einzuschätzen», sagt Elizabeth Wathuti. «In Kenia regnet es im Januar inzwischen heftig, obwohl der Januar eigentlich als Trockenmonat gilt. Entweder die Ernte ist schlecht, oder sie fällt ganz aus.» Die Auswirkungen sind im ganzen Land zu spüren. «Bei Missernten, vor allem in Bezug auf Pflanzen wie Mais, kommt es zur Nahrungsmittelkrise», so Elizabeth.

Wir werden SDG 3, ein gesundes Leben für alle, nicht erreichen, wenn wir weiter fossile Energieträger verbrennen, weil damit die Luftverschmutzung in unseren Städten und Gemeinden steigt und das wiederum zu Lasten der Gesundheit geht – der Gesundheit von Menschen wie Ella Adoo-Kissi-Debrah.

Auch SDG 4, hochwertige Bildung für alle, wird von der Klimakrise unterminiert. Familien, die ihre Farm, ihre Ernte oder ihr Zuhause verloren haben, können sich das Schulgeld nicht leisten. Kinder können in Schulen, die unter Wasser stehen, nicht lernen, und auch dann nicht, wenn Schulen immer wieder über längere Zeiträume geschlossen bleiben müssen. Als ich Elizabeth im Februar 2021 interviewte, erzählte sie mir, dass in manchen Regionen Kenias das Wasser noch immer nicht zurückgegangen sei: «Manche Schulen bleiben weiter geschlossen, weil das Wasser noch zu hoch steht.» In anderen Fällen mussten die Schüler*innen ein Boot nehmen, um ihre Schule zu erreichen. Wie viele Boote werden die Kinder dieser Erde in ein paar Jahren brauchen?

Mädchen tragen die Hauptlast dieser Unterbrechungen: Sie werden aus der Schule genommen oder zum Abbruch gedrängt, oft sehr jung verheiratet und so ihrer Träume und Unabhängigkeit beraubt. Bis zum Jahr 2030 könnten *zehn Millionen* Mädchen zu Kinderbräuten werden, so die Vorhersage von UNICEF: eine direkte Folge allein der Corona-Krise.[4] Wie sollen wir SDG 5 erreichen, Geschlechtergerechtigkeit und Selbstbestimmung für alle Frauen und Mädchen, wenn derart viele Mädchen die Schule nicht beenden oder bereits als Kinder heiraten und damit die Möglichkeit verlieren, eigene Entscheidungen zu treffen und unabhängig zu sein?

Und SDG 6, sauberes Wasser und Sanitäreinrichtungen für alle? Mindestens ein Drittel der Weltbevölkerung, also etwa 2,5 Milliarden Menschen, haben keinen uneingeschränkten Zugang zu sauberem Trinkwasser. Millionen leben ohne richtige Toiletten. Laut UN wird Trinkwassermangel bis zum Jahr 2030 etwa 700 Millionen Menschen in die Flucht treiben.[5] Dann wieder gibt es zu viel Wasser. Infolge des Klimawandels überschwemmen steigende Meeresspiegel Kanalisationssysteme und kontaminieren Wasser, das zum Trinken, Waschen und Kochen verwendet wird. Vor allem Säuglinge und Kleinkinder sind Gefahren wie Malaria und Durchfallerkrankungen mit potenziell tödlichem Verlauf ausgesetzt. Jährlich sterben weltweit etwa 400 000 Menschen an Malaria; etwa zwei Drittel von ihnen sind Kinder unter fünf Jahren.[6]

Fast hätte ich dazugehört. In meinem ersten Lebensjahr erkrankte ich an durch Malaria ausgelöstem Durchfall. Als meine Eltern mich ins Krankenhaus brachten, hatten die Ärzt*innen Mühe, einen Zugang zu legen, um mich mit Flüssigkeit versorgen zu können. Sechs

Ärzt*innen versuchten es erfolglos. Meine Eltern wurden immer verzweifelter; mein Vater hatte Angst, dass ich sterben würde. Schließlich gelang es einer von ihnen, mir ein paar Tropfen Wasser durch die Nase zu verabreichen. Das half. Ich erholte mich und war, zum Glück, nie wieder so krank.

SDG 13, Maßnahmen zum Klimaschutz, ist mit entscheidend, wenn es darum geht, SDG 14 und SDG 15 zu erreichen, Leben unter Wasser und Leben an Land. Diese drei Ziele sind eng miteinander verknüpft. Die Wälder gehören zu «den wichtigsten Verbündeten in unserem Kampf ums Klima ... trotzdem fallen sie Entwicklungsprojekten zum Opfer», sagt der indische Klimaaktivist Aarav Seth. «Das ist auch riskant für das gesamte Leben im Wasser, für Pflanzen und die Wildtiere», fügt er hinzu. «Wenn wir weiter die Augen verschließen, wird der Preis für unsere Blindheit noch viel höheren ausfallen.»

Der Schutz von Ökosystemen und Stopp des Biodiversitätsverlusts sind zwei der Zielsetzungen von SDG 15 und sollten bereits bis 2020 erreicht sein, und nicht erst 2030 wie die meisten anderen Ziele. Doch die Fortschritte hinsichtlich dieser beiden Zielsetzungen sind mehr als ungenügend. Noch immer sind über 30 000 Arten vom Aussterben bedroht, und der Waldflächenverlust schreitet laut dem UN SDG Beobachtungsorgan in «alarmierender Geschwindigkeit» voran, hauptsächlich zugunsten landwirtschaftlicher Nutzflächen.[7] Kaime Silvestre, der brasilianische Klimaaktivist aus dem Amazonasgebiet, sagte mir: «Millionen Menschen sind direkt vom Amazonas und vom Regenwald abhängig, und zwar nicht nur indigene Völker, sondern auch traditionelle Gemeinschaften. Es brennt häufiger und heftiger als jemals zuvor, was vor allem auch für die Tiere und die indigenen Stämme eine Tragödie ist. Aber auch Viehwirtschaft zerstört unsere Wälder.» Kaime versucht, in der Klimabewegung weltweite Solidarität zu erreichen, die sich auch auf den Schutz akut gefährdeter Gebiete erstreckt. «Die Situation im Amazonas-Regenwald beeinflusst das Weltklima und das globale Wettergeschehen, was bedeutet, die Zerstörung des Regenwaldes hat nicht nur für Brasilien Konsequenzen, sondern für die gesamte Weltbevölkerung», sagt er.

So, wie SDG 13 wesentlich ist, um die anderen Ziele zu erreichen, muss Gerechtigkeit für SDG 13 wesentlich sein. Klimagerechtigkeit bedeutet, dass Länder gemeinsam handeln, ihre jeweilige Verantwortung für die Ursachen der Klimakrise anerkennen und dann ihre Ressourcen darauf verwenden, die Krise zu meistern. Mary Robinson, die ehemalige Präsidentin von Irland und UN-Hochkommissarin für Menschenrechte, tritt dafür ein, Klimagerechtigkeit ins Zentrum der SDGs zu stellen. Klimagerechtigkeit, so Mary Robinson, «besteht auf einer Verschiebung weg von dem Diskurs über Treibhausgase und schmelzenden Polkappen hin zu einer Bürgerrechtsbewegung, bei der die Menschen und Gemeinschaften im Mittelpunkt stehen, die von den Klimafolgen am härtesten getroffen werden».[8]

Die Erde hat Fieber, aber bei den Menschen herrschen durchaus Temperaturunterschiede, je nachdem, wer sie sind und wo sie leben. Wir sind alle krank, und die leichter erkrankten müssen denjenigen mit stärkeren Symptomen unter die Arme greifen. Wie Kaossara Sani sagt: «Wir sind es, die den Planeten zerstören, und ganz egal, woher wir kommen, ob aus Afrika oder aus reichen Ländern, aus westlichen Ländern, wir stecken da alle gemeinsam mit drin ... wenn vielleicht auch in völlig verschiedenen Welten. Saubermachen müssen wir alle gemeinsam.»

«Der Klimawandel findet jetzt statt, und er betrifft uns alle», sagt UN-Generalsekretär António Guterres. «Und, wie immer, sind die Ärmsten und Verletzlichsten unter uns die Ersten, die darunter leiden müssen und am schlimmsten betroffen sind.»

Klimagerechtigkeit beinhaltet das Recht auf Leben, eine lebenswerte Umwelt und darauf, die Mittel zum Überleben auch unseren Folgegenerationen zuzugestehen. Das bedeutet, ihnen einen Planeten zu hinterlassen, auf dem Ökosysteme und Lebensräume nicht zerstört werden, sondern geschützt; wo die Rechte und Lebensgrundlagen der Hüter*innen natürlicher Ressourcen, inklusive indigener Völker, respektiert werden; und einen Planeten, auf dem keine Kohlekraftwerke mehr gebaut, fossile Brennstoffe in der Erde belassen und saubere Energien uneingeschränkt verfügbar gemacht werden. Es ist höchste Zeit, unsere lebenserhaltenden Systeme endlich zu beschützen.

«Wenn wir tatsächlich etwas erreichen wollen, genügen kleine Schritte nicht», sagte mir die junge türkische Klimaaktivistin Deniz Çevikus. «Wir brauchen mutige Strategien und ambitionierte Ziele, um die Veränderungen herbeizuführen, die wir so dringend brauchen.» Eine Rückkehr zu unserem früheren Status quo ist nicht möglich. Unsere Staatenlenker*innen müssen sich endlich wie die Erwachsenen verhalten, die sie nun mal sind.

Anderenfalls laufen die SDGs Gefahr, ungerecht zu sein und nicht erfüllt zu werden, und Milliarden Menschen werden weiter verzweifelt nach sauberer Luft schnappen, vergeblich um die Erfüllung ihrer Grundbedürfnisse wie Nahrung, Wasser, Obdach und Sanitäreinrichtungen kämpfen und auch weiterhin nicht in der Lage sein, menschenwürdige Arbeit in einer lebenswerten Umgebung zu finden. Aus diesem Grund muss die Klimagerechtigkeit in der Prioritätenliste ganz nach oben rutschen – im Rahmen der wichtigsten SDGs sowie im gesamten UN-System.

~~~

Ich verwende in diesem Buch die Begriffe *Klimawandel* und *Klimakrise*, um die Konsequenzen der *Erderwärmung* oder, besser gesagt, *Erderhitzung* zu beschreiben. Um der zunehmend verschärften Situation der vergangenen dreißig Jahre gerecht zu werden, der Notwendigkeit sofortiger, radikaler Maßnahmen und um das Konzept von Gerechtigkeit innerhalb von SDG 13 unmissverständlich klarzumachen, bevorzugen wir Klimaaktivist*innen aber den Begriff *Klimanotstand*. Das Wort Notstand ist ein treffender Ausdruck unserer Zwangslage und ein exakter Hinweis auf die Dringlichkeit, mit der die Regierungen Strategien und Maßnahmen in Angriff nehmen sollten.

Elizabeth Wathuti beschreibt es folgendermaßen: «Manche Nationen verschließen immer noch die Augen vor der Wahrheit. Sie tun so, als gäbe es keine Krise. Doch wir bekommen die Auswirkungen trotzdem tagtäglich zu spüren. Man braucht weder die Wissenschaft noch Statistiken zu bemühen, um zu merken, dass es ein Problem gibt.»

Und weiter: «Trotzdem scheuen selbst Menschen, die alle Statistiken kennen, vor dem wahren Problem zurück.»

Ich bin ihrer Meinung. Würden unsere Regierungen den Klimanotstand ausrufen – und nicht einfach nur ausrufen, sondern sich endlich zu den drastischen Entscheidungen durchringen, die für ihre Länder und die Erde als Ganzes erforderlich sind –, wäre es für die Menschen viel einfacher zu verstehen, wie ernst die Lage tatsächlich ist. Würden die Regierungen Anreize für Technologien schaffen, die es den Menschen erleichtern, mit grüner Energie zu leben, zu reisen, ihre Wohnungen zu heizen und mit Strom zu versorgen, und außerdem die Verfügbarkeit klimafreundlicher Nahrungsmittel unterstützen, würden die Bürger*innen dieser Länder die Maßnahmen wahrscheinlich bereitwilliger akzeptieren.

«Ich wünsche mir von meiner Regierung die Erklärung des Klimanotstands», sagt Leah Namugerwa. «Wir haben erlebt, wie gut die Äußerungen der Regierung zur Corona-Krise angenommen wurden. Das hat mir gezeigt, dass die Menschen in der Lage sind, mit eindeutig formulierten Botschaften umzugehen.» Unsere Regierung muss der ugandischen Bevölkerung sagen, so Leah weiter, dass wir mit einer Klimakrise konfrontiert sind, die Auswirkungen auf die künftigen Generationen hat, und zwar auf alle, ob reich oder arm, ob gebildet oder ungebildet.

Wie also lautet mein Vorschlag bezüglich des Umgangs von Regierungen und Industrie mit dem Klimanotstand, vor allem in Afrika? Zuallererst müssen sie, wie Greta deutlich gemacht hat, auf die Wissenschaftler*innen hören und sich an die Fakten halten, die von Tag zu Tag eindeutiger und dringlicher werden. Die ehrliche Interpretation der Forschungsergebnisse muss alle Politiker*innen mit Regierungsverantwortung dazu bewegen, die fundamentale Ungerechtigkeit anzuerkennen, mit der Afrika sich konfrontiert sieht: dass diejenigen, die *heute* von der Klimakrise am stärksten betroffen sind und auch in den kommenden Jahrzehnten weiter überproportional betroffen sein werden, in Ländern und Regionen leben, deren Beitrag zu den Gesamttreibhausgasemissionen im Vergleich zu den größten Emittenten minimal ist. Das bedeutet, Finanzmechanismen, Entwicklungsstrategien und Wirtschaftsstrukturen müssen endlich der historischen und andauernden Ungerechtigkeit etwas entgegensetzen, die hinsichtlich der Ausbeutung unserer nicht erneuerbaren Ressourcen herrscht, und für die Entwicklung echter Problemlösungen eingesetzt werden, um unser Überleben zu sichern.

Zweitens müssen wir den Begriff Entwicklung neu definieren. Für viele Institutionen und Branchen im Globalen Süden bedeutet «Entwicklung» das, was die Regierungen im Globalen Norden zwei Jahrhunderte lang praktiziert haben: eine auf fossilen Brennstoffen basierende Industrialisierung auf Kosten der Luft, die wir atmen, des Wassers, das wir trinken, der Nahrung, die wir zu uns nehmen, und auf Kosten der Natur. Institutionen und Unternehmen – ob europäisch, chinesisch, russisch, nordamerikanisch oder sonst wo ansässig – werben weiter für die Erschließung ökologisch sensibler Regionen für die Rohstoffbranchen und verbilligen die Kosten dafür in der Annahme, der so generierte Wohlstand würde sämtliche mit der betreffenden Branche in Zusammenhang stehenden sozialen, ökologischen oder finanziellen Schäden schon irgendwie ausgleichen.

Fossile Brennstoff-Unternehmen und andere Rohstoffbranchen singen noch immer das altbekannte Lied von Arbeitsplätzen und Entwicklung, obwohl viele Jahrzehnte der Erfahrung in Afrika und anderswo das Gegenteil nahelegen. Zu oft haben ausländische Konsortien im Verbund mit nationalen Regierungen – so wie im Kongo-Regenwald – Regionen mit reichen Vorkommen an nicht erneuerbaren oder seltenen Ressourcen ausgebeutet: Öl, Tropenhölzer, Edelmetalle oder wertvolle Mineralien. Die Produkte und der generierte Wohlstand werden abgeschöpft, um kurzfristigen Profit für die betreffenden Unternehmen, Investoren und Aktionäre zu generieren, und was im Land hängenbleibt, landet allzu oft in den Taschen korrupter Beamter.

Währenddessen merken die Menschen, dass sich anstelle sicherer Arbeitsplätze für sie oder ihre Kinder oder der versprochenen Infrastruktur binnen kürzester Zeit ihr Auskommen, ihre Gemeinden und ihr natürlicher Lebensraum massiv verschlechtern. Im besten

Falle bekommen sie etwas Geld, doch das ist nichts im Vergleich zu den Gewinnen der Investoren. Im schlimmsten Fall drohen traditionelle Gemeinschaften durch die kriminellen Machenschaften von Spekulanten, das wirtschaftliche Chaos von Auf- und Abschwung und ähnliche Merkmale des «Wettrennens um Ressourcen» zu zerbrechen, geraten in vollständige Abhängigkeit von ausbeutenden Unternehmen oder sind für ihr Überleben künftig dauerhaft auf Hilfe von außerhalb angewiesen.

Wie sollen SDG 8, in dem menschenwürdige Arbeit und Wirtschaftswachstum eingefordert wird, und SDG 9, in dem es um neue Standards für Industrie, Innovation und Infrastruktur geht, erreicht werden, wenn viele Länder noch immer auf Förderindustrie und Billiglöhne anstatt auf menschenwürdige, nachhaltige und grüne Jobs, Branchen und Infrastrukturen setzen, von denen sowohl die Kommunen als auch die Länder profitieren können und die ohne Raubbau an unserer Umwelt auskommen?

Die Tragödie an der Nachahmung des vom Globalen Norden vorgelebten Modells auf fossilen Brennstoffen basierender Entwicklung durch afrikanische und andere Regierungen des Globalen Südens besteht darin, dass ein Großteil des im Laufe der letzten drei Jahrhunderte angehäuften Wohlstandes europäischer Nationen zu Lasten des Globalen Südens ging. Jahrhundertelang wurde Afrika systematisch seiner Schätze beraubt: unser Holz, unsere Mineralien, Tiere und Menschen. Die unfassbare Diversität unserer Landschaften, Sprachen, Kulturen, Religionen und unserer Geschichte wurde zu einer Darstellung von Schwarzafrikaner*innen verflacht und homogenisiert, die sie in erster Linie als Opfer von Armut, Hunger, Seuchen, Konflikten und korrupten Regierungen zeigt. Es ist wenig überraschend, dass sich manche afrikanischen Staatenlenker*innen verbitten, sich ausgerechnet von ihren plötzlich um die Umwelt besorgten Plünderern vorschreiben zu lassen, wie sie mit der Förderung ihrer Rohstoffe umzugehen hätten. Und dass sie unverzüglich in nicht wirklich verfügbare Technologien investieren sollten, weil das Schicksal des Planeten auf dem Spiel stünde.

Womöglich ist das ein Grund dafür, dass afrikanische Regierungen ihre Anstrengungen hinsichtlich der Förderung fossiler Brennstoffe derzeit verdoppeln. Laut einem *Forbes*-Artikel, der wiederum ein in *Nature Today* veröffentlichtes Gutachten zitiert, «könnte [die afrikanische] Energieerzeugungskapazität bis 2030 von 236 Gigawatt auf 472 Gigawatt gesteigert werden, wovon lediglich 9,6 Prozent aus erneuerbaren Energien stammen würden, Wasserkraft nicht mit eingerechnet. 62 Prozent der Gesamtkapazität würden, so die Autoren des Gutachtens, auf fossile Brennstoffe entfallen.»[9]

Für den gesamten Kontinent sind derzeit über 200 Kraftwerke in Planung, der überwiegende Teil davon Kohlekraftwerke. Der *Guardian* berichtet, «Kraftwerkschiffe – riesige, schwimmende Stromkraftwerke, von denen manche mit stark umweltverschmutzendem Schweröl betrieben werden – liegen bereits vor Ghana, Sierra Leone und Mosambik verankert.»[10] Die russische Regierung plant den Bau einer knapp zweieinhalbtausend Kilometer langen Pipeline zum Transport von Benzin, Diesel und Kerosin mitten durch den Kongo-Regenwald – vom Hafen der Stadt Pointe-Noire bis nach Maloukou in der Republik Kongo. Noch mehr Entwaldung und Umweltverschmutzung werden die Folge sein.

~~~

Davis Reuben Sekamwa, der gemeinsam mit mir die Website und den gleichnamigen Podcast *1 Million Activist Stories* ins Leben gerufen hat, stellt fest, dass das ungebrochene Vertrauen in fossile Brennstoffe eine Konsequenz des afrikanischen Reichtums an natürlichen Bodenschätzen ist. So besitzt zum Beispiel Botswana Kohlereserven in Höhe von 200 *Milliarden* Tonnen, und Schätzungen aus Mosambik besagen, dass die Kohleförderung zwischen 2015 und 2020 die 100-Millionen-Tonnen-Marke überschritten haben könnte.[11] Diese Kohle muss im Boden belassen werden, wenn wir irgendeine Chance haben wollen, den Temperaturanstieg auf 2 °C zu beschränken, von dem zunehmend utopischeren Ziel von 1,5 °C ganz zu schweigen.

Was jetzt nötig ist, sind drei gekoppelte Maßnahmen.

Erstens: Multinationale Gremien wie die Weltbank, der Internationale Währungsfonds und die Europäische Union müssen Finanzierungen weg von fossilen Energien hin zu den erneuerbaren lenken und die notwendige Umstellung finanzieren.

«Wir brauchen die finanzielle Unterstützung der internationalen Staatengemeinschaft, damit unsere Länder ihre national festgelegten Reduktionsziele (NDCs) zu den Pariser Klimazielen beitragen können», so Adenike Oladosu. «Uns sind, was die Anpassung an den Klimawandel betrifft, Grenzen gesetzt.» Das Geld ist notwendig, sagt sie, «damit wir die Voraussetzungen dafür schaffen können, zu wachsen, gleichzeitig klimafreundlich zu werden und uns wieder zu stabilisieren, da wir von der Klimakrise unverhältnismäßig stark betroffen sind».

Diese Mittel müssen simultan in die richtigen Branchen fließen, sagt Adenike, und zwar mit Hilfe von Prozessen, die «schnell und strukturiert funktionieren, damit die Finanzierung keine verheerenden Schäden anrichtet». Am wichtigsten ist dabei nach ihren Worten die politische Steuerung in Klimafragen und die damit verbundene «Transparenz in den Finanzmechanismen, damit wir Klimagerechtigkeit erreichen können».

Klimafinanzierung geschieht tatsächlich. Doch laut Weltbank bewegt sich die Summe, obwohl die jährlichen Investitionen in den Jahren 2017 und 2018 die 500-Milliarden-Dollar-Marke überschritten haben[12], nicht mal annähernd im Rahmen der 2,38 Billionen US-Dollar, die laut Schätzungen des Weltklimarats *jährlich* in den Energiesektor (und hier hauptsächlich in Energieeffizienz und erneuerbare Energien) fließen müssten, um das 1,5 °C-Ziel halten zu können.[13] Die Internationale Organisation für erneuerbare Energien kommt zu dem Schluss, dass die Investitionen in den Kapazitätsausbau der erneuerbaren Energien bis zum Jahr 2050 ein Volumen von etwa 22,5 Billionen US-Dollar erreicht haben müssen, um bezüglich der Klimaziele von Paris auf Kurs zu bleiben. Das bedeutet mindestens eine Verdoppelung der Beträge von etwa 660 Milliarden US-Dollar[14], die im Augenblick jährlich investiert werden. Doch alte Denkmuster und Investitionsstrukturen sind noch immer nicht verblasst. Laut einem von mehr als 250 Organisationen in 45 Ländern bestätigten Bericht haben 35 internationale Banken zwischen 2015, als das Pariser Klimaabkommen unterzeichnet wurde, und 2019 über 2,7 Billionen US-Dollar in fossile Brennstoffe investiert.[15] Gleichzeitig schätzt die Internationale Energieagentur, dass Vermögenswerte in Höhe von 300 Milliarden US-Dollar an fossilen Brennstoffen bis 2035 «versanden» könnten (also ihren Wert verlieren), während die Welt sich der Klimakrise bewusster wird und Regierungen sich zu strengerer Klimapolitik durchringen.[16]

Klimafinanzierung erkennt an, dass «Energiearmut» menschliches Wohlbefinden tiefgreifend einschränkt, wie sich am Beispiel der Schulen zeigt, die ich unterstützen konnte. Zum Glück gibt es Initiativen wie den *IRENA Sustainable Energy Marketplace, Peace Renewable Energy Credits, Sustainable Energy for All* und den Aufruf von *Green and Equitable Recovery*. Wie vom *Council on State Fragility* (zu Deutsch in etwa Rat für fragile Staatlichkeit), einer zwischenstaatlichen Organisation unter dem Co-Vorsitz der früheren liberianischen Präsidentin Ellen Johnson-Sirleaf, dargelegt, müssen sich diese und andere Gruppierungen darauf konzentrieren, den Energiezugang in Ländern auszubauen, die von der Klimakrise am empfindlichsten getroffen werden, und sich dabei auf erneuerbare Energien fokussieren.[17]

SDG 7 fordert bezahlbare, verlässliche und saubere Energie für alle. Dieses Ziel ist heute greifbarer denn je. Die Produktions- und Wartungskosten für erneuerbare Energien liegen inzwischen mit denen fossiler Brennstoffe gleichauf oder sogar darunter. Auch die Größenordnungen verändern sich. Der Benban Solar Park in Ägypten hat laut Davis Reuben Sekamwa das Potenzial, eine Million Haushalte mit Strom zu versorgen. Desgleichen der Garissa Solar Park in Kenia. Und auch Projekte in Algerien, Marokko (welches über den größten Solarpark der Welt verfügt) und Südafrika machen Hoffnung – auch wenn sie derzeit lediglich einen kleinen Prozentsatz der Energieproduktion dieser Länder ausmachen.

Die Regierungen von Ländern wie meinem müssen jedenfalls aufhören, auf selbstzerstörerische Energieproduktion auf der Grundlage fossiler Brennstoffe zu setzen und der Bevölkerung gegenüber ehrlich sein, was unsere Zukunft betrifft und dahin gehend, welche Maßnahmen notwendig sind, damit wir sie auch noch erleben. «Die Regierung hat die Macht, strenge Gesetze zu erlassen, auf Gerechtigkeit und Rechenschaftspflicht zu setzen und den Einsatz von energiesparenden Technologien als Mittel zur Abmilderung des Klimawandels anzuordnen. Die Installation von Solaranlagen» – durch das *Vash Green Schools Project* – «ist ein Zeichen der Hoffnung und des Wandels», sagt Evelyn Acham zu meiner großen Freude.

Ein Zeichen der Hoffnung, das ist richtig. Doch die eine magische Formel, mit der sich der Klimanotstand lösen ließe, gibt es nicht. Wir brauchen viele Dinge: von Solaranlagen und sauberen Kochherden über kommunale Flexibilität bis hin zu bürgerschaftlichem Engagement in unseren Gemeinschaften; von weitreichenden Investitionen in die Bildung von Mädchen und jungen Frauen über Baumpflanzaktionen und Aufforstungskampagnen bis hin zum Schutz von Wasserscheiden; von der Reduzierung unseres Fleischkonsums dort, wo nahrhafte Alternativen zur Verfügung stehen, bis hin zu vielfältigeren, gerechteren Formen der Landwirtschaft, die in der Lage sind, den Auswirkungen der Klimakrise standzuhalten. Wir müssen die Förderung fossiler Brennstoffe stoppen und Investitionsmodelle, Forschungs- und Entwicklungsbudgets anpassen, sodass innovative Wege zur Deckung des Energiebedarfs von 11 Milliarden Menschen gefunden und finanziert werden können.

Die zweite Maßnahme besteht darin, uns selbst an eine neue Definition des Begriffs «Entwicklung» zu gewöhnen. Um den totalen Kollaps zu verhindern, müssen wir uns von Quartalswachstumszahlen, der Messung von Bruttoinlandsprodukten, unbegrenztem materiellem Besitz und einer Wegwerfgesellschaft abwenden und hin zu «Lebenserhaltungssystemen» im wahrsten Sinne des Wortes kommen, zu trinkbarem Wasser, gesunder Luft und einer lebendigen Artenvielfalt. Das beinhaltet den Stopp von Abholzung und Straßenbau in unseren Urwäldern, die Stilllegung von Öl- und Gas-Pipelines, den Schutz von Feuchtgebieten und das Ende des Ausbaggerns von Flüssen und Seen zur Bausandgewinnung. Es bedeutet den Erhalt von heimischen Baumarten und Primärwäldern; die rigorose Eindämmung der Umwandlung von Landflächen in Baum-, Palmöl- oder Sojaplantagen; und ein Ende von Korruption und der als *Land Grabbing* bezeichneten Aneignung vor allem von Agrarflächen. Der Afrikabericht des Weltklimarates beinhaltet einige nützliche Vorschläge: «Die Förderung von konservierender Landwirtschaft inklusive konservierender Bodenbearbeitungs- und Aussaatverfahren, Konturpflugverfahren, Terrassierung und Mulchung» sowie «die von Bauern selbstverwaltete natürliche Regeneration zur Wiederbegrünung entwaldeter Böden».[18]

Ein solcher Ansatz, so der Weltklimarat, festigt das Zusammenleben wie ein sozialer Vertrag und ist zugleich eine ökonomische und ökologische Strategie, die «gegenseitiges Voneinanderlernen, geschlechtergerechte Weiterentwicklung sowie Kreditvergaben und Absatzmärkte» beinhaltet. Dieser Ansatz bevorzugt eine Anpassung, welche die Bedürfnisse einkommensschwacher Menschen in den Mittelpunkt rückt, ohne die Lebensgrundlagen zu gefährden. Die Strategie ermöglicht Folgendes:

> mehr soziale Sicherheit, ein besseres Sozialwesen und bessere soziale Netze; eine bessere Bewirtschaftung der Wasser- und Landressourcen, mehr Sicherheit beim Pachten von Land und lebenswichtigen Ressourcen; bessere Wasserspeicherung, Regenwasserrückgewinnung und Wiederaufbereitung; eine gestärkte Zivilbevölkerung und mehr Teilhabe an Planungsprozessen sowie mehr Aufmerksamkeit für Städte und Stadtrandgebiete, die von Wanderungsbewegungen armer Menschen betroffen sind.

Alle genannten Strategien erfordern statt eines Top-Down-Ansatzes die horizontale Miteinbeziehung sämtlicher Alltagsfacetten des Lebens der Menschen im Globalen Süden. Es ist ein Ansatz, fügt der Weltklimarat hinzu, der «Klimaresilienz, Stabilität der Ökosysteme,

Gleichheit und Gerechtigkeit in den Mittelpunkt aller Entwicklungsbemühungen stellt».[19]

All diese Strategien beruhen auf guter politischer Steuerung. Denke ich an SDG 16, nämlich Frieden und Gerechtigkeit für alle sowie starke, verlässliche und inklusive Institutionen, mache ich mir Sorgen. Die Auswirkungen des Klimanotstands führen zum Scheitern der Anstrengungen, Konflikte beizulegen und gerechtere Gesellschaften zu schaffen, während sich gleichzeitig der Ressourcenmangel weiter verschärft. Schon die 2011 verstorbene kenianische Umweltschützerin und Friedensnobelpreisträgerin Wangari Maathai versuchte, die Aufmerksamkeit der Weltöffentlichkeit auf diese Zusammenhänge zu lenken. Um Konflikte zu vermeiden, sagte sie in einer Rede zur Einrichtung des UN-Menschenrechtsrats im Jahr 2006, «müssen wir bewusst und wohlüberlegt nachhaltiger, verantwortlicher und verlässlicher mit unseren Ressourcen umgehen». Weiter sagte sie: «Darüber hinaus müssen wir diese Ressourcen sowohl auf nationaler als auch auf globaler Ebene gerechter verteilen. Die einzige Möglichkeit hierzu besteht in guter Regierungsarbeit.»[20]

Diese zu erreichen, hängt wesentlich vom dritten essenziellen Bestandteil der Zukunft Afrikas ab: guter politische Führung. Gute Führung macht es notwendig, der Wahrheit über den Klimanotstand ins Gesicht zu sehen, wie grauenhaft sie auch sein mag, und hinsichtlich der erforderlichen Maßnahmen ehrlich zu sein – bevor es zu Desastern kommt. Elizabeth Wathuti wünscht sich von den Regierungen entschieden bessere Vorsorgemaßnahmen gegen Klimakatastrophen. «Ich glaube, es gibt Verluste, die sich mit geeigneten Präventionsmaßnahmen vermeiden ließen. Wir könnten die Vertreibung von Menschen bereits im Vorfeld verhindern.» Aber, fügt sie hinzu, «wir handeln grundsätzlich immer erst dann, wenn es zu spät ist oder wenn die Katastrophe eintritt».

Gute Führung bedeutet außerdem, die Menschen zu befähigen, sich nicht dem Fatalismus hinzugeben. «Der Klimawandel ist ein menschengemachtes Problem», sagt Kaossara Sani. «Gott hat nichts damit zu tun, wie viele Menschen in Afrika denken: ‹Vielleicht ist das der Zorn Gottes.› Nein.» Chibeze Ezekiel aus Ghana, der 2020 den *Goldman Environmental Prize* gewann, organisierte über vier Jahre eine Graswurzelkampagne, die schließlich zur Aufgabe des von China unterstützen Bauvorhabens eines 700-Megawatt-Kohlekraftwerks führte. Es wäre Ghanas erstes Kohlekraftwerk gewesen. Nach dem Aus für das Projekt erarbeitete die Regierung Ghanas eine Strategie für erneuerbare Energien. Wären die Dinge anders verlaufen, hätte Chibeze sich nicht engagiert?

Dürfen Menschen selbstbestimmt handeln, gehen sie in ihre Verantwortung. Wir sehen uns der gigantischen Herausforderung gegenüber, unsere Städte nachhaltiger und inklusiver zu machen (SDG 11) und dafür zu sorgen, dass sämtliche Produktions- und Konsummuster verantwortlich und nachhaltig werden (SDG 12). Viele von uns sind einen Lebensstil gewöhnt, der die Klimakrise weiter befeuert, und werden von politischen Strategien und wirtschaftlichen Praktiken weiter dazu ermutigt. Die meisten Menschen, mit denen er spricht, so Roman Stratkötter, deutscher Klimaaktivist, der sich in der *Save Congo Forest*-Kampagne engagiert, geben zu, dass die Klimakrise existiert. Doch sobald er sagt: «Gut. Jetzt müssen wir dagegen kämpfen», und ihnen erklärt, dass man nicht mehr «jede Woche Billigflüge für 50 € nach Spanien buchen» oder «jeden Tag Billigfleisch für 1,50 Euro essen» dürfe, wenden viele sich ab. In der Theorie ist jede*r Klimaaktivist*in, so Roman, aber nicht jede*r will sich dementsprechend verhalten ... zumindest noch nicht.

Gute Führung bedeutet außerdem, mittel- und langfristigen Nutzen über Opportunität zu stellen. Das könnte auch bedeuten, den Menschen plausibel zu machen, dass die Installation einer Solaranlage, die Anschaffung eines sauberen Kochherdes oder die Bewahrung eines Sumpfgebietes zwar anfangs kostspielig wirken mag, auf lange Sicht jedoch günstiger sein wird, weil es Energie einspart, den Verbrauch von Kohle und damit die Luftverschmutzung senkt, Überflutungen reduziert oder Sturmfluten stoppt. Oder es könnte bedeuten, effizientere und sauberere Verkehrslösungen zu etablieren – wie beispielsweise das *Bus Rapid Transportation System* in Daressalam, Tansania – damit zunehmend weniger Menschen auf Privatfahrzeuge oder mit Diesel betriebene *Matatus* angewiesen sind. Den Leuten schlicht zu erzählen, sie müssten künftig ihre Fahrten einschränken, würde nur die folgende Frage provozieren: «Soll ich etwa zur Arbeit laufen?»

Dabei spielt auch der Globale Norden eine entscheidende Rolle – und er hat eine historisch und ethisch begründete Verpflichtung, voranzugehen und adäquate finanzielle Mittel zur Verfügung zu stellen. Regierungen – auch meine – müssen dafür sorgen, dass sich zusätzlich zum Kapitaltransfer für grüne Energieprojekte internationale Konzerne und reichere Länder an einem fairen Technologietransfer (SDG 17) beteiligen. Das letzte der Nachhaltigkeitsziele konzentriert sich auf den Kapazitätsaufbau nachhaltiger Entwicklung und die verstärkte Teilhabe weniger wohlhabender Länder an den Technologien der reichen Staaten, um die Einführung grünerer, gerechterer Lösungsansätze zur Erfüllung der Nachhaltigkeitsziele zu beschleunigen.

Ich glaube, wir können das 17. Nachhaltigkeitsziel erreichen, aber wir müssen dabei Vorsicht walten lassen. Großbritannien, um ein Beispiel zu nennen, hat ein Verbot für die Produktion von dieselbetriebenen Fahrzeugen ab 2030 verkündet. Ich begrüße diese Entscheidung und befürchte gleichzeitig, dass die ausrangierten Dieselfahrzeuge als Exporte in Ländern wie Uganda landen, was nichts anderes bedeuten würde als eine Auslagerung der CO_2-Emissionen und der negativen Gesundheitseffekte. Solche Maßnahmen würden die Kosten senken und die Geschwindigkeit der Energiewende Großbritanniens in Richtung Nullemissionen vorantreiben, aber gleichzeitig würden sie unsere Energiewende erheblich erschweren, verteuern und tödlicher machen. Genauso wenig ergibt es Sinn, wenn sich Länder wie Großbritannien zu ambitionierten nationalen Treibhausgasreduktionen verpflichten und gleichzeitig weiter in Branchen investieren, die auf fossile Brennstoffe angewiesen sind.

So, wie es keine Zukunft hat, dass Afrika den Müll der industrialisierten Welt recycelt oder deren Luftverschmutzung ausgleicht, wollen wir nicht zum Schrottplatz für die veralteten Technologien eines verantwortungslosen Globalen Nordens werden. Verantwortungsvolle Regierungsführung bedeutet anzuerkennen, dass wir *alle und jeden* mitnehmen müssen, wenn *auch nur einer* von uns wirklich adäquat auf die Klimakrise reagieren möchte.

~~~

Die zentrale Frage hinter guter Steuerung, Technologietransfer, Klima-finanzierung und effektiver Führung ist eine Frage, die mir oft gestellt wird: *Wie bekommen wir Regierungen und Wirtschaftsführer*innen dazu, im Angesicht des Klimanotstands so zu handeln, wie wir uns das vorstellen?* Glaubt mir, wenn wir Klimaaktivist*innen über einen Schalter ver-fügen würden, der unsere Staaten- und Wirtschaftsführer*innen dazu brächte, angemessene Maßnahmen zu ergreifen, hätten wir ihn längst betätigt. Dem ist aber nicht so, und unsere Aufgabe besteht darin, uns auch weiterhin zu Wort zu melden, ein Bewusstsein zu schaffen und Konzern- und Staatenlenker*innen dazu zu drängen, das Richtige zu tun.

Oft sehen es autokratische Regime natürlich als Bedrohung an, wenn Menschen ihre Stimme erheben. Sie wollen nicht, dass Bürger*innen die Kontrolle über ihre unmittelbare Umgebung übernehmen oder sich gegen Umweltverschmutzung zur Wehr setzen. Aber wir können es uns schlicht nicht leisten zu schweigen. Wir sitzen (noch) nicht in den Gremien, in denen Entscheidungen getroffen werden. Wir machen die Regeln (noch) nicht und haben (noch) nicht die nötigen Stimmen, um zu entscheiden, ob weiterhin in fossile Brennstoffe investiert wird oder sich etwas ändert. Das sollte uns auf keinen Fall entmutigen und uns auch nicht den Eindruck vermitteln, wir könnten nichts ausrichten. Auch wenn wir nicht persönlich an den Hebeln der Macht sitzen, so können wir doch die richtigen Menschen dorthin entsenden – indem wir Volksvertreter*innen und Anführer*innen wählen, die in unse-rem Sinne handeln.

Viele von denen, die sich bei FFF und anderen Klimakampagnen engagieren, sind noch zu jung, um zu wählen; aber sie organisieren sich, verschaffen sich in Videos, den sozialen Medien, in Kolumnen, auf der

Straße und an ihren Schulen Gehör. Sie leisten in ihren Familien, bei Gleichaltrigen, bei ihren Lehrer*innen und anderen Überzeugungsarbeit und sorgen dafür, dass gleichzeitig mit dem Wandel hin zu einer gänzlich neuen Energiegeneration auch eine Menschengeneration mit neuer Energie den Wandel zur Macht vollzieht. Sechzig Prozent der afrikanischen Bevölkerung sind jünger als 25, und in Indien sind es fünfzig Prozent. Weltweit sind vier von zehn Menschen unter 25. Über drei Viertel der Bevölkerung meiner Heimat sind unter 30.

Von dieser Generation – unserer Generation – hängt die Zukunft meines Landes und unserer Welt ab, und die Frage lautet nicht, *ob* wir an die Macht kommen, sondern nur, *wann*. Die Gerontokratie mit ihrer überholten Art, die Dinge anzugehen, mit ihren überholten Energieträgern, mit ihren überholten Konflikten und ihren längst überholten Ansichten zu den Themen Fortschritt und Entwicklung ist im Aussterben begriffen. Sie ist schon viel zu lange an der Macht. Sie hat den Planeten in die Knie gezwungen, und die Zeit, da wir alle uns im Namen der Erde erheben, ist gekommen. Wir können uns Selbstgefälligkeit nicht leisten. Stattdessen müssen wir uns zusammentun, wir müssen unser Wissen teilen, es vertiefen und die richtigen Leute wählen: diejenigen, die begriffen haben, dass die Zeit des Zögerns und der Missachtung der Wissenschaft vorüber ist.

Unser Haus steht längst in Flammen. Wir haben keine Zeit mehr zu verlieren.

10
Was kann ich tun?

Was kann ich schon tun?, fragt ihr euch vielleicht. Vielleicht denkt ihr, ihr hättet sowieso keine Macht oder eure Stimme sei unwichtig. Oder ihr seid nicht sicher, wie euer Beitrag zur Lösung der Klimakrise aussehen könnte. Ich weiß, wie es euch geht, denn mir ging es früher genauso.

In den vorangegangenen Kapiteln habe ich beschrieben, was sich in den Bereichen Medien, Bildung, Geschlechtergerechtigkeit, Ethnien und dem Nord-Süd-Machtgefälle verändern muss. Ich habe mich mit anderen Klimaaktivist*innen zusammengeschlossen, um zu einer dramatischen Neuorientierung jener wirtschaftlichen und politischen Systeme aufzurufen, die uns an den Rand der Katastrophe geführt haben. Doch die Notwendigkeit eines Systemwechsels und der Ruf nach neuen Institutionen bedeutet nicht, dass man als Einzelne*r nichts ausrichten kann. Im Gegenteil. Ich glaube, der Wandel fängt bei euch an, und die Anstrengungen der Einzelnen sind wesentlich. Wie Greta sagt: «In der heutigen Klimadebatte werden viele Menschen so lange nicht auf einen hören, bis man auch tut, was man sagt und mit gutem Beispiel vorangeht.»

Dieses Kapitel ist also von mir und vielen anderen Klimaaktivist*innen, die in diesem Buch zu Wort gekommen sind, und es ist für euch: zehn Möglichkeiten, für das einzustehen, was richtig und gerecht ist.

Erstens: Findet das, wofür ihr brennt

Aktivist*in zu sein, kann anstrengend und manchmal entmutigend sein. Deshalb sind Leidenschaft und Liebe für diese Arbeit wesentlich. Mich persönlich motivierte die Erkenntnis, wie die Klimakrise das Leben der Menschen bei mir zu Hause auf den Kopf stellt und dass sie die Wurzel von unglaublich viel Leid ist. Ich hatte ein Problem identifiziert und wollte Lösungen finden.

Woran entzündet sich euer inneres Feuer? Wie sieht die Veränderung aus, die ihr gestalten wollt? Vielleicht ist es die Liebe zu eurer Familie, zu euren Freund*innen und zu den Menschen, die euch nahestehen. Wenn euch diese Menschen wichtig sind, kämpft ihr für sie, auch wenn – oder gerade weil – ihr angegriffen werdet. Vielleicht ist es eure Tierliebe; die Liebe zu der überbordenden Artenvielfalt auf diesem Planeten. Vielleicht wollt ihr die Elefanten retten, den Klang der Insekten bewahren oder generell für den Erhalt des Lebens auf der Erde kämpfen. Vielleicht liebt ihr den Wald; oder die Flüsse, Seen, das Meer; möglicherweise sind es für euch Sumpfgebiete und Torfmoore – all das, von dem unsere gemeinsame Zukunft abhängt. Oder ihr liebt euer Land, oder die ganze Schöpfung? Vielleicht gilt eure Leidenschaft der Unterstützung von marginalisierten Gruppen oder Geflüchteten? Oder ihr möchtet euch für Gerechtigkeit für jene einsetzen, die von der Klimakrise überdurchschnittlich betroffen sind. Es gibt viele Möglichkeiten, das zu finden, wofür man brennt.

Wo auch immer eure persönliche Leidenschaft und Liebe liegen mag, findet es heraus und haltet euch daran. Denn eines steht fest: Klimaaktivismus ist nicht leicht. Eure Liebe und eure Leidenschaft werden euch dabei helfen, die Negativität von Trollen und Unkenrufenden zu ertragen, die lieber kritisieren, als zu helfen, die lieber Spott und Hohn von sich geben, als Lösungen anzubieten. Mit Blick auf die eigene Liebe und Leidenschaft ist es möglich, die verletzenden und übergriffigen Kommentare und Beleidigungen zu überstehen und die eigene Arbeit fortzusetzen.

Zweitens: Eignet euch Wissen an

Jede Generation von Aktivist*innen steht auf den Schultern derer, die ihr vorangegangen sind. Auch wenn die Klimakrise ein relativ neues Phänomen ist, haben viele Generationen vor uns bereits für den Planeten, die Tiere, für Gerechtigkeit und Menschenrechte gekämpft. Diese Menschen sind unschätzbare Quellen der Inspiration, des Wissens und der Erfahrung. Wenn wir die Klimakrise bekämpfen wollen, müssen wir mit den älteren Generationen zusammenarbeiten. Wir können von ihnen ebenso viel lernen wie sie von uns. «Erforscht die Umweltgeschichte aus verschiedenen Perspektiven», wie die kalifornische Umweltaktivistin Leah Thomas uns rät, und würdigt die Vorfahr*innen, die dafür kämpften, die Welt zu einem besseren Ort zu machen.

Niemand verlangt, dass ihr Klimatolog*innen werdet; und glaubt auch nicht, ihr müsstet auf jede Frage, die euch jemand entgegenschleudert, eine Antwort parat haben. Unsere Aufgabe als Aktivist*innen ist es, Bürger*innen und Politiker*innen dazu zu drängen, auf die Wissenschaftler*innen zu hören und sich an die Fakten zu halten. Das setzt jedoch voraus, dass wir uns Wissen aneignen. «Haltet euch in Sachen Klima auf dem Laufenden», raten die türkische Aktivistin Deniz Çevikus und der britische Klimaaktivist Elijah Mckenzie-Jackson. «Aktivismus bedeutet auch, zu lesen und sich zu informieren», sagt Evelyn Acham, «um sich auf Fakten stützen zu können, wenn man mit Leuten redet. Ich persönlich habe mich inzwischen mit Google angefreundet», fügt sie hinzu.

Hilda Nakabuye ist derselben Meinung: «Lest, recherchiert und versteht den Klimawandel», sagt sie. «Hört nie auf zu lesen. Bleibt neugierig, sprecht mit anderen, die im gleichen Boot sitzen, und fragt sie um Rat. Haltet den Kontakt zu diesen Menschen aufrecht!»

Drittens: Findet Verbündete

Die Welt ist vernetzter denn je. Hört nicht auf die, die euch isolieren und kleinmachen wollen, und sucht den Kontakt zu Gleichgesinnten. Als ich versuchte, Leute zu finden, die sich der Klimakrise leidenschaftlich entgegenstemmten, machte ich mich in den sozialen Medien auf die Suche und stieß dort auf Menschen wie Greta Thunberg, Alexandria Villaseñor und Lilly Platt. Ich lernte von ihnen, und ihre Arbeit und Entschlossenheit gaben auch mir Energie und machten mir Mut. Das ist bis heute so geblieben.

Evelyn Acham rät außerdem, sich einen Menschen zu suchen, zu dem man aufschauen kann: «Jemanden, der dich inspiriert, der dich lehrt, jemand, der dir dabei hilft, zu wachsen und auf eigenen Füßen zu stehen. Suche dir die eine Person, auf die du hören kannst und die dich bei deiner Arbeit unterstützt», sagt sie. «Diese Person muss nicht zwingend aus deinem Aktivist*innenumfeld kommen. Es kann auch ein Elternteil sein, deine Schwester, dein Bruder oder irgendein anderer Mensch.»

Wer sich mit anderen verbindet, fühlt sich nicht so allein, kommt auf neue Ideen und an Informationen und lässt sich inspirieren. Es gibt viele unglaubliche Mädchen und Jungen, Männer und Frauen, die sich für Klimagerechtigkeit einsetzen: Sie sind Balsam für meine Seele und stärken meine Entschlossenheit. Sie können Verbündete und Mentor*innen sein, Zuhörer*innen und Sprachrohr.

Es ist wichtig, dass ihr euch in eurer Nachbarschaft, eurer Region, eurem Land nach Verbündeten umseht. Freiwillige, die Plakate beschriften oder sie hochhalten; Leute, die euch bei eurem Streik vertreten, wenn ihr selbst verhindert seid. Und Unterstützer*innen, die eure Botschaft verbreiten. Auch Freund*innen sind wichtig, für euer seelisches und körperliches Wohl: Wer sagt euch, wann es an der Zeit ist, eine Pause einzulegen, sich zurückzuziehen, wer hört euch in den dunklen Stunden zu, wer ist aufrichtig und ehrlich und gibt euch gute Ratschläge?

Viertens: Teilt euch mit und vernetzt euch

Ich bin ein introvertierter Mensch. Es fällt mir oft schwer, neue Freundschaften zu schließen und Gespräche zu beginnen, und ich stehe nicht gerne im Mittelpunkt. Ich schätze die Beziehungen zu meiner Familie und meinem engsten Freundeskreis und versuche, mein Privatleben zu schützen. Doch gleichzeitig bin ich geradeheraus und sehr direkt, und mir ist es wichtig zu sagen, dass es möglich ist, gleichzeitig ein zurückhaltender Mensch zu sein und seine Visionen mit anderen zu teilen, seine Beziehungen zu pflegen und gleichzeitig sein Umfeld zu Veränderungen zu inspirieren. Es ist möglich, ein ruhiger Mensch zu sein und trotzdem die Stimme zu erheben.

Ich habe lange gebraucht, um ausreichend Mut zu fassen, mich mit meinem Plakat auf die Straße zu stellen, und öffentliche Auftritte machen mich immer noch nervös. Aber Mut inspiriert nicht nur andere, Mut fördert auch den Glauben an sich selbst und das Selbstvertrauen. Nicht nur Angst ist ansteckend, sondern auch Mut. Von den fünf Kindern und Jugendlichen, die im Januar 2019 zusammen mit mir den allerersten Streik auf die Straße trugen, engagiert sich heute meine Cousine Isabella mit mir bei *Rise Up Movement*, Varak hat inzwischen ein Video über die Rechte von Mädchen gedreht, und Trevor und Paul Christian sind selbstbewusster geworden und stolz darauf, einer Aktivist*innenfamilie anzugehören. Auch wenn meine Schwestern Joan und Clare damals nicht dabei waren, sind auch sie inzwischen aktiv geworden und engagieren sich für Frauenrechte und in Sachen Klimakrise. Es ist möglich, sowohl direkt als auch indirekt positiv auf andere einzuwirken, ob sie euch persönlich nahestehen oder euch fremd sind. Man kann nie wissen, wen man mit seinem Engagement womöglich erreicht.

Deshalb: Lasst andere an euren Träumen, Gefühlen und Erkenntnissen teilhaben. Es ist unwichtig, wie groß oder klein euer Publikum oder eure Bühne sein mag. Was zählt, ist die Botschaft, die ihr rüberbringen wollt, und dass ihr die euch zur Verfügung stehenden Kommunikationswege ausschöpft. Man weiß nie, wo oder wie die Menschen ihren ersten Schritt in Richtung Aktivismus tun werden. Es lässt sich unmöglich sagen, welcher Funke genau auf wen überspringt. Es mag Rückschläge geben und Momente der Einsamkeit, aber wir Klimaaktivist*innen haben uns auf ein gigantisches Thema eingelassen, und wir werden immer mehr.

Fangt bei euren Eltern, Verwandten, Freund*innen und Kolleg*innen an, oder teilt eure Erkenntnisse oder eure Leidenschaft über die sozialen Medien, so wie es einige meiner Freund*innen getan haben. Auch wenn unsere Familie oder unser Freundeskreis unsere Botschaft nicht hören will, leben müssen sie trotzdem damit, und sie müssen davon erfahren. Es gibt Möglichkeiten, so mit ihnen zu kommunizieren, dass sie sich anschließen wollen, anstatt sich abzuwenden oder sich um euch zu sorgen.

Lasst euch, was die Formen eures Engagements betrifft, nicht einschränken. Ich habe Streiks organisiert, Vorträge gehalten, Schulen besucht, Müll gesammelt, habe mich Protestmärschen angeschlossen, an einem Sit-in teilgenommen, mit NGOs zusammengearbeitet, lokale Initiativen finanziell unterstützt (mein Projekt für Solaranlagen und Kochherde in Schulen), ich habe Briefe geschrieben, Lobbyarbeit betrieben, an Konferenzen teilgenommen, Organisationen gegründet und mich anderen Organisationen angeschlossen. Wie wäre es damit, für und mit anderen Menschen zu kochen oder Bäume zu pflanzen? Mit all diesen Aktionen könnt ihr eure Botschaft verbreiten, euch vernetzen, neue Leute kennenlernen und zu deren Motivation beitragen. So, wie es nicht die eine richtige Art gibt, Aktivist*in zu sein, gibt es auch nicht den einen richtigen Zeitpunkt, damit zu beginnen. «Ihr könnt jetzt anfangen, ihr könnt morgen anfangen», sagt Evelyn Acham. Aber fangt an! Denn, wie Roman Stratkötter sagt: «Jede kleine Handlung zählt» – auch wenn man nur einen Tweet teilt oder mit einem Post seine Unterstützung kundtut. «Es ist immer wichtig, sich Gehör zu verschaffen», sagt Elijah Mckenzie-Jackson, «denn jede*r hat eine Stimme. Die Frage ist, ob man sie in sich entdeckt und auch nutzt.»

Fünftens: Erhebt die Stimme ...

In vielen Gesellschaften wird von Mädchen und Frauen erwartet, sich Jungen und Männern zu fügen, still zu sein, keine eigene Meinung zu vertreten und sich nicht zu öffentlichen Belangen zu äußern. Deshalb kann es auf viele Männer bedrohlich wirken, wenn Frauen und Mädchen die Stimme erheben – und zwar deutlich, fundiert und klar –, ob nun persönlich oder online.

Aber ihr dürft euch als Mädchen oder Frauen davon nicht abhalten lassen. Wir haben das Recht, gehört zu werden, und wir haben viel zu sagen, vor allem, weil wir diejenigen sind, die in der Klimakrise an vorderster Front stehen. Fasst den Mut, eure Gefühle und Ideen zu artikulieren – auch wenn ihr euch dabei lächerlich vorkommt, auch wenn ihr Angst habt, und erst recht, wenn man euch sagt, ihr würdet nur eure Zeit verschwenden. Wenn ihr ungerecht behandelt werdet oder es bei anderen beobachtet, erhebt die Stimme. Damit sorgt ihr dafür, dass die Ungerechtigkeit nicht unbemerkt bleibt. Damit versetzt ihr euch in die Lage zu erklären, was an der Ungerechtigkeit falsch ist, könnt rund um das betreffende Thema zu einer breiteren Diskussion anregen und so die Ungerechtigkeit vielleicht sogar aus der Welt schaffen.

Sechstens: ... und hört zu

Zuhören ist das Pendant dazu, die Stimme zu erheben. Jungen und Männer müssen Frauen und Mädchen zuhören; unsere Ideen müssen als die unseren gewürdigt und unsere Erfahrungen müssen ernst genommen werden. So wichtig es ist, dass Aktivist*innen die Stimme für Menschen und Gemeinschaften erheben, die besonders unter der Klimakrise zu leiden haben, noch wichtiger ist es, dass wir *ihnen* selbst Gelegenheit geben, über die Herausforderungen zu sprechen, mit denen sie konfrontiert sind, dass sie ermächtigt werden, eigene Lösungen anzubieten, und um Hilfe bitten können.

Zuhören, das gilt auch für den Globalen Norden. Die industrialisierte Welt muss aufhören, Plattitüden von sich zu geben oder uns als Feigenblättchen auf ihre Konferenzen einzuladen, nur um sich selbst ein besseres Gefühl zu verschaffen oder ein bisschen Diversitätskosmetik zu betreiben. Der Globale Norden muss zuhören, wenn wir von *unserer* Realität sprechen, muss *unsere* Lösungen unterstützen und dann auch dementsprechend handeln.

Falls ihr im Globalen Norden lebt, macht euch mit den Vorkommnissen in Afrika vertraut, zum Beispiel mit den Überflutungen in Uganda, der Zerstörung des Kongo-Regenwalds und dem Schwinden des Tschadsees. Hört auf die Stimmen, die in diesem Buch zu Wort gekommen sind, und auf andere aus dem Globalen Süden, und setzt euch ernsthaft mit dem auseinander, was sie euch erzählen. Wenn ihr könnt, unterstützt uns finanziell, damit wir unsere Arbeit fortsetzen können. Aber unterstützt uns auch mit eurer Stimme. Wir sind darauf angewiesen, dass ihr euch Gehör verschafft, bei euren Regierungen, Anführer*innen und Wirtschaftsvertreter*innen, die unbeirrt fortfahren, in fossile Brennstoffe zu investieren, die unseren Lebensraum, unsere Umwelt und unsere Zukunft zerstören.

Viele von uns sind permanent von politischer und / oder sozialer Gewalt bedroht, auch deshalb ist es wichtig, dass wir Gehör finden und unsere Stimmen Unterstützung erhalten. Wir brauchen euch, weil wir von der internationalen Gemeinschaft oft ignoriert oder vom Staat zum Schweigen gebracht werden.

Das ist ein fortwährendes Problem. Im Februar 2021 wurde die indische FFF-Aktivistin Disha Ravi als Staatsfeindin verhaftet. Die indische Polizei warf ihr vor, ein «Toolkit» verbreitet zu haben, um Bauern in ihrem Protest gegen die Entscheidung der indischen Regierung zu unterstützen, eine Gesetzesänderung zugunsten großer Agrarbetriebe und auf Kosten kleiner Familienbetriebe auf den Weg zu bringen. Disha wurde verhaftet, nachdem Greta ihren Follower*innen in einem Tweet von den Toolkits erzählt hatte.

Im Dezember 2020 wurde der russische FFF-Aktivist Arshak Makichyan inhaftiert, weil er eine «nicht genehmigte Protestaktion» gegen die Klimakrise organisiert hatte. Meine Freundin Sasha Shugai erzählte der Presse, sie wäre von Behörden und der Polizei bedroht und von Lehrer*innen eingeschüchtert worden, weil sie gestreikt hatte. Arshak nutzte die Zeit im Gefängnis, um Vollzugsbeamt*innen und Mitgefangene über die globale Erwärmung aufzuklären. Auch meine ugandischen Klimamitstreiter*innen wurden schon verhaftet, und im Oktober 2020 wurden die Twitter-Accounts von Nyombi Morris und Leah Namugerwa gesperrt, nachdem sie gegen die Rodung von Teilen des Bugoma Forest protestiert hatten. Die japanische Klimaaktivistin Makoto Sato muss mit Einschränkungen ihrer Social-Media-Kanäle zurechtkommen, seit sie dort auf japanische Banken aufmerksam gemacht hatte, die in fossile Brennstoffe investieren.

Wie diese Beispiele zeigen, kann die offizielle Reaktion auf die Klimakrise durchaus darin bestehen, diejenigen zum Schweigen zu bringen, die auf das Versagen der Behörden aufmerksam machen. Die Botschaft lautet: «Wer eine tragfähige und lebenswerte Zukunft für die Menschheit fordert, den bringen wir zum Schweigen.» Deshalb muss unsere Botschaft lauten: «Wir lassen uns nicht zum Schweigen bringen. Wir verbreiten unsere Botschaft von Hoffnung, sind weiter aktiv und bringen die Bankrotterklärung hinter eurer zynischen Missachtung der Wahrheit ans Licht. Man wird uns hören!»

Wir können uns noch so gesetzeskonform verhalten, wir laufen trotzdem Gefahr, marginalisiert zu bleiben, auch künftig keine politische Macht zu haben und weiterhin von Diskussionen ausgeschlossen zu werden. Wenn unsere Geschichten jedoch mit Hilfe von «Verstärkern» Verbreitung erfahren, sind wir automatisch erfolgreicher. Falls ihr in einem Land lebt, das eure Freiheit beschützt, nutzt sie, um die zu unterstützen, die keine Freiheit haben.

Außerdem müssen wir einander zuhören. Niemand von uns ist perfekt; niemand weiß alles; wir können alle noch viel mehr lernen, auch voneinander. Ich habe festgestellt, dass Zuhören genauso wichtig ist, wie die Stimme zu erheben. Und – je mehr verschiedenen Stimmen wir lauschen, desto besser und effektiver werden wir als Sprecher*innen sein.

Siebtens: Seid kreativ und praktiziert Selbstfürsorge

Es gibt viele Beispiele dafür, wie ihr euch engagieren könnt, um eure Botschaft auf kreative Weise publik zu machen. Die Aktivist*innen von den Cayman-Inseln, die ich kennenlernte, erschufen Kunst und fotografierten sie, um für Klimabewusstsein zu sorgen. Elijah Mckenzie-Jackson greift für seine Öffentlichkeitsarbeit auf Kunst zurück. «Es gibt viele Möglichkeiten», sagt Elijah. «Singen, Tanzen, Theaterspielen, selbst ein Stück schreiben, Forschen.» Ihr könntet ein Bild ins Netz stellen, ein Transparent zum Fenster raushängen, über eure Social-Media-Kanäle zu einem Live-Event einladen, ein Seminar organisieren oder ein Webinar, ihr könnt malen oder zeichnen, eine Rede halten und euch mit euren Talenten zeigen. Den einen «richtigen» Weg, sich für Klimagerechtigkeit einzusetzen, gibt es nicht. Wir brauchen all unsere Fähigkeiten, unsere ganze Vorstellungskraft und unsere Energie, und zwar so, wie wir sie am besten zum Ausdruck bringen können. «Finde raus, was du gut kannst, und setze es für die Bewegung ein», sagt Leah Thomas. Niemand kann mehr Zuschauer*in sein, wir müssen alle tun, was wir können. Macht euch keine Sorgen, falls ihr denkt, ihr wärt nicht kreativ. Kreativität hat viele Formen. Als wir uns auf den Earth Day 2020 vorbereiteten, der wegen der Pandemie-Einschränkungen hauptsächlich im Netz stattfinden musste, einigten wir uns auf einen Plan. Jede*r von uns würde ein Schild hochhalten, das mit den Worten «Klimawandel ist ...» begann. Jede*r Aktivist*in würde den Satz mit einem eigenen Wort beenden – «gefährlich» oder «hier». Wir fotografierten und filmten die Plakate und machten Collagen daraus. Das war viel wirksamer, als hätten Einzelne die Botschaft verkündet. Das Ergebnis ist online abrufbar, und jede*r kann sich selbst von der eigenen Kreativität überzeugen.

Genauso wichtig, wie seine Kreativität anzuzapfen, ist Selbstfürsorge. «Man darf niemals seine geistige und körperliche Gesundheit vernachlässigen», sagt Elijah Mckenzie-Jackson. «Kümmert euch um eure Hobbys und anderen Aktivitäten. Wenn ihr es nicht schafft, eure eigene Stärke zu erhalten, wie wollt ihr dann für einen starken Planeten kämpfen?»

Wer in der Lage ist, das eigene Ego aus der Sache rauszuhalten, wozu Deniz Çevikus rät, kann leichter mit Rückschlägen und Negativität umgehen, weil man dann nicht *persönlich* versagt hat und es eigentlich überhaupt nicht um einen persönlich geht. Elizabeth Wathuti rät dazu, «eher proaktiv anstatt reaktiv zu agieren. Manchmal droht die Komplexität der Themen, die uns umgeben, uns zu überwältigen», sagt sie. Dann reagieren wir «wütend, ängstlich oder traurig». Wenn wir diese Emotionen in Aktivität verwandeln, fügt sie hinzu, «fangen wir an, Lösungen zu finden und dementsprechend zu handeln».

Achtens: Seid selbst die Veränderung, die ihr euch wünscht für die Welt

Mahatma Gandhis Botschaft, der Lauf der Welt würde sich mit uns verändern, wenn wir uns verändern könnten, ist heute noch ebenso relevant wie zu der Zeit, als er sie formulierte. Jenseits unserer individuellen Möglichkeiten brauchen wir den Systemwandel. Dieser Systemwandel muss alle Kommunen, ob im ländlichen oder urbanen Raum, umfassen und alles in Frage stellen, was bis jetzt als «normal» akzeptiert wurde.

Kaime Silvestre zufolge ist es, «um langfristig etwas zu verändern, wesentlich, dass wir uns auch in die formellen politischen Prozesse einmischen, um an der Entwicklung von Strategien mitwirken zu können, die unseren Gesellschaften Orientierung geben. Wir, die Jugend, werden in den politischen Prozessen oft übersehen, doch wir sind viele, und wir müssen die Kandidat*innen unterstützen und auch wählen, für die das Klima ganz oben auf der Agenda steht.»

Also wählt und unterstützt eure Kandidat*innen auf sämtlichen politischen Ebenen, Leute, an die ihr glaubt und die wissen, dass der Klimanotstand Priorität hat. Stellt euch selbst zur Wahl. Organisiert eine Unterschriftenkampagne. Wem die internationale Gemeinschaft oder die eigene Regierung unerreichbar erscheint, es gibt viele andere Führungsebenen, die vielleicht nahbarer sind: von euren Klassensprecher*innen hin zur Schulleitung; von euren örtlichen Gemeinde- oder Stadträt*innen hin zu Bürgermeister*innen und Abgeordneten. Oft ist es leichter, sich direkt vor Ort als Aktivist*in zu engagieren. Leah Thomas' Rat lautet: «Informiert euch über die Umweltthemen, die in eurer Gemeinde wichtig sind», und engagiert euch für das, was euch persönlich berührt.

Auch in eurem Alltag gibt es vieles, das ihr tun könnt, um etwas zu verändern. Sprecht mit euren Pfarrer*innen, dem Imam oder dem Rabbi über die Klimakrise; bittet um Erlaubnis, euch an die Gemeinde wenden zu dürfen. Tut euch mit örtlichen Vereinen zusammen, die das Gemeinwohl im Blick haben, wie die Rotarier, oder mit ortsansässigen Unternehmen, die dafür offen sind, das Gemeinwohl zu unterstützen. Nehmt an öffentlichen Gemeinde- oder Stadtratssitzungen teil. Und wenn euer Engagement auf lokaler Ebene funktioniert, seid ihr vielleicht auch in der Lage, regionale, nationale und sogar internationale Gremien dahin gehend zu beeinflussen, eure Bemühungen aufzugreifen.

Dann das Thema Geld. Nutzt die Macht eures Bankkontos. Konsumiert Produkte von Unternehmen und Individuen, die richtig agieren. Boykottiert jene, die es nicht tun. Investiert euer Geld, das Geld eurer Familien, eurer Unternehmen nicht länger in fossile Brennstoffe, landwirtschaftliche Massenproduktion und andere rohstoffintensive Branchen. Auch Stadt- und Gemeindeverwaltungen, Rentenkassen, Anlageberater*innen, religiöse Institutionen, Universitäten, Firmenkonsortien und Regierungen auf allen Ebenen stecken das ihnen anvertraute Geld in Aktien, Beteiligungen, Fonds und viele andere Finanzprodukte. Schließt euch einer Kampagne an (oder startet selbst eine), die zum Ziel hat, diese Investitionen von Branchen abzuziehen, die den Planeten zerstören, und stattdessen in solche zu investieren, die das nicht tun.

Gleichzeitig müssen wir positive Investitionen fördern: Investitionen, die ganz normale Menschen und die Ökosysteme an erste Stelle setzen. Zunehmend mehr Portfolios und Firmen orientieren sich an dem Drei-Säulen-Modell der nachhaltigen Entwicklung: Die drei Säulen lauten Soziales, Ökologie und Wirtschaft. Wer über Kapital verfügt, kann sein Geld von Banken abziehen, welche die Fossile Energiewirtschaft und andere klimaschädliche Branchen finanzieren. Man kann sein Portfolio auch dort platzieren, wo in saubere erneuerbare Energien investiert wird.

Wenn möglich, installiert, wo immer ihr könnt, dort, wo ihr lebt oder arbeitet, Solaranlagen und fordert von euren Gemeinde- oder Stadtverwaltungen, öffentliche Gebäude wie Schulen, Verwaltungen und Krankenhäuser ebenfalls damit auszurüsten. Regt auch zur Nutzung anderer regenerativer Energiequellen wie Wind- oder Wasserkraft an. Fordert von euren Städten und Gemeinden den Ausbau des öffentlichen Nahverkehrs, fordert den Ausbau sicherer Radwege und mehr öffentliche Grünanlagen. Lasst das Auto öfter oder endgültig stehen. Fordert ein Verbot von Plastiktüten, eine Steuer auf Plastikflaschen und Förderprogramme für Mehrwegverpackungen und Recyclingprodukte. Organisiert mit euren Gemeinden Umwelttage, an denen ihr gemeinsam den Müll von den Straßen, von Büschen und Bäumen, von Ufern und Parks sammelt, und verschönert euren unmittelbaren Lebensraum.

Von diesen Aktionen profitieren wir ebenso wie unsere Umwelt, und wir verbessern unsere Beziehung zur Natur. Wie Cristian Martelo, ein Klimaaktivist aus Santa Marta in Kolumbien sagt: «Ich hoffe, dass die nächste junge Generation Parks zum Spielen hat und im Einklang mit den Tieren und der Natur lebt. Ich hoffe, eines Tages werden die Tiere uns als Freund*innen und nicht mehr als Feind*innen sehen.»

Wenn ihr in einem Büro arbeitet, denkt nach, ehe ihr etwas druckt, kauft Recyclingpapier und bedruckt die Blätter beidseitig. Sucht nach Möglichkeiten, weitestgehend auf Plastik zu verzichten und weniger Lebensmittel zu verschwenden. Unterstützt Bestrebungen, allen den Zugang zu gesünderer, nahrhafterer und vielseitigerer Ernährung zu ermöglichen. Kauft regional, kauft auf dem Bauernhof oder bei Kooperativen ein, um euren «Food-Abdruck» zu verringern und das Geld auf kommunaler Ebene zu halten. Baut euer eigenes Gemüse an, im Garten, auf dem Balkon, auf dem Dach oder Fensterbrett. Teilt, was ihr habt, mit euren Klassenkamerad*innen und Nachbarn. Sprecht mit euren Familien darüber, künftig weniger Fleisch zu essen und euch überwiegend pflanzlich zu ernähren, was laut *Project Drawdown* zu den fünf effektivsten Methoden gehört, um die globale Erwärmung zu bekämpfen. Denkt darüber nach, bei Feiern und festlichen Anlässen auch das Buffet grüner und nachhaltiger zu gestalten.

Und was eure Kleidung betrifft, überlegt mal, wie viele Sachen ihr im Schrank habt, und ob ihr wirklich alles neu kaufen müsst. Die globale Modeindustrie ist für 10 Prozent der jährlichen CO_2-Emissionen verantwortlich. Viele denken, alles, was modisch und hochwertig aussieht, müsse neu sein. Dabei kann man auch in Klamotten aus zweiter Hand gut aussehen. Ich selbst kaufe oft secondhand und bin in der Lage, aus einer Bluse oder einem Kleid im Handumdrehen den passenden Look für ein Interview oder sogar eine Geburtstagsfeier zu machen. Ich bekomme Komplimente für meine Kleidung, und wenn ich erzähle, dass die Sachen aus dem Secondhand-Laden stammen, heißt es oft: «Was? Den Laden musst du mir zeigen. Da will ich auch hin.»

Meine Freund*innen sind, ehrlich gesagt, dabei nicht so sehr am Nachhaltigkeitsgedanken interessiert. Ihnen geht es darum, gut auszusehen, dabei günstig einzukaufen und somit Geld zu sparen. So lässt sich nicht nur vermeiden, dass Kleidung auf der Müllkippe landet, indem ich secondhand kaufe, zeige ich meinen Freundinnen, dass sie das auch tun können, und das verschafft ihnen ein Gefühl der Zufriedenheit.

All diese Vorschläge sind Möglichkeiten, sich für einen nachhaltigeren Lebensstil starkzumachen und ihn für sich selbst umzusetzen. Sie lassen sich in unseren Alltag integrieren. Ihr könnt euch an Aarav Seths drei As halten: «become **a**ware (sich bewusst werden), **a**mplify (die Idee verbreiten), **a**ct (handeln)». Wenn ihr euch an die drei As haltet und auf lokaler Ebene dafür sorgt, dass der bewusste Umgang mit der Erde und unseren Ressourcen normal wird, verbessern sich damit die Chancen auf einen Wandel auch in größerem Rahmen, weil der gesellschaftliche Widerstand gegen die befürchtete Veränderung schwindet.

Neuntens: Denkt global und schaut über den eigenen Tellerrand

Klimaaktivist*innen müssen, wie Aarav Seth bemerkt, «grenzüberschreitend denken». Klimawandel hält sich nicht an Landesgrenzen. Wir müssen mit anderen solidarisch sein. Global zu denken, könnte heißen, Klimaaktionen rund um die Erde zu unterstützen. Es könnte auch bedeuten, sich des eignen Privilegs als Mensch bewusst zu werden, der von der kolonialistischen oder imperialistischen Vergangenheit seines Landes profitiert hat und es immer noch tut. Es könnte bedeuten, die eigene Kultur zu dekolonialisieren, wie Cristian Martelo vorschlägt, «um althergebrachte Handlungsweisen wieder zum Leben zu erwecken, sich neu mit Mutter Erde zu verbinden und ihr so dabei zu helfen zu heilen».

Wie ich in diesem Buch hoffentlich zeigen konnte, berührt das Thema Klima auch sämtliche anderen Bereiche sozialer Gerechtigkeit. Um es mit Kaime Silvestre zu sagen: «Der Kampf um Klimagerechtigkeit ist ein Kampf für Gerechtigkeit an sich und muss den Kampf für soziale Gerechtigkeit und *Racial Justice* beinhalten. In unserem System herrschen viele Ungleichheiten. Es hat keinen Sinn, andere im Stich zu lassen.»

Zehntens: Glaubt daran

Der Wandel findet bereits statt. Meine Kinder und Enkelkinder werden auf einem radikal anderen Planeten aufwachsen. Ihre Lebenswirklichkeiten und ihre Wahlmöglichkeiten werden sich von unseren sehr unterscheiden – und, falls wir jetzt nicht alle gemeinsam handeln, werden diese Wahlmöglichkeiten sehr viel schlechter und auch viel geringer ausfallen. Die Frage ist nicht, ob wir handeln, sondern *wie*. Wir kämpfen um unser Leben und um das künftiger Generationen. Lasst euch nicht abschrecken. Glaubt an euch und an eure Vision.

Elizabeth Wathuti drückt es so aus: «Habt niemals Angst davor, eure Stimme einzusetzen und für das Richtige einzustehen, auch wenn ihr damit allein seid.» Ignoriert die Trolle und alles Negative. «Gebt niemals auf», sagt Hilda Nakabuye. «Egal, wie schlimm es aussieht.»

Oder wie Greta Thunberg gesagt hat: «Niemand ist zu klein, um etwas zu bewirken.» Elizabeth hat es anders formuliert: «Niemand sollte je das Gefühl haben, das, was er tut oder zu tun versucht, sei zu gering.

Wir können nicht Däumchen drehen und zusehen, wie unser Planet den Bach runtergeht. Wir müssen jetzt antreten und alles daransetzen, uns und den kommenden Generationen eine lebenswerte Welt in einer sicheren Zukunft zu gewährleisten.»

«Auch wenn wir alle Einzelne sind», so Elizabeth, «besitzen wir als Kollektiv durchaus Macht, weil die unzähligen Handlungen Einzelner zusammengenommen große Auswirkungen haben.» Wir als junge Generation, sagt Liz, stehen «im Zentrum des Problems, weil wir mit den Konsequenzen leben müssen». Und, so Elizabeth weiter, «es ist unumgänglich, dass wir selbst uns auch als Problemlöser*innen begreifen. Wir haben die Ideen, die Fähigkeiten, die Energie und die Zeit.»

Also, fangt an! Startet euer Projekt, gründet eure Organisation, veranstaltet euren Streik, teilt eure Idee und glaubt an eure Macht. Denn ich glaube an euch. Als ich anfing, hätte ich niemals gedacht, dass sich mein Aktivismus jemals über die Grenzen Kampalas oder Ugandas ausweiten würde. Ich hätte niemals geglaubt, dass ich an einem UN-Klimagipfel teilnehmen würde, dass andere Menschen sehen würden, was ich tue, und sich von mir zu Klimastreiks in ihren eigenen Ländern inspirieren lassen würden. Was mir in derart kurzer Zeit möglich war, kann euch als Motivation dienen, egal wie alt ihr seid, wo auch immer ihr lebt. Steht auf, vernetzt euch mit anderen und tut alles, was ihr tun könnt. Es spielt keine Rolle, wo ihr anfangt oder wie; wichtig ist allein, dass ihr überhaupt anfangt und etwas tut. Glaubt daran – glaubt an euer Recht, gehört zu werden, glaubt an die Macht eurer Stimme und an die Kraft eurer Überzeugung, dass dies der Weg vorwärts sein *muss*.

In der Klimakrise manifestieren sich diese Tatsachen: *Wir müssen die Welt retten. Wir müssen die Welt und uns selbst verändern. Es ist noch nicht zu spät.*

Danksagung

Ich möchte mich bei den vielen Menschen in aller Welt bedanken, die dieses Buch möglich gemacht und mich auf meiner Reise begleitet haben. Als Erstes gilt mein Dank Johanna Langmaack vom Rowohlt Verlag in Hamburg, die auf die Idee kam, meinen Aktivismus in Form eines Buchs zu verbreiten. Außerdem Mia MacDonald vom Umwelt-Action Tank *Brighter Green* und Martin Rowe von Lantern Publishing & Media, beide in New York, die mir mit ihrem Wissen, Engagement und Können dabei halfen, meine Geschichte zu erzählen, meine Erfahrungen zu beleuchten und meiner Vision von Klimagerechtigkeit hier Raum zu geben. Die beiden unterstützten den Entstehungsprozess mit Kraft, Tempo und Kompetenz.

Außerdem möchte ich mich bei Carrie Plitt, meiner hochengagierten Agentin bei Felicity Bryan Associates in Großbritannien, und bei Zoe Pagnamenta von The Zoe Pagnamenta Agency in den USA für ihre Unterstützung und ihr tiefgreifendes Verständnis der Entstehungsprozesse von Büchern bedanken. Auch den umsichtigen Lektor*innen, Redakteur*innen und PR-Leuten in meinen Verlagen gilt mein Dank, insbesondere Carole Tonkinson bei Pan Macmillan und Rakia Clark bei HMH, sowie Hockley Spare, Jodie Mullish, Jess Duffy und allen anderen bei Pan Macmillan in Großbritannien, und Taryn Roeder, Elizabeth Anderson und allen anderen bei HMH in den USA.

Ich bin nur eine von vielen Klimaaktivist*innen aus aller Welt, und ich fühle mich geehrt, mich in Gesellschaft so vieler leidenschaftlicher Männer und Frauen zu wissen. Mit einigen von ihnen konnte ich mich für *Unser Haus steht längst in Flammen* unterhalten, und sie haben dieses Buch mit ihrer Weisheit, ihren Einsichten und mit ihren ganz unterschiedlichen Herangehensweisen bereichert. Mein Dank geht an Deniz Çevikus, Cristian Martelo, Elijah Mckenzie-Jackson, Veronica Mulenga, Adenike Titilope-Oladosu, Kaossara Sani, Aarav Seth, Kaime Silvestre, Roman Stratkötter, Leah Thomas und Elizabeth Wathuti.

Auch viele andere Klimaaktivist*innen, von denen in *Unser Haus steht längst in Flammen* die Rede ist, und viele weitere, die ich kennenlernen durfte – online oder persönlich –, haben mich ermutigt, inspiriert und unterstützt. Deshalb geht ein weiteres großes Dankeschön an: Isabelle Axelsson, Xiye Bastida, Sascha Blidorf, Connor Childs, Brianna Fruean, Hindou Oumarou Ibrahim, Eva Jones, Licypriya Kangujam, Elizabeth Gulugulu Machache, Jamie Margolin, Steff Mcdermot, Ndoni Mcunu, Ayakha Melithafa, Makena Muigai, Luisa Neubauer, Sasha Shugai, Loukina Tille, Amelia «Lia» Tuifua, Alexandria Villaseñor, Olivia Zimmer und Remy Zahiga.

Ganz besonders möchte ich mich bei vier außergewöhnlichen Frauen bedanken, die mich zutiefst inspiriert haben: Christiana Figueres, Jane Fonda, Wangari Maathai und Greta Thunberg.

Vieles von dem, über das ihr in diesem Buch gelesen habt, wäre ohne meine ugandischen Klimamitstreiter*innen nicht möglich. Ich danke euch für eure Unterstützung, eure Solidarität und euer riesengroßes Engagement: Danke Rebecca Abitimo, Evelyn Acham, Nyombi Morris, Hilda Flavia Nakabuye, Edwin Namakanga, Leah Namugerwa, Sadrach Nirere, Ayebale Paphrus, Davis Reuben Sekamwa, Elton John Sekandi und alle anderen bei *Fridays for Future Uganda* und dem *Rise Up Movement*, die mit mir die Reihen schließen.

Dass meine Botschaft auch weit jenseits der Grenzen Ugandas verbreitet wird, habe ich auch der unglaublichen Arbeit vieler internationaler Freund*innen zu verdanken. Mein Dank gilt Callum Grieve und Connor Turner für ihre klugen Ratschläge; Tim Reutemann für sein Vertrauen und seine Zuversicht bei der Einführung der *Vash Green Schools*-Initiative; meinen Kolleg*innen bei der UN, die sich für die Nachhaltigkeitsziele einsetzen; und den vielen NGOs, die mir ein Podium zur Verfügung gestellt haben, darunter *Arctic Basecamp, EET, Fridays for Future, Greenpeace*, die *Desmond & Leah Tutu-Stiftung, Rotary International*, die *Wangari Maathai-Stiftung*, das *World Resources Institute* und viele andere.

Außerdem möchte ich die Gelegenheit nutzen, um mich bei zwei meiner Lehrer*innen aus frühen Schuljahren zu bedanken: Lehrer

Fred aus der Grundschule, der mich vor allem in Mathematik unterstützte, was mir anfangs nicht leichtfiel. Doch er war geduldig und wusste, wie man aus jede*r Schüler*in das Beste herausholte. Und bei meiner Vorschullehrerin Mary, die mich von Anfang an zum Lernen ermutigte und meinen Eltern sagte, ich dürfe in der Schule bleiben, obwohl ich damals noch zu klein war. Die Freundlichkeit, die Geduld und die Tatsache, dass die beiden fest an mich glaubten, werde ich nie vergessen. Ich habe mich sehr gefreut, als die beiden 2019 gemeinsam mit meiner Familie und meinen Freund*innen an meiner Graduiertenfeier teilnahmen. Auch anderen Lehrer*innen an der Oberschule und in der Universität bin ich dankbar. Sie unterstützten mich dabei, Fähigkeiten zu entwickeln, die ich mir selbst nie zugetraut hätte, wie zum Beispiel, in der Öffentlichkeit zu sprechen. Sie drängten mich und andere dazu, Vorträge zu halten, unsere Projekte mündlich zu präsentieren und vor der ganzen Klasse über gemeinsame Aktionen zu referieren. Die Tatsache, dass sie nicht zuließen, dass ich mich vor derartigen Auftritten drückte, hat sich für meine Arbeit als Klimaaktivistin als sehr nützlich erwiesen.

Ein riesiges Dankeschön geht an meine Eltern und Geschwister und an meine Freund*innen, die immer für mich da sind, mich immer unterstützen und mir nie den Rücken gekehrt haben.

Eine meiner größten Stützen ist mein Glaube an Gott und in dem Zusammenhang auch mein Priester, Apostle Grace Lubega, von dem ich viel über das Wort Gottes lernen durfte. Aktivismus kann sehr belastend sein, und Gebete und der Besuch von Gottesdiensten (oder, in Corona-Zeiten, die Online-Teilnahme) sind für mich extrem wichtige Quellen der Liebe, der Gnade und der Unterstützung. Mein Glaube schenkt mir Orientierung und Durchhaltevermögen und erinnert mich daran, alle zu lieben – all das unterstützt mich sehr darin, meine Stimme auch weiterhin für die Millionen Menschen in Uganda und aller Welt zu erheben, die in diesem Augenblick den Klimanotstand am eigenen Leib erfahren.

Die Übersetzerin dankt Sandra Kirchner und Matthias Bauer von den Klimareportern (klimareporter.de), die ihr bei der Übersetzung kniffliger Textstellen bereitwillig zur Seite sprangen, sowie Tim Reutemann (tim-reutemann.medium.com) für das erhellende Telefonat und die Unterstützung in Sachen Terminologie.

Anhang I: Mein Brief an Joe Biden und Kamala Harris

Liebe Kamala Harris, lieber Joe Biden,

ich bin nicht sicher, ob Sie dies lesen werden, aber ich hoffe darauf.
Mein Name ist Vanessa Nakate. Ich bin 23 Jahre alt.
Herzlichen Glückwunsch an Sie beide. Ich bin eine Klimaaktivistin
aus Uganda, die sich um die Gegenwart und die Zukunft sorgt.
Werden Sie alles tun, was Sie tun müssen, um die Klimakatastrophe zu bekämpfen? Ich frage Sie dies, weil ich es unbedingt
wissen muss. Der Klimawandel wirkt sich auf die Existenzgrundlage der Menschen des Landes aus, in dem ich lebe, betroffen sind
vor allem Kinder, Mädchen und Frauen. Stehen Sie uns bei? Ich
würde es gerne wissen. Alles, was wir wollen, ist ein lebenswerter
und gesunder Planet, ist eine gerechte und nachhaltige Gegenwart
und Zukunft. Ist das zu viel verlangt? Die einzige Heimat, die wir
haben, nicht zu zerstören, und zu verhindern, dass eine kleine
Gruppe Menschen von unserem Schmerz profitiert? Wir müssen
gemeinsam alles tun, was notwendig ist, um unseren Planeten zu
schützen und allen ein glückliches Leben zu ermöglichen.

Vanessa Nakate
Uganda

PS Bitte schreiben Sie mir.

Anhang II: Ressourcen

Wie *Unser Haus steht längst in Flammen* zeigt, ist meine Stimme eine unter vielen jugendlicher Klimaaktivist*innen rund um den Globus, die einen massiven, systemischen und raschen Wandel fordern. In diesem Anhang liste ich die User-Namen und Websites der Organisationen und Aktivist*innen auf, über die ich in diesem Buch geschrieben habe. Ich habe eine Menge von ihnen gelernt (wie so viele andere auch), und möchte euch eindringlich nahelegen, ihnen auf ihren Social-Media-Kanälen zu folgen, ihre Websites zu besuchen, ihre Kampagnen zu unterstützen und ihre Botschaft zu verbreiten. Diese Liste bildet natürlich nur einen Bruchteil der Organisationen und Menschen ab, die für Gleichberechtigung, Recht und echte Nachhaltigkeit einstehen.

Darüber hinaus habe ich andere Bücher von oder über Klimaaktivist*innen aufgenommen, dazu einige Slogans, die ich bei meinen Streiks verwendet habe, wie auch die von anderen Klimaaktivist*innen, die ihr gerne verwenden oder adaptieren könnt.

Zusätzlich habe ich eine Liste ausgewählter und gängiger Hashtags zusammengestellt, damit ihr mit dieser globalen Bewegung, die sich für den Wandel einsetzt, in Kontakt treten könnt und – wie ich und Millionen andere auf der ganzen Welt – Klimaaktivist*innen werden könnt.

T: Twitter; IG: Instagram: F: Facebook; W: Web

Meine Projekte

Green Schools Initiative (W: www.gofundme.com/f/green-schools-with-vash)

1 Million Activist Stories (T: 1millionActivi1; IG: amillionactiviststories; W: riseupmovementafrica.org/)

Rise Up Movement (T: Riseupmovt; IG: riseupmovement1)

Vanessa Nakate (T: vanessa_vash; IG: vanessanakate1)

Organisationen

350.org (T: 350; IG: 350.org; W: 350.org/de)

350 Africa (T: 350Africa; IG: 350africa; W: 350africa.org)

Act on Sahel (T: ActonSahel; IG: #actonsahel; W: actonsahel.net; F: ActOnSahel)

Arctic Angels (T: GCArcticAngels; IG: gcarcticangels; W: globalchoices.org/arctic-angels-1)

Arctic Basecamp (T: ArcticBasecamp; IG: arctic.basecamp; W: arcticbasecamp.org)

Avaaz (T: Avaaz; IG: avaaz_org; F: Avaaz; W: secure.avaaz.org/page/ de/)

Black Lives Matter (IG: blklivesmatter; W: blacklivesmatter.org)

Congo Enviro Voice (T: CongoEnviroVox; W: congoenvirovoice. wixsite.com/congobasin)

Earth Uprising (T: Earth_Uprising; IG: earth_uprising; W: earthuprising.org)

EET: Eleven Eleven Twelve Foundation (W: eetfoundation.org)

Fridays for Future (T: Fridays4future; IG: fridaysforfuture.de; W: fridaysforfuture.org)

Green Generation Initiative (T: GGI_Kenya; IG: ggi_kenya; F: GGI. Kenya; W: greengenerationinitiative.org)

Greenpeace International (T: Greenpeace; IG: greenpeace; F: greenpeace.international; W: greenpeace.org)

LevelUpWomen (T: LevelUpWomen) #AfricaOptimism

Uganda For Her (IG: uganda4her; F: Uganda4Her; W: uganda4her. org)

UNICEF (T: UNICEF; IG: unicef; W: unicef.org)

UNFCCC (T: UNFCCC; IG: unclimatechange; W: unfccc.int)

UN Women (T: UN_Women; IG: unwomen; W: unwomen.org/en)

Wangari Maathai Foundation (T: WangariMaathai; IG: wangari_maathai; W: wangarimaathai.org)

Zero Hour (T: thisiszerohour; IG: thisiszerohour; W: thisiszerohour.org)

Klimaaktivist*innen, die ich für dieses Buch interviewt habe

Evelyn Acham (T: eve_chantel; IG: evechantelle; F: Evelyn Acham]
ist eine Aktivistin aus Uganda, die sich mit Leidenschaft für Klimagerechtigkeit einsetzt. Zusammen mit *Rise Up* organisiert sie als
Landeskoordinatorin Klimastreiks. Sie ist Teil von *Fridays for Future*,
der weltweiten Schüler*innenbewegung, die sich für Klimaschutz
einsetzt. Darüber hinaus ist sie ein Arctic Angel für *Global Choices*,
ein von Jugendlichen getragenes und generationenübergreifendes
Aktionsbündnis. Sie hat einen Abschluss in Landesökonomie von
der Makerere Universität in Kampala, Uganda.

Deniz Çevikus (T: CevikusHB; IG: deniz.cevikus; F: deniz4future;
W: denizcevikus.com) ist eine dreizehnjährige Klimaaktivistin aus
Istanbul. 2018 begann sie, sich, inspiriert von Greta Thunberg, mit
der Klimakrise auseinanderzusetzen. Im März 2019 beschloss sie,
sich *Fridays for Future* anzuschließen, und streikt seither jeden Freitag für das Klima. Sie ist sehr tierlieb und hat eine getigerte Katze
von der Straße gerettet und adoptiert.

Cristian Esteban Martelo Ramírez (T: martelocris; IG: martelocris; F:
Cristian Martelo Ramirez) ist ein kolumbianischer Umweltaktivist,
der sich mit der globalen Klimaerwärmung und ihren Auswirkungen auf den Ozean auseinandersetzt.

Elijah Mckenzie-Jackson (T: Elijahmckenzee; IG: ElijahMckenzieJack-
son) ist ein siebzehnjähriger Aktivist für Klimagerechtigkeit, der
in London, England, lebt. Elijah setzt sich für Umweltgerechtigkeit
ein, für soziale Befreiung und Dekolonisation, da die Klimakrise
in jahrzehntelangem Rassismus und der Ausbeutung des Landes
marginalisierter Gemeinschaften wurzelt.

Veronica Mulenga (IG: earth___warrior) ist eine Klima- und Umweltaktivistin aus Sambia.

Hilda Flavia Nakabuye (T: NakabuyeHilda; IG: nakabuyehildaflavia; F: Nakabuye Hilda Flavia) ist eine ugandische Klimaaktivistin und setzt sich für Umweltgerechtigkeit ein. Als Gründerin von *Fridays For Future Uganda* leitet sie Aktionen zur Beseitigung von Abfällen an den Ufern des Victoriasees, um Wasservorkommen zu bewahren und die Verschmutzung durch Plastik zu bekämpfen. Es ist ihre Leidenschaft für die Natur, die sie dazu bewegt, vor Ort und global für ein Umdenken einzustehen. Sie hat viele Menschen mobilisiert und sie dazu inspiriert, sich dem weltweiten Kampf für Klimagerechtigkeit anzuschließen.

Leah Namugerwa (T: NamugerwaLeah; IG: namugerwaleah; F: namugerwa.leah.3) ist eine siebzehnjährige ugandische Aktivistin für das Klima und für Kinderrechte, außerdem ist sie Teamleiterin bei *Fridays For Future* und der *Save Bugoma Forest*-Kampagne.

Adenike Titilope Oladosu (T: the_ecofeminist; IG: an_ecofeminist; W: womenandcrisis.com) zählt zu den Topabsolvent*innen im Fachbereich Agrarökonomie. Sie ist Ökofeministin und war erste *Fridays For Future*-Klimaaktivistin Afrikas. Ihr Fokus liegt auf den Themen Frieden, Sicherheit und Gleichberechtigung in Afrika, insbesondere der Region rund um den Tschadsee. Adenike ist Gründerin von *ILeadClimate* und hat ihre Aktionen für das Klima in internationalen Foren vorgestellt. Für ihren Kampf für Klimagerechtigkeit wurde sie von *Amnesty International Nigeria* mit einem der höchsten Menschenrechtspreise ausgezeichnet.

Kaossara Sani (T: KaoHua3; IG: kaohua3; W: kaossarasani.com) ist eine Friedens- und Klimaaktivistin aus Togo. Sie ist Gründerin der *Africa Optimism*-Initiative und Mitbegründerin der *Act on Sahel*-Bewegung.

Aarav Seth (T: AaravSeth; IG: aaravseth_; F: aarav.seth.5454; W: aaravseth.wordpress.com) ist ein zwölf Jahre alter Aktivist aus

Delhi, Indien. Er ist Gründer von *Sunday4SecuredFuture* (ruft Klima-aktivist*innen dazu auf, jeden Sonntag mit mindestens einer Aktion für das Klima aktiv zu werden), *Helping Hand* (ruft Menschen dazu auf, Kleidung, Bücher und Schuhe an benachteiligte Kinder zu spenden) und *She Hygiene* (verteilt Damenbinden an Mädchen, die sich diese Grundversorgung nicht leisten können). Er ist Host eines Podcasts namens *#RingTheBell* (https://anchor.fm/aarav-seth), in dem er Menschen auf Klimathemen aufmerksam macht.

Kaime Silvestre Silva Oliveira (T: kaimesilvestres; IG: kaimesilve-stre; F: kaime.silvestre) ist ein brasilianischer Klimaaktivist und Anwalt für Menschenrechte. Geboren im Amazonasgebiet, setzt er sich unermüdlich für humanitäre Hilfe ein, für den Schutz des Amazonas, der Tierwelt und der Menschen, die auf diesen Lebensraum angewiesen sind.

Roman Stratkötter (T: stratkotter) ist ein Aktivist, der sich seit dem 19. März 2020 auf Twitter für *SaveCongoRainforest* einsetzt und dar-über hinaus für #SaveBugomaForest, AfricaIsNotADumpster, free-Navalny, SaveSahel, StopShell, PeaceUponYemen, WithDrawThe-Cap, IStandWithTheFarmers, LeilãoFóssilNão / EndFossilFuels, BlackLivesMatter und loveislove.

Leah Thomas (T: Leahtommi; IG: greengirlleah; F: intersectiona-lenvironmentalist; W: intersectionalenvironmentalist.com) ist eine intersektionale Umweltaktivistin und Öko-Sprecherin, die in Südkalifornien zu Hause ist. Ihr leidenschaftlicher Einsatz gilt der Erforschung, wie soziale Gerechtigkeit und Umweltschutz zusammenhängen. Sie ist Gründerin der Plattform *Intersectional Environmentalist.*

Elizabeth Wathuti (T: lizwathuti; IG: lizwathuti; F: lizmazingira; W: lizmazingira.com) ist eine Umwelt- und Klimaaktivistin aus Kenia und Gründerin der *Green Generation*-Initiative. Aktuell ist sie *Head* *of Campaigns* und *Daima Consortium Coordinator* für die Wangari-Maathai-Stiftung. Im Jahr 2016 erhielt Elizabeth das Wangari Maathai Sholarship-Stipendium von *Green Belt Movement*, der Kenya Community Development-Stiftung und der Rockefeller-Stiftung. Darüber hinaus war sie Vorsitzende des *Kenyatta University Environmental Club* und hat einen Abschluss in Environmental Studies und Community Development von der Kenyatta University.

Klimaaktivist*innen, die ich in diesem Buch erwähnt habe

Isabelle Axelsson (T: isabelle_ax; IG: isabelleax_)
Xiye Bastida (T: xiyebastida; IG: xiyebeara)
Sascha Blidorf (IG: saschablidorf)
Connor Childs (W: plasticfreecayman.com/youth-action)
Chibeze Ezekiel (T: chibeze1; IG: chibeze1)
Brianna Fruean (T: Brianna_Fruean; IG: briannafruean)
Hindou Oumarou Ibrahim (T: hindououmar; IG: hindououmar)
Eva Jones (I: evaastrid37)
Licypriya Kangujam (T: LicypriyaK; IG: licypriyakangujam)
Elizabeth Gulugulu Machache (T: lizgulaz; IG: lizgulaz)
Arshak Makichyan (T: MakichyanA; IG: makichyan.arshak)
Jamie Margolin (T: Jamie_Margolin; IG: jamie_s_margolin)
Steff Mcdermot (IG: theamazingsteff_)
Ndoni Mcunu (T: ndonimcunu; IG: ndonimcunu; W: ndonimcunu.com)
Ayakha Melithafa (T: AyakhaMelithafa; IG: ayakhamelithafa)
Nyombi Morris (T: mnyomb1; IG: mnyomb1)
Makenna Muigai (T: MakennaMuigai)
Natasha Mwansa (T: TashaWangMwansa; IG: natashamwansa)
Joan & Clare (T: joanandclare1; IG: joan.and.clare)
Luisa Neubauer (T: Luisamneubauer; IG: luisaneubauer)
Sadrach Nirere (T: SadrachNirere; IG: sadrachnirere)
Disha Ravi (T: disharavii; IG: disha_ravii)
Davis Reuben Sekamwa (T: davisreuben3; IG: davisreuben9.0)
Sasha Shugai (T: sasha_shuga; IG: sashashu_; W: linktr.ee/sashashugai)

Greta Thunberg (T: gretathunberg; IG: gretathunberg)
Loukina Tille (T: loukinatille; IG: loukinatille)
Alexandria Villaseñor (T: AlexandriaV2005; Earth_Uprising; IG:
  alexandriav2005)
Remy Zahiga (T: Remy_Zahiga; IG: remyzahiga)
Wenying Zhu (T: Wenying_Z)
Olivia Zimmer (W: plasticfreecayman.com/youth-action)

Bücher und Dokumentarfilme

Hammond, Mel, *Love the Earth: Understanding Climate Change,
Speaking Up for Solutions, and Living an Earth-Friendly Life*, New York,
American Girl, 2020.

Hill, Jordan (Reg.), *Greta Thunberg: Rebel with a Cause*, 2020.

Johnson, Ayana Elizabeth und Katharine K. Wilkinson (Hg.), *All We
Can Save: Truth, Courage, and Solutions for the Climate Crisis*, New
York, One World, 2020.

Maathai, Wangari, *The Challenge for Africa*, New York, Vintage,
2008.

Maathai, Wangari, *Afrika, mein Leben. Erinnerungen einer Unbeug-
samen*, Köln, DuMont, 2008.

Margolin, Jamie, *Youth to Power: Eine Anleitung zum Handeln*, Mün-
chen, btb, 2020.

Thunberg, Greta, *Ich will, dass ihr in Panik geratet! Meine Reden zum
Klimaschutz*, Frankfurt am Main, Fischer, 2019.

Slogans für Demos

1.5 °C = Rich Countries, Do Your Fair Share
Are You Fracking Kidding Me?
Be Part of the Solution Not Part of the Pollution
Black Lives Matter
Change the System Not the Climate
Climate Change Is Not Fiction

Climate Change Is Worse Than Homework
Educate Girls for Climate
EU, We Are Watching You
Face the Climate Emergency
Hands Off the Arctic
If You Don't Act Like Adults, We Will
I Want You to Panic
Life in Plastic Is Not Fantastic
No Climate Justice Without Racial Justice
People Over Profit
Planet Above Profit
Save the Congo Rainforest
Sea Levels Are Rising and So Are We
Small Acts When Multiplied By Millions of People Are Able to
Transform the World
Stop Destroying Our Planet
There Is No Such Thing As Clean Fossil Fuels
Unite Behind the Science
We Cannot Eat Coal and We Cannot Drink Oil
You Say You Love Your Children, But You're Destroying Their Future
Die Dinosaurier dachten auch, sie hätten noch Zeit
Die Erde brennt – und die Politik pennt
Die Zeit rennt, ihr pennt
Es gibt keinen Planeten B
Euch gehen die Ausreden aus, uns die Zeit
Hopp, Hopp, Hopp, Kohlestopp
Klimakrise? Ganz dünnes Eis
Lasst die Kohle in dem Boden, niemand soll die Wälder roden
Macht ihr eure Hausaufgaben, dann machen wir unsere
Menschen und Umwelt sind kein Kapital; Klimaschutz ist meine Wahl
ÖPNV statt SUV
Wie wollen wir den ÖPNV? – Umweltfreundlich und für lau
Wir sind hier, wir sind laut, weil ihr uns die Zukunft klaut

Hashtags

#BlackLivesMatter

#ClimateCrisis

#ClimateStrike

#CongoEnviroVoice

#EndPlasticPollution

#FaceTheClimateEmergency

#FightClimateInjustices

#Fightfor1Point5

#FridaysForFuture

#GlobalClimateJustice

#IndigenousLivesMatter

#JustRecovery

#NoMoreEmptyPromises

#RiseUpMovement

#SaveBugomaForest

#SaveCongoRainforest

#SchoolStrike4Climate

#SDGs

#StopEACOP

#WomenRiseUp

#WomensLivesMatter

#AlleFür1komma5

#AllefürsKlima

#Aufbruchsklima

#Climatejustice

#KlimakriseIstHier

#Klimaschutz

#Klimastreik

#NeustartKlima

#OurFutureIsNotForSale

#UprootTheSystem

#NetzstreikfürsKlima

Anmerkungen

Alle Internetquellen wurden zuletzt abgerufen am 27. Juli 2021.

Einführung

1 International Energy Agency, Africa Energy Outlook 2019: World Energy Outlook, special report (Paris: November 2019), abrufbar unter: https://www. iea.org/reports/africa-energy-outlook-2019

2 Oxfam, abrufbar unter: https://oxfamapps.org/media/press_release/average-brit-will-emit-more-by-12-january-than-residents-of-seven-african-countries-do-in-a-year/

3 Associated Press, *Africa Shouldn't Need to Beg for Climate Aid: Bank President*, Arab News, 11. Februar 2020, abrufbar unter: https://www.arabnews.com/node/1626486/business-economy

1 Wie ich meine Bestimmung fand

1 Real Ombuor, *East Africa Flood Deaths Surpass 400*, Voice of America News, 24. Mai 2018, abrufbar unter: https://www.voanews.com/africa/east-africa-flood-deaths-surpass-400; *UN News, Almost 500,000 Affected as Devastating Floods Inundate Central Somalia – UN Mission*, 1. Mai 2018, abrufbar unter: https://news.un.org/en/story/2018/05/1008612

2 Richard Davis, *Uganda – Dozens Killed in Landslides and Floods in Eastern Region*, FloodList, 12. Oktober 2018, abrufbar unter: http://floodlist.com/africa/uganda-landslides-floods-bududa-eastern-region-october-2018; ReliefWeb, *ACAPS Briefing Note: Uganda – Flooding and Landslides in Bududa District*, 18. Oktober 2018, abrufbar unter: https://reliefweb.int/report/uganda/acaps-briefing-note-uganda-flooding-and-landslides-bududa-district-18-october-2018; Samuel Okiror, *At Least 36 Dead in Uganda Landslides as School Disappears Beneath Mud*, Guardian, 12. Oktober 2018, abrufbar unter: https://www.theguardian.com/global-development/2018/oct/12/uganda-landslides-36-dead-school-disappears-beneath-mud-bududa

3 Derick Msafiri und Ronald Makanga, *AD303: Most Ugandans See Worsening Drought, Say Climate Change Is Making Life Worse*, Afrobarometer, Dispatches Nr. 303, 2019, abrufbar unter: https://afrobarometer.org/publications/ad303-most-ugandans-see-worsening-drought-say-climate-change-making-life-worse

4 World Meteorological Association, *New Climate Predictions Assess Global Temperatures in Coming Five Years*, 8. Juli 2020, abrufbar unter: https://public.wmo.int/en/media/press-release/new-climate-predictions-assess-global-temperatures-coming-five-years

5 Daniel Moritz-Rabson, *Temperatures Could Rise up to 7 Degrees Celsius Above Pre-Industrial Levels, Startling Study Shows*, Newsweek, 17. September 2019, abrufbar unter: https://www.newsweek.com/climate-change-temperature-rise-seven-degrees-new-

un-report-1459666; UN News, *UN Emissions Reports: World on Course for More Than 3 Degree Spike, Even If Climate Commitments Are Met*, 26. November 2019, abrufbar unter: https://news.un.org/en/story/2019/11/1052171

6 *Is This How You Feel*, abrufbar unter: https://www.isthishowyoufeel.com/this-is-how-scientists-feel.html

7 In den meisten ugandischen Familien gilt Folgendes: Bei der Geburt des ersten Kindes bekommt es seinen Namen von der Großmutter väterlicherseits; das zweite Kind bekommt seinen Namen vom Großvater väterlicherseits. Auf diese Weise geben die Ältesten der Familie ihren Namen an die jüngste Generation weiter. In vielen Gemeinden Ugandas befinden sich Totems, die ihre Identität repräsentieren. Wenn Leute aus meiner Herkunftsgemeinschaft, den Baganda, meinen Nachnamen Nakate hören, assoziieren sie mich mit unserem Totem, einer Kuh, in unserer Sprache Luganda ente oder akate. Die Bagande sind, wie andere derartige Gemeinschaften auch, in einzelne Klans aufgeteilt. Mein Klan ist der Njovu- oder Elefanten-Klan. Die Nachnamen meiner Geschwister stammen von jenem Klan, und sämtliche Namen stammen ausschließlich von der väterlichen Seite.

2 Auf die Plätze, fertig, streiken!

1 Jonah Kirabo, *Climate Activists Arrested for Holding Demo Outside Parliament*, Nile Post, 27. Februar 2021, abrufbar unter: https://nilepost.co.ug/2021/ 02/27/climate-activists-arrested-for-holding-demo-outside-parliament/

3 Ausweichmanöver

1 FloodList, *Uganda – 8 Dead as Flash Floods Hit Kampala*, 30. Mai 2019, abrufbar unter: http://floodlist.com/africa/uganda-flash-floods-kampala-may-2019

2 FloodList, *Uganda – Deadly Floods and Landslides in Eastern Region (Updated)*, 5. Dezember 2019, abrufbar unter: http://floodlist.com/africa/uganda-floods-bududa-sironko-december-2019

3 FloodList, *Uganda – Hundreds Homeless After Floods in Eastern and Western Regions*, 21. Oktober 2019, abrufbar unter: http://floodlist.com/africa/uganda-floods-eastern-western-region-october-2019

4 FloodList, *Uganda – 6 Killed in Floods and Landslides After More Heavy Rain*, 6. November 2019, abrufbar unter: http://floodlist.com/africa/uganda-floods-landslides-november-2019

4 Rausgeschnitten

1 National Snow & Ice Data Center, *Climate Change in the Arctic* (aktualisiert am 4. Mai 2020), abrufbar unter: https://nsidc.org/cryosphere/arctic-meteorology/climate_change.html

2   British Antarctic Survey, *Past Evidence Supports Complete Loss of Arctic Sea-ice by 2035*, Science Daily, 10. August 2010, abrufbar unter: https://www.sciencedaily.com/releases/2020/08/200810113216.htm

3   Lauren Easton, *AP Statement on Cropped Photo*, AP.org, 24. Januar 2020, abrufbar unter: https://blog.ap.org/announcements/ap-statement-on-cropped-photo

4   Kenya Evelyn, *Outrage at Whites-Only Image as Ugandan Climate Activist Cropped from Photo*, Guardian, 25. Januar 2020, abrufbar unter: https://www.theguardian.com/world/2020/jan/24/whites-only-photo-uganda- climate-activist-vanessa-nakate

5   Jamey Keaten and Pan Pylas, *Thunberg Brushes Off Mockery from US Finance Chief*, AP, 24. Januar 2020, abrufbar unter: https://apnews.com/article/ee36c1b18874d3ebec2c743f0968396f. The picture was replaced with the photo from the press conference.

6   BBC, *Vanessa Nakate: Climate Activist Hits Out at ‹Racist›, Photo Crop*, 24. Januar 2020, abrufbar unter: https://www.bbc.com/news/world-africa-51242972

7   YouTube, *COP25 Speech | Hilda Flavia Nakabuye*, 9. April 2020, abrufbar unter: https://www.youtube.com/watch?v=wgpYF9iVotg

8   Quoted in Kenya Evelyn, *«Like I Wasn't There»: Climate Activist Vanessa Nakate on Being Erased from a Movement*, Guardian, 29. Januar 2020, abrufbar unter: https://www.theguardian.com/world/2020/jan/29/vanessa-nakate-interview-climate-activism-cropped-photo-davos

9   Chelsea McFadden, *Vanessa Nakate and Perceptions of Black Student Activists*, Journal of Sustainability Education, 29. Dezember 2020, abrufbar unter: http://www.susted.com/wordpress/content/vanessa-nakate-and-perceptions-of-black-student-activists_2020_12/

10 Leigh Haber, *Ugandan Climate Activist Vanessa Nakate Will Release Her First Book This Fall*, Oprah, 25. Januar 2021, abrufbar unter: https://www.oprahdaily.com/entertainment/books/amp35293052/vanessa-nakate-a-bigger-picture-book-interview/

11 YouTube, *Press & Racism with Vanessa Nakate*, 02. Juli 2020, abrufbar unter: https://www.youtube.com/watch?v=9juD2HImo2Q&t=237s

12 Kenya Evelyn, *«Like I Wasn't There»: Climate Activist Vanessa Nakate on Being Erased from a Movement*, Guardian, 29. Januar 2020, abrufbar unter: https://www.theguardian.com/world/2020/jan/29/vanessa-nakate-interview-climate-activism-cropped-photo-davos

13 David Bauder, *Photo Cropping Mistake Leads to AP Soul-Searching on Race*, AP, 27. Januar 2020, abrufbar unter: https://apnews.com/article/6a853a81f34164ab85713e68a889976d

14 Al Jazeera, *Anger as Ugandan Activist Cropped Out of Photo with White Peers*, 25. Januar 2020, abrufbar unter: https://www.aljazeera.com/news/2020/1/25/anger-as-ugandan-activist-cropped-out-of-photo-with-white-peers

15 Amy Woodyatt, *South Africans Outraged as US Journalist Describes President as ‹Unidentified Leader›*, CNN, 27. August 2019, abrufbar unter: https://www.cnn.com/2019/08/27/africa/south-africa-unidentified-leader-intl-scli/index.html

5 Wir sind alle Afrika

1   World Economic Forum, *Are Forests Carbon Sinks or Carbon Sources*, EcoWatch, 15. Februar 2020, abrufbar unter: https://www.ecowatch.com/forests-climate-change-2650542772.html

2   Morgan Erickson-Davis, *Congo Basin Rainforest May Be Gone by 2100, Study Finds*, Mongabay, 07. November 2018, abrufbar unter: https://news.mongabay.com/2018/11/congo-basin-rainforest-may-be-gone-by-2100-study-finds

3   Rhett A. Butler, *How the Pandemic Impacted Rainforests in 2020: A Year in Review*, Mongabay, 28. Dezember 2020, abrufbar unter: https://news.mongabay.com/2020/12/how-the-pandemic-impacted-rainforests-in-2020

4   Rhett A. Butler, *Global Forest Loss Increases in 2020*, Mongabay, 31. März 2021, abrufbar unter: https://news.mongabay.com/2021/03/global-forest-loss-increases-in-2020-but-pandemics-impact-unclear

5   Greenpeace Africa, *#SaveCongoRainforest Zoom Action on World Biodiversity Day*, 22. Mai 2020, abrufbar unter: https://www.greenpeace.org/africa/en/publications/11202/savecongorainforest-zoom-action

6   Charlotte Edmond, *Cape Town Almost Ran Out of Water. Here's How It Averted the Crisis*, World Economic Forum, 23. August 2019, https://www.weforum.org/agenda/2019/08/cape-town-was-90-days-away-from-running-out-of-water-heres-how-it-averted-the-crisis

7   ReliefWeb, *Mozambique Humanitarian Response Plan Revised Following Cyclones Ida and Kenneth, May 2019 (November 2018–June 2019)*, 25. Mai 2019, abrufbar unter: https://reliefweb.int/report/mozambique/2018-2019-mozambique-humanitarian-response-plan-revised-following-cyclones-idai

8   OCHA, *Annual Report 2019*, S. 25 f., abrufbar unter: https://www.unocha.org/sites/unocha/files/2019OCHAannualreport.pdf

9   FloodList, *Niger – Floods Leave 43 Dead and 5,000 Homes Destroyed*, 5. September 2019, abrufbar unter: http://floodlist.com/africa/niger-floods-september-2019

10 Laureen Fagan, *International Aid Arrives as Djibouti Cleans Up from Floods*, Africa Times, 30. November 2019, abrufbar unter: https://africatimes.com/2019/11/30/international-aid-arrives-as-djibouti-cleans-up-from-floods

11 AT Editor, *Kenya Landslide Toll at 37 as Rains Continue Over Africa*, Africa Times, 23. November 2019, abrufbar unter: https://africatimes.com/2019/11/23/kenya-landslide-toll-at-37-as-rains-continue-over-east-africa

12 Reuters, *Ugandan Hospital, Somali Town Washed Away by East Africa Floods*, 8. Mai 2020, abrufbar unter: https://news.trust.org/item/20200508125400-wf2b1/; https://www.climate-refugees.org/spotlight/5/11/2020-1

13 Madeline Stone, *A Plague of Locusts Has Descended on East Africa. Climate Change May Be to Blame*, National Geographic, 14. Februar 2020, abrufbar unter: https://www.nationalgeographic.com/science/article/locust-plague-climate-science-east-africa

14 Samuel Egadu Okiror, *Uganda Faces Food Shortage as Coronavirus Disrupts Locust Fight*, Al Jazeera, 9. April 2020, abrufbar unter: https://www.aljazeera.com/news/2020/4/9/uganda-faces-food-shortage-as-coronavirus-disrupts-locust-fight

15 Dylan Barth and Mark Abadi, *Swarms of Locusts Have Destroyed 170,000 Acres of Crops*

in East Africa – and Local Farmers Are Nearly Helpless to Stop It, Business Insider, 25. Februar 2020, abrufbar unter: https://www.businessinsider.com/locusts-africa-kenya-farmers-crops-2020-2

16 Care International, *Suffering in Silence: New CARE report highlights top 10 crises that received little to no media attention in 2019*, care-international.org, 28. Januar 2020, abrufbar unter: https://www.care-international.org/news/press-releases/suffering-in-silence-new-care-report-highlights-top-10-crises-that-received-little-to-no-media-attention-in-2019

17 Evan Girvetz, Julian Ramirez-Villegas, Lieven Claessens, et al., *Future Climate Projections in Africa: Where Are We Headed?* The Climate- Smart Agriculture Papers, 28. November 2018, abrufbar unter: https://link.springer.com/chapter/10.1007/978-3-319-92798-5_2

18 Future Climate for Africa, *Future Climate for Africa*, 2nd Edition 2017, abrufbar unter: https://futureclimateafrica.org/wp-content/uploads/2016/01/cdkj5678_fcfa_brochure_2ndedition_1708_web.pdf

19 I. Niang, O. C. Ruppel, M. A. Abdrabo, et al., Africa, in: Climate Change 2014: *Impacts, Adaptation, and Vulnerability*. Part B: *Regional Aspects. Contribution of Working Group II to the Fifth Assessment Report of the Intergovernmental Panel on Climate Change* [Barros, V. R., C. B. Field, D. J. Dokken, M. D. Mastrandrea, K. J. Mach, T. E. Bilir, M. Chatterjee, K. L. Ebi, Y. O. Estrada, R. C. Genova, B. Girma, E. S. Kissel, A. N. Levy, S. MacCracken, P. R. Mastrandrea, and L. L. White (eds.)], Cambridge University Press, Cambridge, United Kingdom, and New York, NY, USA, S. 1199–1265.

20 Evan Girvetz, Julian Ramirez-Villegas, Lieven Claessens, et al., *Future Climate Projections in Africa: Where Are We Headed?* The Climate-Smart Agriculture Papers, 28. November 2018, abrufbar unter: https://link.springer.com/chapter/10.1007/978-3-319-92798-5_2

21 World Wildlife Fund, *Backgrounder: Regional Impacts + the 1.5 °C Climate Target – Africa*, abrufbar unter: https://wwfint.awsassets.panda.org/downloads/sr1_5_regional_impacts_and_the_1_5_degree_climate_target.pdf

22 Tom K. R. Matthews, Robert L. Wilby, and Conor Murphy, *Communicating the Deadly Consequences of Global Warming for Human Heat Stress*, PNAS, 27. März 2017, abrufbar unter: https://doi.org/10.1073/pnas.1617526114

23 Raluca Besliu, *Togo's Battle with Coastal Erosion*, DW, 17. April 2017, abrufbar unter: https://www.dw.com/en/togos-battle-with-coastal-erosion/a-38378211

24 Binh Pham-Duc, Florence Silvestre, Fabrice Papa, et al., *The Lake Chad Hydrology Under Current Climate Change*, Scientific Reports 10: 5498 (2020), abrufbar unter: https://doi.org/10.1038/s41598-020-62417-w

25 Will Ross, *Lake Chad: Can the Vanishing Lake Be Saved?*, BBC News, 31. März 2018, abrufbar unter: https://www.bbc.com/news/world-africa-43500314

6 Ein grüneres Uganda

1 YouTube, *C40 World Mayors Summit 2019: Hilda Flavia Nakabuye*, 11. Oktober 2019, abrufbar unter: https://www.youtube.com/watch?v=OF7vT3cmC3g

2   M. Josephat, *Deforestation in Uganda: Population Increase, Forests Loss and Climate Change*, Environmental Risk Assessment and Remediation 2018 2(2):46–50, DOI: 10.4066/2529-8046.100040.

3   Nkulumo Zinyengere, Julio Araujo, John H. Marsham and David P. Rowell, *Uganda Country Fact Sheet: Current and Projected Future Climate*, in Africa's Climate: *Helping Decision-Makers Make Sense of Climate Information*, Leonie Joubert (ed). (London: Climate & Development Knowledge Network, 2016), S. 92–100, abrufbar unter: https://www.researchgate.net/publication/311455953_UGANDA_COUNTRY_FACT_SHEET_CURRENT_AND_PROJECTED_FUTURE_CLIMATE

4   M. Josephat, *Deforestation in Uganda: Population Increase, Forests Loss and Climate Change*, Environmental Risk Assessment and Remediation 2018 2(2):46–50, DOI: 10.4066/2529-8046.100040.

5   Victor Raballa, *Experts Call for Action Over Rising Lake Victoria Water Levels*, The East African, 18. Mai 2020, abrufbar unter: https://www.theeastafrican.co.ke/news/ea/Lake-Victoria-water-rises-to-historic-levels/4552908-5556404-n0j7crz/index.html

6   Hope Mafaranga, *Heavy Rains, Human Activity, and Rising Waters at Lake Victoria*, Eos, 7. Juli 2020, abrufbar unter: https://eos.org/articles/heavy-rains-human-activity-and-rising-waters-at-lake-victoria

7   National Forestry Authority, *Surrender Illegal Land Titles in Forest Reserves*, 26. Februar 2019, abrufbar unter: https://www.nfa.go.ug/index.php/12-nfa-news

8   Liam Taylor, «*Cutting Everything in Sight*»: *Ugandans Vow to Curb Rampant Deforestation*, 11. März 2019, abrufbar unter: https://www.reuters.com/article/us-uganda-landrights-deforestation/cutting-everything-in-sight-ugandans-vow-to-curb-rampant-deforestation-IDUSKBN1QT03E

9   Global Forest Watch, *Primary Forest Loss in Uganda*, abrufbar unter: https://www.globalforestwatch.org/dashboards/country/UGA

10 Global Environment Facility, *Greening Charcoal Production in Uganda*, 7. Oktober 2018, abrufbar unter: https://www.thegef.org/news/greening-charcoal-production-uganda#

11 Obinna Ekeh, Andreas Fangmeier, and Joachim Müller, *Quantifying Greenhouse Gases from the Production, Transportation and Utilization of Charcoal in Developing Countries: A Case Study of Kampala, Uganda*, The International Journal of Life Cycle Assessment 19:1643–1652 (2014), abrufbar unter: https://link.springer.com/article/10.1007/s11367-014-0765-7

12 M. Josephat, *Deforestation in Uganda: Population Increase, Forests Loss and Climate Change*, Environmental Risk Assessment and Remediation 2018 2(2):46–50, DOI: 10.4066/2529-8046.100040.

13 The World Bank, *Uganda Economic Update Recommends Expanding Social Protection Programs to Boost Inclusive Growth*, 13. Februar 2020, abrufbar unter: https://www.worldbank.org/en/news/press-release/2020/02/13/uganda-economic-update-recommends-expanding-social-protection-programs-to-boost-inclusive-growth

14 WFP, *WFP Uganda Country Brief*, November 2020, abrufbar unter: https://docs.wfp.org/api/documents/WFP-0000123695/download

15 FAO, *Africa Sustainable Livestock 2050: The Future of Livestock in Uganda: Opportunities and Challenges in the Face of Uncertainty* (Rome: Food and Agriculture Organization

of the United Nations, 2019), abrufbar unter: http://www.fao.org/3/ca5420en/CA5420EN.pdf

16 Dastan Bamwesigye, Petr Kupec and Georges Chekuimo, et al., *Charcoal and Wood Biomass Utilization in Uganda: The Socioeconomic and Environmental Dynamics and Implications*, Sustainability 2020, 12, 8337; doi:10.3390/su12208337.

17 Clean Cooking Alliance, *Uganda*, abrufbar unter: https://www.cleancookingalliance.org/country-profiles/focus-countries/8-uganda.html

18 First Climate, *Uganda: Avoided Deforestation Using Efficient Cookstoves*, abrufbar unter: https://www.firstclimate.com/en/our-carbon-offset-projects/uganda-avoided-deforestation-using-efficient-cookstoves

19 Shuaib Lwasa, *Uganda Offers Lessons in Tapping the Power of Solid Waste*, Phys.Org, 3. September 2019, abrufbar unter: https://phys.org/news/2019-09-uganda-lessons-power-ofsolidwaste.html

20 IndustriALL Global Union, *Ugandan Oil and Gas Fields Provide Potential for Union Organizing*, 1. Oktober 2020, abrufbar unter: http://www.industriall-union.org/ugandan-oil-and-gas-fields-provide-potential-for-union-organizing

21 Oil & Gas Journal, *Uganda Approves FEED, EPC Contractor for Proposed Refinery*, 13. März 2019, abrufbar unter: https://www.ogj.com/refining-processing/article/17278792/uganda-approves-feed-epc-contractor-for-proposed-refinery

22 Jeff Mbanga, *Govt issues new timelines for oil refinery project*, 17. August 2020, abrufbar unter: https://observer.ug/businessnews/66181-govt-issues-new-timelines-for-oil-refinery-project

23 IndustriALL Global Union, *Ugandan Oil and Gas Fields Provide Potential for Union Organizing*, 1. Oktober 2020, abrufbar unter: http://www.industriall-union.org/ugandan-oil-and-gas-fields-provide-potential-for-union-organizing

24 Fred Pearce, *A Major Oil Pipeline Project Strikes Deep at the Heart of Africa*, YaleEnvironment360, 21. Mai 2020, abrufbar unter: https://e360.yale.edu/features/a-major-oil-pipeline-project-strikes-deep-at-the-heart-of-africa

25 Charity Migwi, Edwin Mumbere, and Evelyn Acham, «East African Crude Oil Pipeline (EACOP) Will Disenfranchise Local Communities in Uganda and Tanzania,» Africa News, March 26, 2021, https://www.africanews.com/2021/03/26/east-african-crude-oil-pipeline-eacop-will-disenfranchise-local-communities-in-uganda-and-tanzania-by-charity-migwi-edwin-mumbere-and-evelyn-acham

26 The World Bank, *Access to Electricity, Rural (% of Rural Population) – Uganda*, abrufbar unter: https://data.worldbank.org/indicator/EG.ELC.ACCS.RU.ZS?locations=UG

27 Sari Fordham, *Adventist Environmentalist Tackles Plastic Pollution in Uganda*, The Spectrum, 10. Februar 2021, abrufbar unter: https://spectrummagazine.org/interviews/2021/adventist-environmentalist-tackles-plastic-pollution-uganda

28 *End Plastic Pollution Now*, abrufbar unter: https://endplasticpollutionnow.blogspot.com

29 UN News, *Food Systems Account for Over One-Third of Global Greenhouse Gas Emissions*, 9. März 2021, abrufbar unter: https://news.un.org/en/story/2021/03/1086822

30 FAO, *Key Facts and Findings*, abrufbar unter: http://www.fao.org/news/story/en/item/197623/icode/

7 Eine Stimme für Mädchen und Frauen

1   CAMFED, *Education Is a Universal Right. It Is Also a Matter of Justice*, abrufbar unter: https://camfed.org/why-girls-education/
2   UNICEF, *Girls' Education*, abrufbar unter: https://www.unicef.org/education/girls-education
3   Project Drawdown, *Table of Solutions*, abrufbar unter: https://drawdown.org/solutions/table-of-solutions
    Diese Analyse modelliert die Auswirkungen zunehmender Maßnahmen zur Familienplanung für den Zeitraum zwischen 2020 und 2050 auf die Emissionen aus den Sektoren Energieverbrauch, Bauwesen, Ernährung, Abfall und Transport unter Verwendung zwei verschiedener Szenarien: ein Szenario mit hoher Akzeptanz, bei dem verstärkt Maßnahmen zur Familienplanung getroffen werden, und einem Referenzszenario ohne zusätzliche Investitionen in dem Bereich Familienplanung. Auch der Bildungsstand beeinflusst die Fruchtbarkeitsdynamik und somit die Voraussagen zu künftigem Bevölkerungswachstum. Zu den Bildungsfaktoren, die das Bevölkerungswachstum am stärksten beeinflussen, zählen durchgängiger Zugang und gleichbleibende Qualität zu und von Bildung sowie Bildung auf dem Gebiet der sexuellen und reproduktiven Gesundheit. In den meisten Zusammenhängen beeinflusst Bildung den Zeitpunkt der Eheschließung, den Zeitpunkt für die Familienplanung, die angestrebte Familiengröße und die Gesamtzahl der Geburten.
4   Vanessa Nakate, *Educating Young Women is the Climate Fix No One Is Talking About*, Wired UK, 27. Januar 2021, abrufbar unter: https://www.wired.co.uk/article/educating-girls-climate-change
5   UNICEF, *Child Marriage*, April 2020, abrufbar unter: https://data.unicef.org/topic/child-protection/child-marriage
6   Uganda For Her, *Girls' Education*, abrufbar unter: https://uganda4her.org/girls-education
7   Ebd.
8   UNICEF, *Child Marriage*, April 2020, abrufbar unter: https://data.unicef.org/topic/child-protection/child-marriage
9   The World Bank, *Maternal Mortality Ratio (Modeled Estimate, per 100,000 Live Births*, abrufbar unter: https://data.worldbank.org/indicator/SH.STA.MMRT
10 UNFPA, *Youth Voices: Securing the Future of Women in Africa by Standing with Girls Today*, 19. Dezember 2018, abrufbar unter: https://reliefweb.int/report/world/youth-voices-securing-future-women-africa-standing-girls-today
11 Amnesty International, Troll Patrol Findings, abrufbar unter: https://decoders.amnesty.org/projects/troll-patrol/findings
12 UNFCCC, *Climate Change Increases the Risk of Violence Against Women*, 25. November 2019, abrufbar unter: https://unfccc.int/news/climate-change-increases-the-risk-of-violence-against-women
13 Monica Campo and Sarah Tayton, *Domestic and Family Violence in Regional, Rural and Remote Communities: An Overview of Key Issues*, Child Family Community Australia, December, 2015, abrufbar unter: https://aifs.gov.au/cfca/sites/default/files/publication-documents/cfca-resource-dv-regional.pdf

14 UN Women, *The Shadow Pandemic: Violence Against Women During COVID-19*, 2020,
    abrufbar unter: https://www.unwomen.org/en/news/in-focus/in-focus-gender-
    equality-in-COVID-19-response/violence-against-women-during-COVID-19
15 UN Women, Facts and Figures: *Ending Violence Against Women*, abrufbar unter:
    https://www.unwomen.org/en/what-we-do/ending-violence-against- women/facts-
    and-figures

8 Aufstehen für Gerechtigkeit

1 BBC, *Racism Against Black People in EU ‹Widespread and Entrenched›*, 28. November
   2018, abrufbar unter: https://www.bbc.com/news/world-europe-46369046
2 Nan DasGupta, Vinay Shandal, Daniel Shadd, et al., *The Pervasive Reality of Anti-Black
   Racism in Canada*, Boston Consulting Group, 14. Dezember 2020, abrufbar unter:
   https://www.bcg.com/en-ca/publications/2020/reality-of-anti-black-racism-in-
   canada
3 Raphael Tsavkko Garcia, *Diversity in Brazil Is Still Just an Illusion*, Al Jazeera, 22. Oktober 2020, abrufbar unter: https://www.aljazeera.com/opinions/2020/10/22/
   diversity-in-brazil-is-still-just-an-illusion
4 Andreas Illmer, *Black Lives Matter Pushes Japan to Confront Racism*, BBC News,
   28. August 2020, abrufbar unter: https://www.bbc.com/news/world-asia-53428863
5 Abdi Latif Dahir, Ruth Maclean, and Lynsey Chutel, *George Floyd's Killing Prompts
   Africans to Call for Police Reform at Home*, New York Times, 3. Juli 2020, abrufbar unter:
   https://www.nytimes.com/2020/07/03/world/africa/george-floyd-protests-police-
   africa.html
6 Libby George, *Black Lives Matter Co-Founder Urges Nigeria to Free Jailed Police Protesters*,
   Reuters, 10. Dezember 2020, abrufbar unter: https://www.reuters.com/article/us-
   nigeria-protests-blm/black-lives-matter-co-founder-urges-nigeria-to-free-jailed-
   police-protesters-idUSKBN28KoUQ
7 Eoin McSweeney, *Alicia Keys, Greta Thunberg and Others Urge Nigeria to Free Protesters*,
   CNN, 10. Dezember 2020, abrufbar unter: https://www.cnn.com/2020/12/10/africa/
   celebrities-buhari-letter-endsars-intl/index.html
8 Stanford Medicine, *More Than Half of In-Hospital Deaths from COVID-19 Among Black,
   Hispanic Patients, Study Finds*, 17. November 2020, abrufbar unter: https://med.
   stanford.edu/news/all-news/2020/11/deaths-from-covid-19-of-inpatients-by-race-and-
   ethnicity.html; Tony Kirby, *Evidence Mounts on the Disproportionate Effect of COVID-19
   on Ethnic Minorities*, The Lancet, 8. Mai 2020, abrufbar unter: https://www.thelancet.
   com/journals/lanres/article/PIIS2213-2600(20)30228-9/fulltext; Associated Press,
   French Coronavirus Study Finds Black Immigrant Deaths Doubled at Peak, Guardian,
   7. Juli 2020, abrufbar unter: https://www.theguardian.com/world/2020/jul/07/
   french-coronavirus-study-finds-black-immigrant-deaths-doubled-at-peak; Victoria
   Waldersee, *COVID Toll Turns Spotlight on Europe's Taboo of Data by Race*, Reuters,
   19. November 2020, abrufbar unter: https://www.reuters.com/article/health-corona-
   virus-europe-data-insight/covid-toll-turns-spotlight-on-europes-taboo-of-data-by-
   race-idUSKBN27ZoM3; The Conversation, *COVID-19 Is Deadlier for Black Brazilians,*

A Legacy of Structural Racism that Dates Back to Slavery, 10. Juni 2020, abrufbar unter: https://theconversation.com/covid-19-is-deadlier-for-black-brazilians-a-legacy-of-structural-racism-that-dates-back-to-slavery-139430

9   Miriam Fauzia, *Fact Check: Coronavirus Deaths Across Continent Are Far Less than in U. S.*, USA Today, 30. November 2020, abrufbar unter: https://www.usatoday.com/story/news/factcheck/2020/11/30/fact-check-coronavirus-deaths-africa-far-less-than-u-s/3766222001

10 BBC News, *Ella Adoo-Kissi-Debra: Air Pollution a Factor in Girl's Death, Inquest Finds*, 16. Dezember 2020, abrufbar unter: https://www.bbc.com/news/uk-england-london-55330945

11 Stefano Valentino, *London the Worst City in Europe for Health Costs from Air Pollution*, Guardian, 21. Oktober 2020, abrufbar: https://www.theguardian.com/environment/2020/oct/21/london-the-worst-city-in-europe-for-health-costs-from-air-pollution

12 CE Delft, *Health Costs of Air Pollution in European Cities and the Linkage with Transport (Report from the European Public Health Alliance, European Commission)*, 27. Oktober 2020, abrufbar unter: https://ec.europa.eu/jrc/communities/en/community/city-science-initiative/document/health-costs-air-pollution-european-cities-and-linkage

13 Luiz Sanchez, *Air Pollution Costs Egypt 3.58 % of GDP in Welfare Losses*, Madamasr, 8. September 2016, abrufbar unter: https://www.madamasr.com/en/2016/09/08/news/u/air-pollution-costs-egypt-3-58-of-gdp-in-welfare-losses

14 Panle Jia Barwick, Shanjun Li, Deyu Rao, Nahim Bin Zahur, *The Impact of Air Pollution on Healthcare Spending in China*, VoxDev, 18. April 2019, abrufbar unter: https://voxdev.org/topic/health-education/impact-air-pollution-healthcare-spending-china

15 Elisheva Mittelman, *Air Pollution from Fossil Fuels Costs $ 8 Billion Per Day, new Research Finds*, YaleEnvironment360, abrufbar unter: https://e360.yale.edu/digest/air-pollution-from-fossil-fuels-costs-8-billion-per-day-new-research-finds

16 NDTV, *Over 50,000 People in Delhi Died Due to Air Pollution Last Year: Study*, 18. Februar 2001, abrufbar unter: https://www.ndtv.com/delhi-news/over-50-000-people-in-delhi-died-due-to-pm2-5-air-pollution-last-year-study-2373223

17 Human Rights Watch, «*The Air Is Unbearable*», 26. August 2020, abrufbar unter: https://www.hrw.org/report/2020/08/26/air-unbearable/health-impacts-deforestation-related-fires-brazilian-amazon

18 Nathan Rott, *Study Finds Wildfire Smoke More Harmful to Humans Than Pollution from Cars*, NPR, 5. März 2021, abrufbar unter: https://www.npr.org/sections/health-shots/2021/03/05/973848360/study-finds-wildfire-smoke-more-harmful-to-humans-than-pollution-from-cars

19 Jessica Learish, *The Most Polluted Cities in the World, Ranked*, CBS News, 23. August 2019, abrufbar unter: https://www.cbsnews.com/pictures/the-most-polluted-cities-in-the-world-ranked/36

20 Leah Burrows, *Deaths from Fossil Fuel Emissions Higher Than Previously Thought*, Harvard School of Engineering, 9. Februar 2021, https://www.seas.harvard.edu/news/2021/02/deaths-fossil-fuel-emissions-higher-previously-thought

21 James Hitchings-Hales, *Fossil Fuels Responsible for 1 in 5 of All Global Deaths in 2018: Report*, Global Citizen, 9. Februar 2021, https://www.globalcitizen.org/en/content/fossil-fuels-air-pollution-1-in-5-global-deaths

22 UN News, *Environmental Racism in Louisiana's ‹Cancer Alley› Must End, Say UN Human Rights Experts*, 2. März 2021, abrufbar unter: https://news.un.org/en/story/2021/03/1086172

23 Food Empowerment Project, *Environmental Racism*, abrufbar unter: https://foodispower.org/environmental-and-global/environmental-racism/

24 NRDC, *Flint Water Crisis: Everything You Need to Know*, 8. November 2018, abrufbar unter: https://www.nrdc.org/stories/flint-water-crisis-everything-you-need-know

25 National Farm Worker Ministry, *Health & Safety*, abrufbar unter: http://nfwm.org/farm-workers/farm-worker-issues/health-safety

26 Nathalie Baptiste, *Farmworkers Are Dying from Extreme Heat*, Mother Jones, 24. August 2018, abrufbar unter: https://www.motherjones.com/food/2018/08/farmworkers-are-dying-from-extreme-heat

27 Get Invest, *Zambia: Energy Sector*, abrufbar unter: https://www.get-invest.eu/market-information/zambia/energy-sector

28 Burak Bir, *Environmental Disasters Across World in February*, Anadolu Agency, 1. März 2020, abrufbar unter: https://www.aa.com.tr/en/environment/environmental-disasters-across-world-in-february/1750530

9 Die weiteren Aussichten: Notstand

1 Weitere Informationen zu den UN-Nachhaltigkeitszielen hier: https://sdgs.un.org/goals and https://unstats.un.org/sdgs sowie auf der Seite des Bundesministeriums für Umwelt, Naturschutz und nukleare Sicherheit: https://www.bmu.de/themen/europa-internationales-nachhaltigkeit-digitalisierung/nachhaltige-entwicklung/die-2030-agenda-fuer-nachhaltige-entwicklung

2 Our World in Data, *Global Number Affected by Natural Disasters, All Natural Disasters, 1900 to 2019*, abrufbar unter: https://ourworldindata.org/grapher/total-affected-by-natural-disasters

3 Stéphane Hallegatte and Brian Walsh, *COVID, Climate Change and Poverty: Avoiding the Worst Impacts*, World Bank, 7. Oktober 2020, https://blogs.worldbank.org/climate-change/covid-climate-change-and-poverty-avoiding-worst-impacts

4 UNICEF, *COVID-19: A Threat to Progress Against Child Marriage*, März 2021, abrufbar unter: https://data.unicef.org/resources/COVID-19-a-threat-to-progress-against-child-marriage

5 United Nations Department of Economic and Social Affairs, *Goal 6*, abrufbar unter: https://sdgs.un.org/goals/goal6

6 World Health Organization, *World Malaria Report 2020*, abrufbar unter: https://www.who.int/teams/global-malaria-programme/reports/world-malaria-report-2020

7 United Nations Department of Economic and Social Affairs, *Goal 15*, https://sdgs.un.org/goals/goal15

8 Climate Justice, *Sustainable Development Goals*, Mai 2019, abrufbar unter: https://www.un.org/sustainabledevelopment/blog/2019/05/climate-justice

9 David Vetter, *Africa Could Be Locked into Fossil Fuel Future, Warns New Report*, Forbes,

11. Januar 2021, abrufbar unter: https://www.forbes.com/sites/davidrvetter/2021/01/11/africa-could-be-locked-into-fossil-fuel-future-warns-new-report

10 Gary Fuller, *Pollutionwatch: Africa Increases Its Reliance on Fossil Fuels*, Guardian, 7. November 2019, abrufbar unter: https://www.theguardian.com/environment/2019/nov/07/pollutionwatch-africa-increases-reliance-fossil-fuels#

11 Mining in Africa, *Coal Mining in Africa*, abrufbar unter: https://www.miningafrica.net/natural-resources-africa/coal-mining-in-africa

12 The World Bank, *Climate Finance Drives Action on the Ground*, 15. Juni 2020, abrufbar unter: https://www.worldbank.org/en/news/feature/2020/06/15/climate-finance-drives-action-on-the-ground

13 Emma Foehringer Merchant, *Report: Banks Have Invested $1.9 Trillion in Fossil Fuels Since 2015*, Green Tech Media, 20. März 2019, abrufbar unter: https://www.greentechmedia.com/articles/read/report-banks-have-1-9-trillion-into-fossil-fuel-extraction-since-2015

14 International Renewable Energy Agency, *Global Energy Transformation: A Roadmap to 2050 (2019 Edition)*, United Arab Emirates, April 2019, abrufbar unter: https://www.irena.org/publications/2019/Apr/Global-energy-transformation-A-roadmap-to-2050-2019Edition

15 Rainforest Action Network, BankTrack, Indigenous Environmental Network, et al., *Banking on Climate Change: Fossil Fuel Finance Report 2020*, 18. März 2020, abrufbar unter: https://www.ienearth.org/banking-on-climate-change-fossil-fuel-report-cards

16 Simon Evans, *The IEA Weighs in on Stranded Assets – Not Just a Green Conspiracy?*, CarbonBrief, 4. Juni 2014, abrufbar unter: https://www.carbonbrief.org/the-iea-weighs-in-on-stranded-assets-not-just-a-green-conspiracy#

17 17 Council on State Fragility, *Powering Up Energy Investments in Fragile States: A Call to Action*, International Growth Centre, Februar 2021, abrufbar unter: https://www.fragilitycouncil.org/publication/powering-energy-investments-fragile-states-call-action

18 Dirk Bathe, Was ist FMNR?, World Vision, abrufbar unter: https://www.worldvision.de/aktuell/2018/09/fmnr

19 I. Niang, O. C. Ruppel, M. A. Abdrabo, et al. 2014: Africa, in: *Climate Change 2014: Impacts, Adaptation, and Vulnerability, Part B: Regional Aspects. Contribution of Working Group II to the Fifth Assessment Report of the Intergovernmental Panel on Climate Change* [Barros, V. R., C. B. Field, D. J. Dokken, M. D. Mastrandrea, K. J. Mach, T. E. Bilir, M. Chatterjee, K. L. Ebi, Y. O. Estrada, R. C. Genova, B. Girma, E. S. Kissel, A. N. Levy, S. MacCracken, P. R. Mastrandrea, and L. L. White (eds.)]. Cambridge University Press, Cambridge, United Kingdom, and New York, NY, USA, S. 1199–1265, abrufbar unter: https://www.ipcc.ch/site/assets/uploads/2018/02/WGIIAR5-Chap22_FINAL.pdf

20 Wangari Maathai, *Protect Human Rights, Protect Planet Rights*, A Statement by Wangari Maathai at the Launch of The United Nations Human Rights Council, 19. Juni 2006, abrufbar unter: https://www.ohchr.org/Documents/HRBodies/HRCouncil/RegularSession/Session1/wangari_maathai.pdf